U0512954

复旦记

FUDAN FRAGMENTS

读史老张 著

上海人民出版社

序 被激活的复旦记忆

金光耀

　　《复旦记》是读史老张写复旦人文历史的第三本书。第一本《相辉：一个人的复旦叙事》是由我们的老师张广智先生作序的，第二本《卿云：复旦人文历史笔记》是由比我们低一届的李天纲兄作序的。张老师和天纲兄不仅是学术界响当当的人物，还是文化圈读书圈中的名人。读史老张初出写复旦的书，当然要请这两位写序，以作推广，引起读者和复旦校友的关注。这两本书出版后，好评如潮，读史老张的复旦人文历史笔记已成了一个品牌，名家写序就不是必不可少的了。如此，且让我跟在张老师和天纲兄后面为读史老张的新书写个序吧。

　　读史老张即张国伟，是我本科同班同学，同窗四年，刚进校时同住一个寝室。这本《复旦记》中写了不少我们同班的同学，以及给我们上过课的老师。我想，这就是国伟兄邀我写序的原因吧。

　　从《相辉》到《卿云》，再到《复旦记》，国伟兄以复旦学子对母校的热爱，持之以恒、乐此不疲地书写校史中的人和事。因为是历史系科班出身，国伟兄对史料的搜集、史实的考订、史事的叙述，一丝不苟，传承了历史系的务实学风。大学毕业后很长一段时间，国伟兄在媒体工作，因此，他的校史写作与通常的历史写作尤其是论文完全不同，而是以活泼轻松的笔调，娓娓道来复旦的校史故事，形成了自己的写作风格，受到读者和校友的喜爱。

每一个复旦人都有自己的复旦记忆，国伟兄的复旦叙事触动了我记忆中的复旦的人和事。天纲兄在为《卿云》所写的序言中说，"国伟兄要我来写序言，我想他就是留了一块地方，让我来一起回忆"。我在这篇序言中也来记取几朵被《复旦记》激起的记忆的浪花。

《"回望"姚云的学籍档案》是写《繁花》的作者金宇澄的母亲姚云抗战刚结束考入"复旦大学上海补习部"（简称"沪校"）一事。抗战爆发，复旦大学西迁重庆，留在上海的师生组成沪校，对外用补习部的名义。1941年秋，沪校注册人数达到1272人，超过同时期复旦重庆北碚校区946人的注册数。复旦沪校是以李登辉老校长名义向中国实业银行租赁赫德路（今常德路）574号一幢3层楼房为校舍的，姚云1945年秋入学后第一学期就是在此上课的。这幢复旦老校舍到上海解放后成为静安区常德路小学，正是我就读的小学。我入学时，整幢楼还保持着原来的样式，与通常的学校教学楼很不一样，教室并不整齐划一，楼梯扶手上装饰着木刻雕花，楼前很小一块空地成了学校的操场。原先我一直以为我第一次走进复旦校园是在1976年年初，从农场回上海过春节，专程来校园看"反击右倾翻案风"的大字报。那时复旦"南京路"（今光华大道）上挤满了人，路两旁贴满了大字报。后来知道，那段时间每天来复旦看大字报的有两三万人。但对校史有所了解后，才明白我读小学时实际上就已走进复旦老校舍。想到我端坐上课的教室，前辈学长曾在此听课，而讲台上的老师中有历史系的前辈周予同、耿淡如等先生，这让我十分激动和兴奋，我与复旦的缘分竟可追溯到读小学时啊！

《复旦记》中有一篇《陈仁炳的"课堂礼物"》，这已经不是国伟兄第一次写陈仁炳先生了，《相辉》《卿云》中都写过，可见陈仁炳先生给国伟兄留下的印象之深和可讲的故事之多。其实，上过陈仁炳先生课的同学都有难忘的记忆。陈仁炳1957年被划为右派后，1965年又被撤销教师资格，到后勤木工车间劳动，1974年65岁时退休。"文革"后，陈仁炳通过渠道向上面写信要求平反，最终政治上仍维持原结论，未予改正，但让已办过退休手续的他恢复了教授资格，给我们1977、1978级上的"世界史英文名著选读"就是重回讲台后的第一门课。我是这门课的课代表，教室在第二教学楼一楼。第一次上课前，陈先生先到一楼的教师休息室，我进去自我介绍后，他让我在讲台上放一把椅子，说年岁大了，要坐着讲课。国伟兄对陈仁炳先生的授课有很生动细致的描述，几十年后我同样清楚地记得陈先生讲到九一八事变时的哽咽失声。与之相同的是汪熙先生上中美关系史课，讲到九一八事变时也哽咽泪下，一时竟无法讲下去，课堂中安静了几分钟。这是国难留在他们那一代人心灵上的创伤。陈先生在课堂上说过，一个学者每年能写下几千字，一生能有五到十万字的文字留世就足矣，以此勉励我们。想到现在年轻人入职后的发表要求和数字化管理，时代真是完全不同了。陈仁炳先生的课一共两个学期，第一学期结束是考核，需交一份英译中的作业，成绩只有合格与不合格之分。第二学期结束是考试，在考场中翻译几段英文，虽然陈先生事先说了，考题就从他编写的名著选读中选，但鲍斯威尔、丘吉尔、汤因比等的英文实在是很难翻译啊。记得汤因比的一个句子，从句套着从句，占了半页的篇幅，为了备考，我们几个同学，包括班里公认英语最好的曹景行，琢磨讨论了一个下午，才算弄明白了。几个月前我退休时，承蒙系里将复旦档案馆中我的登记表、学籍卡等复制成册作为礼物赠送于我，其中有一份本科成绩单，我在"世界史英文名著选读"课的考试中得了84分。

国伟兄在文章中提到了陈仁炳的皮鞋，说那双棕色牛皮鞋"样式虽旧，却油光锃亮"，这激活了我对这双有故事的皮鞋的记忆。那是1982年5月，我们1978级同学在校门口拍毕业照，候场时我在陈先生边上。他脚上正是这双油光锃亮的棕色皮鞋，尖头的形状在那个年代十分醒目。陈先生见我好奇地看着皮鞋，就说这双鞋在"扫四旧"时因为是尖头皮鞋而被一剪为二，他痛恨这种野蛮的行为，就将被剪坏的鞋子保存起来，直到"文革"结束，专门请人修复，修复的价钱远远超过一双新皮鞋的价钱。陈先生缓缓地说，我就是要再穿上这双皮鞋给世人看看。那一刻，我从陈先生平缓的语调中感受到了他的坚韧、坚持和坚强。

我们读本科时，苏步青先生是复旦校长，在校园中时常可以看到苏校长的身影。国伟兄在《苏步青校长向我走来》一文中说，因为羞怯，当年不敢向苏校长打招呼，更不敢提问，以至于直到今天都还很后悔。国伟兄还说，其实苏校长是非常平易近人的，对此我有亲身的感受。我叔叔金通洸是浙江大学数学系教授，与苏校长研究领域相近，时有请教，苏校长对学生辈的金通洸十分关照，两人关系很亲近。20世纪80年代中期，我读研究生时，叔叔金通洸来复旦拜访苏校长，带我同去。于是，我有机会走进了第九宿舍苏宅，一幢独栋的二层楼房。在底楼兼做书房的客厅中，苏校长很亲切地问了我学习的专业和历史系的近况。当时教师收入低下，"造导弹的不如卖茶叶蛋的"成为一句流行语。谈话中自然讲到了这个话题，苏校长对出现这种状况十分气愤，说几十年来教师工资几乎不涨，实在不应该。他还说，我是原来教育部的部聘教授，几十年了，工资没动过，一部分还算作了保留工资。他对教师工资长期不动、脑体倒挂现象，批评十分严厉。那天，书桌上铺着宣纸，上面是苏校长刚写的字。叔叔金通洸请苏校长有空时为他写一条幅，苏校长愉快地答应了。不久，写好的条幅就送给了叔叔，此后一直挂在他的客厅中。

这些被《复旦记》激起的复旦记忆，说明国伟兄的校史写作能在读者尤其是复旦校友中产生强烈的心灵共鸣。国伟兄称自己的校史写作是"一个人的叙事"，是"私人记录"。张广智老师称这是以独到的眼光寻找"正史"中未发现或遗漏的地方，天纲兄称这是民间校史，可补充官修的正版校史。

官修正史大都从宏观视角切入，往往会忽略许多重要的历史细节。我曾在一个场合说过，1980 年前后，我们读本科时，李德伦、黄贻钧和陈燮阳等名家，多次率领乐团来复旦校园举办交响音乐会，在学生中播下了古典音乐的种子，但在我们的校史中对此并无一字记载。这番话触动了国伟兄，他在本书中记下了当年校园中的"交响乐热"，依据《复旦》校报和自己的日记，列出了几场音乐会的日期和曲目，并提出在校庆 120 周年之际应将"交响乐热"列入新校史馆的展陈内容，得到了采纳。这是个人记忆和叙述补充、丰富官方正史的例证。这样的个人记忆和叙述会使历史叙述立体化、历史认识多元化。

其实，还不仅仅是历史细节会被忽略，有些重要的人和事在官方正史中也会缺失。翻译《共产党宣言》的老校长陈望道为复旦师生所景仰，近年更因为电影《望道》而为更多复旦学子所了解。陈望道先生是从1952年起担任复旦校长的，而从1954年起直到1965年年底担任复旦大学党委书记的杨西光在今天的复旦校园中几乎已无人知晓并提起了。2009年谷超豪先生荣获国家最高科学技术奖，学校开庆功会，我在现场。谷超豪先生致词中最打动我的，是他说此刻最想念两个人，一个是他的老师苏步青校长，另一个就是当年的党委书记杨西光，因为谷超豪的成长包括出国留学离不开杨西光的关心和支持。不久前去世的金冲及先生在回忆杨西光的文章中，引用了苏步青当校长时说过的一句话："没有杨西光、王零（原复旦党委副书记、副校长），就没有复旦的今天。"以此表明杨西光对复旦大学发展作出的贡献。比金冲及先生小几岁的中文系前辈吴中杰先生则在肯定杨西光对复旦办学有贡献的同时，指出他也有霸道的一面，搞"一言堂"，整了不少人，从另一个角度表明了杨西光对复旦的影响。但是，苏步青、谷超豪、金冲及和吴中杰这样的个人叙述还没有能够被写进正版校史。

上述吴中杰先生的话出自他写的《复旦往事》，这是复旦百年校庆时出版的，记录了他亲历、亲见和亲闻的20世纪下半叶的复旦往事，是比国伟兄所写更早的民间校史。百年校庆时，校方组织编纂了《复旦大学百年纪事》，是官方校史，《复旦往事》中的许多记叙在此书中未有记载。我参加了《复旦大学百年纪事》1966—1976年时段的编写，完成稿约15万字，最后出版时则不到4万字，被删的内容据说不合百年校庆的喜庆气氛。吴中杰先生在《复旦往事》中说，编写校史是为了看清楚过去做了哪些建设性工作，又走了哪些弯路，以明白现在做的事哪些是向前发展的，哪些是倒退的，将来应该怎么做才好。因此，校史编写意义重大，任重道远，而民间校史应该也完全担当得起此重任。

国伟兄在书中写了不少我们同班同学，说当年常在脑海中给同学"画像"。在这篇序言的最后，且让我这支秃笔给这位老同学"画"上几笔。当年我们历史系1978级51位同学中，国伟兄是一直做着文学梦的文艺青年。那个时代的年轻人或多或少都有文学梦，但进入历史系开始专业学习后，很多同学逐渐放弃了文学梦，唯独国伟兄还在坚持。每月的《大众电影》一到，他都要立即花上半天从头读到底，盯着封面上的明星照可以看上很久很久。校园里流行交际舞，国伟兄是积极分子，差不多每场必到，虽然很多时候并不下场，只是在场边观望。本科毕业时，李华兴老师有意招收他读研究生，但国伟兄志不在此。国伟兄留校后在马列教研室（后为社会科学基础部）做老师，但校园终容纳不下一个向往飞翔的文艺青年，媒体才是适合他的地方。有近两年的时间，我与国伟兄在复旦第十宿舍做贴隔壁邻居，那时他在《申江服务导报》工作。报纸每周三上午进书报亭发行，但每周二晚上国伟兄下班，就将刚印出的带着油墨味的报纸送到我家。我正读初中的女儿就此喜欢上了这份报纸，也喜爱上了读报。那段做邻居的日子，至今回想，仍十分温馨。

《复旦记》是国伟兄的第三本复旦人文历史笔记，肯定不会是最后一本，因为还有许许多多的个人记忆和叙述需要有人记录下来，尤其那些在正史中缺失的，都应该写进民间校史，国伟兄是堪当此大任的。我与读者诸君期待着。

2024 年 12 月

目 录

第四编　师友记

附 录

后 记

第一编 复旦源

从"公立起家"到"院系调整"

从"公立"到"私立"、再从"立案私立"到"国立",这个发展历程证明,复旦自创办之日起,就不是一般学校。那种称复旦曾是"野鸡大学"的论调,要么是对历史的无知,要么就是别有用心的捏造。

几天前,在网上看到一则视频,某"UP主"振振有词地说:"复旦大学原本是一所'野鸡大学'……1949年前,复旦大学差得不得了! 1952年院系调整,不少'牛逼'大学(如圣约翰大学、浙江大学等)的文科、理科专业转到了复旦,复旦才成了好大学……"

复旦原来真是"野鸡大学"吗?

"公立"起家

中国早期大学,办学性质一般有两类:公立大学和私立大学。"公立大学"分国立和部立两种,以上海为例,早期的交通大学、暨南大学、劳动大学和医科大学等，就属于公立大学；"私立大学"则分教会办、商办和民办等多种，圣约翰大学、沪江大学、震旦大学和中国公学等，就曾经是私立大学。

另外，在私立大学中，又分"立案私立大学"和"非立案私立大学"两种。立案私立大学的学制规章得到官方承认，可以在教育部登记立案；非立案私立大学的学制规章，因未达标，官方一般不认可，也不能登记立案。

所谓"野鸡大学"，属于非立案私立大学中的"另类"。它通常是指那些无经费、无固定校舍、无专任教授的"三无学校"，其学制杂乱无章、课程东拼西凑、生源无法保证、师资水平也参差不齐。有的"野鸡大学"，并不是以"作育人才"为办学目标，而是以招徕广告为手段、赚钱营利为目的，投机取巧、骗钱害人、滥发文凭，办学形同"开学店"。这种学校，当然不会被官方承认，其办学时间也不会长久。

那么，复旦属于哪一类办学性质的学校呢？

复旦是由中国人通过民间集资、自主创办的高等学堂，初为公立性质。

1905年9月，马相伯先生等创设复旦于吴淞。开办之初，经两江总督周馥、端方先后奏准，办学经费由江宁藩库"岁拨二万四千元"，临时校舍为吴淞海军提督行辕，"并经咨照学部，照官立高等学堂开办，定名复旦公学"。复旦每年毕业考试，均由两江总督派员主试，并将试卷上报；每届校长（监督）人选，也由两江总督"札委"（书面委任）。

1906 年秋，马相伯去日本，严复继任校长（监督）。由于当年复旦经费亏空严重，严复致函两江总督端方，要求开除学校庶务叶景莱、张桂辛两人，"以准校政，是否有当，伏乞示垂遵循"。次年上半年，他又致函端方，汇报学校行政管理情况。1907 年，端方就复旦经费上奏光绪皇帝："连日在该公学参观教授，考验所用课本，皆系英文，取径直捷，成就高尚，实为现在言高等教育者唯一之办法。"[1] 光绪帝准奏，从 1907 年下半年起，清政府每月拨官费约一千四百两，作为复旦办学经费。由此可见，当年复旦人事和经费等事宜，均由两江总督定夺。

根据清廷颁布的《奏定中学堂章程》，学堂分为三种：由官府设立的名为官立；由地方绅富捐集款项或集自公款的名为公立；由一人出资的名为私立。因此，我以为，这一时期的复旦公学，完全符合公立规定，是一所公立性质的学堂。同时，由于官方深度介入校政，复旦又具有鲜明的官方背景。曾长期担任李登辉校长秘书的季英伯先生称，此时的复旦公学，"与官立学校，实无甚区别也"。[2]

---

① 端方：《筹拨复旦公学经费折》。
② 季英伯：《本校立案始末记》，《复旦周刊》1926 年 9 月 22 日。

复旦公学创办初始文件：《复旦公学集捐公启》《复旦公学章程》《咨送复旦公学厘订章程请察核转详准予咨部立案由》

1907年4月，两江总督端方上光绪帝《筹拨复旦公学经费折》

"立案私立"

1911 年辛亥革命兴起，吴淞提督行辕被光复军占领，复旦几无校舍。不久，清政府被推翻，办学官费被终止，学校一度停办。

1912 年 3 月，国民党元老、复旦校友于右任等 42 人联名上书临时大总统孙中山先生，恳请政府援拨经费，帮助复旦复校。当年临时政府刚成立不久，财政非常困难。即便如此，孙中山仍拨款一万元，作为复旦复校经费。教育总长蔡元培则批示称：

> 该校开办以来，一切课程悉仿欧美，历届毕业成绩尚著，自应准予立案。至所请移咨江苏都督，拨借校舍一节，业既如呈办理矣。①

不久，江苏都督庄蕴宽允准拨借徐家汇李公祠，作为复旦复校校舍。1912 年 9 月，复旦在李公祠正式复校。此时，其办学性质已转为"私立"。不过，复旦呈请教育部立案一事，却未见下文。

---

① 《教育部批于右任胡敦复等请将复旦公学立案并拨借校舍呈》，《临时政府公报》1912 年第 40 期。

北洋政府成立后，校方屡次呈请，北京教育部"终以未合部章，难邀照准"，迟迟不予立案。这一情况，迫使复旦励精图治，竭力经营学校。在李登辉校长领导下，先筹募巨款，在江湾购置约70亩地，确立永久校基；后又增设学科、建筑校舍、改良设备，"凡校舍布置、增添学科，以及图书馆暨各种实验室等，靡不尽心筹划，次第实行"。至1922年春，一所学科（文、理、商科）齐整、设施完善的私立大学学府在江湾崛起，"巍巍学府文章焕"，令各界瞩目。

与此同时，在北京的复旦校友瞿宣颖、章锡禾等，继续就复旦立案事宜上呈教育部。1922年4月，教育部派员到校视察。11月10日，教育总长汤尔和批示称：

  ……兹核阅视察报告，该校颇具规模，惟大学本科修业年限，仅有二年，核与定章不合，应即遵照新章改定，再行呈部核办。①

复旦遂遵照部令，改定新章：自1923年春季起，大学本科修业为四年。

1925年2月，复旦董事长唐绍仪函致教育总长马叙伦：

---

① 季英伯：《本校立案始末记》。

本校创设迄今，垂二十载，灌输文化，实为国内私立大学之先进，近来锐意扩充，渐臻完备，前经大部派员莅校调查，奖饰有加，惟以年限略有不合，批令改订。兹已遵令定为大学本科四年。高级中学二年、初级中学四年，迄迅赐察核，准予立案。①

　　3月，教育部又派视察员到校复查，"见本校年来锐意扩充，力图进步，绝非纸上空谈，当荷据实报部"。

　　8月20日，教育总长章士钊发布训令称：

　　　兹据视察员报告，称该校成立有年，苦心经营，始有今日，虽未臻完善地位，有此成绩，已属难能，若再筹得大宗款项，积极进行，该校前途，必能发展，即以现状论，在东南私立大学中，已为不可多得之选……②

　　对于复旦章程，章士钊也提出了修改意见：例如，应在第一章就明白规定，"大学本科修业年限四年、预科二年"；将第一章第一条之"研究院"名称，改为"大学院"；将第三章第十条

①　季英伯：《本校立案始末记》。
②　同上。

"转学学生有本校承认之著名大学"，改为"转学学生有教育部认可之著名大学"；等等。[①]1926年4月，复旦将修改后的学校章程报呈教育部，获得肯定。

1927年4月，南京国民政府成立。1928年10月15日，南京教育部正式批准，准予复旦立案。16日，《中央日报》刊出消息：

> 复旦大学曾向大学院呈请立案，兹已照准，日昨（十五日）该校已得院令，略谓查该校立案表册，经本院派员调查，认为与私立大学及专门学校条例符合，应即准予立案云。

至此，复旦立案一事历尽艰辛，终得圆满结局。

挂牌"国立"

复旦立案后，在私立大学中脱颖而出。

1931年九一八事变后，复旦学生曾多次前往南京请愿，要求"枪口对外，一致抗日"。这一爱国动向，引起朝野注意。据

---

① 季英伯：《本校立案始末记》。

当年《无锡通讯》称："中央某巨公，曾对上海复旦大学表示意见……"这个"巨公"，应该就是指蒋介石。不久，国民政府派复旦校董叶楚伧赶到复旦，改组学校领导层，迫使同情爱国学生的李登辉校长"休假"，由钱新之代理校长、吴南轩为副校长；同时酝酿将复旦迁至无锡，以避免学生受"不良影响"……这些举措表明，此时国民政府已开始插手私立学校事务。作为已立案的私立大学，复旦首当其冲。

1937年抗战全面爆发后，复旦校舍被毁，学子星散。不久被迫西迁，后在重庆北碚立足，勉力经营。由于经费无着，学校开支日绌，办学陷入困境。1941年11月，在于右任等老校友推动下，国民政府终于将复旦确立为"国立大学"。11月25日，中央社报道称：

> 查该大学原设上海，抗战军兴以后，迁来重庆，于艰苦环境中，对于高等教育倍加努力。兹政府为体念该校创设之艰难，过去之成绩及目前继续维持之不易，特将该校改为国立大学，由国家直接办理，其前途至未可限量云。

事实上，由"私立"转为"国立"，是复旦在经济困顿下的迫不得已。对于这一无奈之举，在上海坚持办学的李登辉校长曾颇有疑虑："原来学校名称、学校行政能否一贯继续，校董会组织以及现在学校编制能否保存不变，他若政治影响，易长纠纷，是否可以免去……"① 一句话，他担心的是，"国立"以后的复旦将失去自由、受制于人。

但不管怎样，复旦挂牌"国立"后，终于得以偿清债务、轻装上阵，从此名正言顺，踏上了心无旁骛的办学正途。

"院系调整"

从"公立"到"私立"、再从"立案私立"到"国立"，这个发展历程证明，复旦自创办之日起，就不是一般学校，更不是什么"野鸡大学"。

那么，为什么会有人说复旦曾是"野鸡大学"呢？

我以为，问题出在复旦曾经的"私立大学"名分。过去确实有人认为，只有公立大学才是正宗大学，私立大学就是"野鸡大学"。据汪曾祺先生回忆，他当年读初中时，有一位教他们初三几何的顾调笙先生，"他是中央大学毕业的，中央大学是名牌国立大学，因此他看不起私立大学毕业的教员，称这种大学为'野鸡大学'，有时在课堂公开予以讥刺"。② 这位顾先生的观点，在

---

① 李登辉致吴南轩、金通尹函，1938年5月2日。

② 汪曾祺：《我的初中》，《汪曾祺集：一辈古人》，北京十月文艺出版社，2012年6月，第83页。

旧社会颇有代表性。

但是，根据国民政府公布的《教育部公报》，截至1929年，已获准立案的私立大学（厦门、金陵、大同、复旦、沪江、光华、大夏、燕京、南开和东吴等）中，就有不少当年就耳熟能详的名牌大学。另外，在非立案私立大学中，也不乏名牌大学。值得一提的是，直到1947年，私立圣约翰大学才获准立案。假如按照"私立大学就是'野鸡大学'"的说法，当年的厦门大学、沪江大学、燕京大学、南开大学和圣约翰大学等，就都会被划入"野鸡大学"行列，这是完全说不过去的。

我曾多次听人提及，复旦发展成国内一流大学，始于1952年的院系调整。这种观点也值得一议。

在我看来，复旦第一次飞跃，始于1943年。章益先生任校长时，大量延聘名教授、扩充校舍校基、增加应用学科，以适应战时需求。到抗战胜利后的1946年，复旦就已发展成为一所综合性的国立大学，文、理、商、法、农五大学院齐头并进，在全国独树一帜。由于章益先生身份特殊（他曾在国民政府中任职），特别是他在20世纪50年代一度受到不公正的对待，这次飞跃在复旦校史上的地位，被忽略了、埋没了。

至于1952年院系调整，复旦共整合了全国18所高校的相关系科，确实受惠不少。但需要指出的是，当年复旦也有部分系科调出。例如，生物系海洋组并入山东大学，外文系德语组并入南京大学，教育系并入华东师范大学，土木工程系并入上海交通大学，农艺、园艺、农业化学系并入沈阳农学院，茶叶专修科并入安徽大学，法律、政治系并入华东政法学院，会计、统计、企业管理、银行、贸易系并入上海财经学院……

诚然，院系调整时，复旦调入了苏步青、陈建功、谈家桢、卢鹤绂、吴征铠、郭绍虞和朱东润等著名教授，这些教授为复旦发展作出了杰出贡献。但是，复旦当年也调出了不少著名教授，如当年凤毛麟角的原中央研究院院士秉志、钱崇澍，后来获评一级教授的金通尹、章守玉，二级教授李炳焕、刘佛年和许杰等，他们后来也是各兄弟院校建设的中坚力量。

……

总而言之，那种称复旦曾是"差得不得了"的"野鸡大学"的论调，要么是对历史的无知，要么就是别有用心的嫉妒和捏造。

写于 2024 年 3 月 20 日

简公堂的前世今生

有人问我，假期里要带孩子参观复旦校园，先从哪里看起呢？我的回答是：简公堂。无论是结构还是式样，简公堂最符合复旦校园原设计者墨菲先生的建筑理念：庄严大气，睥睨四方。

简公堂，是邯郸校区最西侧一排坐西朝东房子的中间一幢，它原是复旦最古老的建筑之一。

1922年，复旦由徐家汇迁至江湾时，因经济拮据，只建了三幢建筑："奕住堂"为办公楼；"第一宿舍"为学生宿舍楼（位于今相辉堂原址）；"简公堂"为教学楼。

这三幢建筑，是当年复旦的全部家当。于右任先生曾言，当母校迁至江湾之初，仅此"三座屋宇"。这"三座屋宇"，呈"品"字形排列，飞檐翘角，风格统一，被当年师生称为"巍巍黉宫"。

事实上，简公堂是"三座屋宇"中最辉煌的一座，它由南洋兄弟烟草公司简照南、简玉阶兄弟捐资5万元兴建。起名"简公堂"（金冲及先生告诉我，他1947年入读复旦时，又称为"照南堂"），是复旦人向南洋侨商的致敬之词。同样，它还蕴含了对南洋华侨出身的李登辉老校长的敬仰之情。1918年，李老校长下南洋（印尼、新加坡等地）向侨商募捐，风尘仆仆，功德无量。

我为什么要推简公堂为第一看点呢？

在我看来，无论是结构还是式样，简公堂最符合复旦校园原设计者、美国建筑师墨菲先生（H. K. Murphy）的建筑理念：庄严大气，睥睨四方。一位复旦老校友曾仿《陋室铭》，写过《简公堂铭》，其中这样写道："堂不在高，庄严则灵。层不在多，辉煌则名。惟兹课堂，几净窗明。草色侵阶绿，兰香入座清。教授多博士，往来尽学生，最宜讲西学研中文，无尘市之嚣攘，与自然为比邻……"①

简公堂落成后，主要是作教学楼。江湾复旦最早的校园故事，都出自这里。1927年，复旦开放女禁，实行男女同校。一位复旦学生曾以此为背景，描写了简公堂教室里的今昔变化：

一入吾复旦之门，莫不知有简公堂在焉。巍巍大厦，士子荟集，硕彦鸿儒，出自其间者不知凡几，实有一登龙门，身价十倍之概。但数年之中，大厦依然，而其中之景况已非昔比，昔日往来其间者，均是鬁眉丈夫，今则有巾帼英雄，

---

① 若鲁：《简公堂铭》，《复旦年刊》1923年第5期。

珊珊其间，同出入，同作息，另是一番气象矣。昔之士子，不事修饰，教室中济济年少，衣冠不一……今则教室中虽非尽是革履西装，但类皆华服盛装，发光可鉴之美少年。昔日同学中朝夕相遇者，均系同性，因此有一二面如潘安者，引得一班食色者流，趋之若鹜，沉醉若狂，促膝谈心，亲昵异常，本刊前任主编（此处指费巩先生——引者注），即其中之健将也。今则可称才子佳人，相遇一处，形影相依……往日教授中，亦落拓不羁……今则教授先生在教室中讲解，亦似更觉兴奋，退课铃早打，尚不忍离去，高坐讲台，专候好学者垂询。知有女弟子趋前叩问，则教授先生格外高兴，特别卖力，目灼灼视，心卜卜跳，若有无穷乐焉。[①]

简公堂是最早阐释民间校训"自由而无用"的地方。1925年，"复旦新剧社"就诞生在这里，戏剧艺术家应云卫先生曾在此执导排演过五台独幕剧（包括熊佛西的《青春的悲哀》、丁西林的《一只马蜂》等）。据一位台湾校友回忆，当年简公堂"楼下用A字编号，楼上用B字编号"。1926年秋，根据洪深教授建议，"复旦新剧社"改名为"复旦剧社"，第一次会议就在底楼东南侧的A1教室举行。因此，复旦剧社的英文名称，被洪深定为

---

① 刘期洪：《简公堂之今昔观》，《复旦同学会会刊》1933年第2卷第11期。

"A1 Workshop"（A1 工作室），其英文图章刻着"A1 Club"，所以又称"A1 俱乐部"。复旦剧社内，最早培养出了两位戏剧家：马彦祥和沉樱。他们曾在洪深执导的话剧《女店主》中分饰男女主角，因排戏而擦出爱情火花，终成"戏剧伉俪"。后来，两人虽然分手，却为复旦剧社留下了一段浪漫佳话。

在简公堂二楼，原有一个大礼堂。这个礼堂，实际上是个大教室，在子彬院未建之时，这个礼堂可以用来开会、排戏和演讲。1923 年 4 月 5 日，李大钊先生应邀来校，就是在这里发表演讲的。据 4 月 6 日《申报》报道："昨日下午，复旦大学请李守常演讲，题为《史学与哲学》，听者甚众。李君将史学与哲学之关系，解释极为透切……"《史学与哲学》的演讲整理稿，已被收录在《李大钊文集》（下册）中。同一年，校学生自治会设立"司法部"，专事处理、裁决学生间的争议，"以为练习法律智识之阶梯"。据 1923 年 5 月 24 日《民国日报》报道，该部接受同学刘某诉状，审理了"同学南君用球击破其眼镜要求赔偿案"。这个案子，也是在大礼堂审理的。

1927 年 11 月 2 日，鲁迅先生应中文系主任陈望道先生的邀请，前来复旦演讲，演讲地点还是在这个礼堂。据马彦祥回忆：

> 望道先生告诉我，鲁迅先生已答应我们的要求来校讲
> 演，并嘱我到时亲自去接他来校……十一月二日我是和蔡毓

聪同去的。蔡是哪一系的同学，我已记忆不起，只记得我们两人是作为学生会的代表去的。午后一时左右，我们到景云里鲁迅先生的家时，他已作好准备，即时和我们一同出门，前去复旦。讲演从下午两点开始，地点是在简公堂楼上的礼堂。[1]

1927年11月2日的《鲁迅日记》，也记有到复旦演讲的内容："午蔡毓聪、马凡鸟来，邀往复旦大学演讲。""马凡鸟"，即马彦祥的笔名。这次演讲的记录稿，刊于1928年5月9日《新闻报》，题为《鲁迅之所谓"革命文学"》。

1935年10月，为庆祝复旦建校30周年，在谢六逸教授的指导下，复旦新闻系在简公堂举办首届世界报纸展览会，展出了33个国家的2000多份报纸以及多种印刷设备，其中包括1833年美国《太阳报》创刊号、1872年《申报》创刊号等。此展规模宏大、盛况空前，参观者达万余人，被誉为"新闻史上的创举"。一位参观者曾写下这样的观后感：

> ……展览是在它们的简公堂。我走进那座屋子的甬道，就是上海申、新两报组织的系统及其他许多概况的图案。我

---

[1] 马彦祥致《鲁迅日记》注释组的信，1977年12月3日。

1922年落成的简公堂是复旦最早的教学楼。上图为复旦档案馆藏简公堂原建筑旧影。下图为如今按原始设计图重建的简公堂，于2023年落成。读史老张摄

疑心是申、新两报馆的会客室。不，为了尊重国内的两家典型报纸，或许是应该如此罢。共计有六间屋子，国外的占三室，国内也占三室，我的整个感觉，对这个展览，不能不算伟大，不能不算完美充实……会场遍悬史量才、邵飘萍、刘煜生诸氏等遗影，他们都是给新闻事业牺牲生命的，并各略志小传，这是展会主持人独具的应有态度，很值得佩服他们的心思周到咧！①

1937年八一三事变，日军炮火击中简公堂，简公堂屋顶被掀，房屋受损。后来，虽经简单修复，却不复有飞檐翘角的宫殿雄姿。

1946年，复旦复员返沪后，作为江湾校园里仅存的建筑物之一，简公堂仍为复旦的主要教学楼。一些学校的活动，仍在这里开展。一位学生曾记述过当年在简公堂登记住宿时人潮涌动的"盛况"：

本月（指1946年10月——引者注）四、五、六日为校中登记宿舍日期，因"铺少生多"（四千多同学而只有三千多铺位），而同学为了"以免向隅"起见，隔日就住在校中，

---

① 孔莺：《世界报纸展览会追纪》，《上海报》1935年10月15日。

照校中的办理手续方法，是将学籍证排列在长椅上，等候管理员依次分拨号码——在这里简公堂的楼上，人声沸鼎，此时窗外飘着小雨，在上午六时的现在，更见得朦朦胧胧的……时针将到七时半，简公堂楼上的甬道开始蠕动了，即有不胜轧的同学说："我轧'户口米'也看见过，可没有在这高等学府中轧过。"——八时已到，管理员依学籍证前后，呼号分发号码，像证券交易所一般……①

新中国成立后，简公堂作为复旦的教学楼，被编号为 200 号楼。后来，第一教学楼、第二教学楼陆续建成，简公堂就成了办公楼。哲学系、新闻系和文博学院等，都曾先后在简公堂办公过。

几年前，简公堂因建地铁 18 号线而拆除重建，今已恢复了当年飞檐翘角的"雄姿"（据说为适应现代房屋需求，新建筑比原建筑加高了数米）。现在，若要参访复旦校园，不妨就目睹一下简公堂的"重生"吧。

写于 2023 年 7 月 5 日

---

① 《简公堂上》，《学生日报》1946 年 10 月 11 日。

奕住堂与华侨实业家黄奕住

复旦大学邯郸校区内，有一幢老建筑，名为"奕住堂"——这是复旦迄今现存的唯一一幢最古老的建筑。"奕住堂"的建造经费，来源于著名爱国华侨实业家黄奕住先生的捐助。

"剃头住"，曾经一贫如洗

黄奕住（1868—1945），福建南安人。1868年12月7日出生，祖上世代务农，父亲一辈子耕作，母亲替人纺纱，家里一贫如洗。黄奕住是家中长子，五六岁时就被父亲送去私塾读书，后因付不起学费，被迫失学回家，帮父亲种田。为了贴补家用，黄奕住12岁起跟伯父学剃头。三年后，他自己挑着担子走村串乡为人剃头，受尽歧视和欺凌。

1885年春，黄奕住随亲友赴南洋。关于他赴南洋的原因，有多种说法。有

黄奕住（1868—1945）

一种说法是：某日，黄奕住为一豪绅剃头，在修容时，该豪绅突然咳嗽，黄奕住冷不防，手中剃刀落下，割伤其额角，豪绅顿时大发雷霆、呵斥痛骂，扬言日后再找他算账。黄奕住惹不起他，又怕父母受累，决定赴南洋避祸。家里没钱为他买船票，父母卖了祖传的一丘田，得价 36 个银元，助他漂洋出海。他乘的船，是长他两岁的黄仲涵的木帆船，船票费可以欠付——30 年后，黄奕住和黄仲涵都成为印尼"糖王"。

经过颠簸和漂泊，黄奕住经新加坡、棉兰等地，落脚于荷属殖民地爪哇岛的三宝垄市。起初，他人地生疏，言语不通，生活非常艰辛。白天，他挑着剃头担子，到码头上找华工剃头；夜晚，只能宿在妈祖庙内。到了第二年春，他攒下的一年工钱，只够偿还欠付的船票费。

两年后，黄奕住已粗通方言，和当地华侨、华工熟络起来，大家都叫他"剃头住"。有一天，老华侨魏嘉寿对他说："像你这样做'剃头匠'，贫苦的日子恐怕永远不会到头，何不做点小生意呢？"他一听，立刻表示愿意改行。魏嘉寿告诉他，可以改做小贩试试，并借给他 5 盾（荷币）作为本钱。黄奕住接过钱后，即把剃头工具用破布一裹，扔进了大海。

从此，黄奕住作别"剃头匠"生涯，成了挑担小贩。最先，他深入乡村和土著部落，贩卖杂货、咖啡和糕点。1891 年，他开了个"日兴杂货店"。不久，杂货店又变成了批零兼营的"日兴商行"，生意做得非常顺手。1897 年，黄奕住已拥资近百万盾，先后在中、西、东部爪哇设立了"日兴商行分行"，并成立了"日兴股份有限公司"。后来，黄奕住利用当地盛产蔗糖的条件，开始经营蔗糖贸易。到 1913 年，他的资产已达到 300 万至 500 万盾之间，跻身印尼"四大糖王"之列（另三位是黄仲涵、郭春秧和张永福）。

"要想富，就学黄奕住"

1914 年，第一次世界大战爆发。这一时期，黄奕住的蔗糖生意曾几落几起，历尽风险。有一次，他大量买进蔗糖，却遭遇糖价大跌，一度濒临破产。直到后来糖价上涨，他才得以峰回路转，起死回生。

最有戏剧性的一次，发生在"一战"结束前夕。有一天，三宝垄火车站附近某蔗糖货仓着火，黄奕住携长子黄钦书前去察看。黄钦书好动，喜登高，一见被烤焦的成堆糖包，就攀登了上去。到达堆顶，他无意中发现，着火的其实是外围，内层糖包完好无损。他跳下糖包，就把这一情况告知父亲。黄奕住当即找来货仓老板，说要买下这里的所有糖包。老板闻言，当即以每包 2 盾的价格，将货仓里数万吨糖包悉数出售。双方银货两讫，各自得意……哪里想到，不久，"一战"结束，糖价涨势迅猛。到了 1920 年，糖价已猛涨了 50 多倍。黄奕住以每包 2 盾买来的数万吨蔗糖，获利甚丰。

到"一战"结束前后，黄奕住已成千万富翁。他一跃致富的故事，迅速在他的福建家乡流传，闽南当地有一句流行语："要想富，就学黄奕住。"多年以后，他的传奇经历，还被上海的小报编成了"《世说新语》式"的文字，让人"拍案称奇"：

> 黄君……少贫，习理发业于爪哇，落落无所遇，会其地有某大糖商，籍闽之泉州，一见深器之，谓其品性醇厚、资质聪慧，而状貌亦似非长贫贱者。一日，又值理发，相与闲话，某问黄君何不为商？以缺乏资本对。某笑曰，是不难，吾货栈中弃糖满地，子可往拾之，籔其尘秽，贱值斥售亦可得白金，用之设小肆，则绰乎有余矣。黄君称谢而去，即责令往告货栈之司事。既得弃糖，顾不即售，亡何？糖价飞涨，始货之。竟得五百余金。此五百金者，实为黄君发轫之第一批资本。由此操奇计赢，机缘奔凑，驯（迅）至三千万之富云。[①]

"申报馆之晤"，开创中南银行

1919年，51岁的黄奕住决定回归祖国。动身前，有人曾劝

---

① 梅瘦：《中南银行与黄弈（奕）住》，《上海报》1937年7月13日。

他："你坐拥金山，哪里不是好地方？"他一笑应之："我身为中国人，怎么能受人盘剥、寄人篱下、隶人国籍呢？"

4月起，黄奕住在厦门鼓浪屿定居。他到底带回国内多少钱？没人知道。有人推测，最低数字应该在2300万美元（约合中国白银1600万至1700万两）。这些钱，不少被黄奕住用来捐助福建的公共事业。例如，他曾力挺陈嘉庚创办厦门大学，慷慨捐赠图书和设备。至今，厦大仍保留着"黄君奕住，慷慨捐助，有益图书，其谊可著"的纪念碑刻。

回国后不久，黄奕住就把投资目光瞄准了上海。上海是工商大埠，到底该投资什么项目呢？他决定亲自投石问路。黄奕住在厦门每日必看《申报》，觉得主持《申报》的史量才一定见多识广，于是打定主意，登门造访，"我以华侨资格，去拜会社长，他总会见我的"。① 他们一行人轻车简从，来到了汉口路上的申报馆。

据说，史量才起初以为对方是一般访客，并没把他放在眼里。后来有一则报道，曾描述过这次"申报馆之晤"：

　　……（黄奕住）首至申报馆拜访史氏。惟侨胞素性质朴，故服装均极朴素。维时，史氏于接见黄弈柱（即黄奕住，原

---

① 章淑淳：《我与中南银行》。

文为错写——引者注）时，见其类似乡愿，殊不知为赫赫有名华侨富商，故晋接之倾亦不甚重视。嗣黄氏询史氏云：本人欲在祖国经营一最大事业，应从何方入手？史即漫应之云：以开银行为最好耳。旋黄复称：若开银行，究需多少资本？史称五十万亦一银行、一百万亦一银行，听君自择。黄氏聆言，即夷然示不屑状云：祖国设一银行，岂只此浅浅者即可举办耶？史氏天资颖慧，闻言之下，即知黄为非常人物，乃即转其口风云：顷余所言者，为一般起码小银行耳，如果酌乎其中，则一二千万成立一银行，始可有为也。①

　　经过几番交往，黄、史二人一拍即合，决定成立中南银行。"中南之者，示南洋侨民不忘中国也。"在史量才引荐下，黄奕住结识了前交通银行北京分行的胡笔江，晤谈甚欢。他本拟出资1000万元，独资经营银行，胡笔江告诉他，国内商业银行"皆在五百万元以内，且以股份公司责任有限为宜"，遂定第一期缴足资本500万元，黄奕住认股350万元，占70%。

　　1921年7月5日，中南银行在上海开幕，总行设在汉口路4号（后为110号）。黄奕住任董事长，胡笔江为总经理，史量才等为董事。据报道，"当日柜面收入存款银洋，共合五百余万元，

---

① 虎吼：《史量才与中南银行》，《时代日报》1934年11月18日。

查侨商组织银行，此为首创，而资本之雄厚，亦为商业银行所仅见"。[1] 中南银行成立后，黄奕住来往于厦门和上海之间，其子黄浴沂于 1928 年任中南银行协理（1939 年胡笔江去世后任总经理），代表他参与经营。

不久，中南银行就取得了与中国银行、交通银行相同的银行券发行权，成为北京政府治下的三家发钞银行之一。1923 年 3 月起，它还与盐业银行、大陆银行、金城银行（统称"北四行"）联营，成为"北四行"的中坚，先后成立了四行联合营业事务所、四行准备库和四行储蓄会，并建造了著名的"四行仓库"。1932 年，四行储蓄会拨款 500 万元，在上海跑马厅北侧建造国际饭店。1934 年冬，高 78 米的国际饭店建成，四行储蓄会随即迁入营业。国际饭店雄踞上海，保持了"中国第一高楼"之名达 50 年之久。

与李登辉交集，与复旦结缘

黄奕住在上海创办中南银行之际，正是复旦校长李登辉在江湾大兴土木之时。1918 年 1 月，为筹建复旦新校园，李登辉赴南洋募捐。6 月，他筹得华侨资助的 15 万元款项返沪后，即在江湾

---

[1] 《中南银行开幕志盛》，《申报》1921 年 7 月 6 日。

购地 70 亩。7 月，他向毕业学生表示，江湾校园"近由美国来华之工程师穆飞氏（即墨菲——引者注）估计建筑费"。[①]1920 年，奠定复旦永久校基的蓝图，就在江湾徐徐展开。

墨菲设计的江湾校园，原本规模宏大、气势雄伟。由于资金所限，1922 年校舍落成时，只造了三幢楼：办公楼（奕住堂）、教学楼（简公堂）和第一学生宿舍。这"三座屋宇"，呈品字形排列，雕梁画栋，飞檐翘角，被称为"黉宫"。其中，奕住堂坐南朝北，由黄奕住捐资 1 万余元建造（1929 年添建两翼）。不过，它的落成，与墨菲原来的设计大相径庭。从原始设计图来看，奕住堂原址应矗立起一座类似天坛的圆形建筑，后来却建成了方形建筑，而且是一个缩略版的正方体，看上去孤零零的。因此，与雄伟庄严的简公堂比起来，奕住堂在气势上逊色不少。

提到捐建奕住堂，我一直有一个疑问：黄奕住为什么会捐资给复旦？他又是什么时候认识李登辉的？有人说，李登辉之认识黄奕住，是源于 1919 年复旦校董唐绍仪（唐少川）的介绍。此说的依据，是校长秘书季英伯的回忆文章《李校长与其建设复旦之略历》，但我查了这篇文章的原文，"……嗣由唐少川先生介绍，获得简氏（指简照南、简玉阶兄弟——引者注）大宗捐款"[②]，文中并没有提及黄奕住。

① 《复旦大学中学毕业纪》，《申报》1918 年 7 月 3 日。
② 《复旦同学会会刊》1933 年第 2 卷第 7 期。

实际上，有关黄、李相识的史料很少，两人生前也没有留下片言只语。现在，我只能通过李登辉的活动轨迹，来拼接一下他俩的历史交集——

第一，李登辉祖籍福建同安，1872 年生于印尼爪哇岛西部的巴达维亚（今雅加达）。他与黄奕住既是同龄人（两人相差 4 岁），又同籍福建。1890 年，李登辉赴美留学，后毕业于耶鲁大学。1901 年上半年，他回到巴达维亚，任当地耶鲁学院（又译雅鲁学校）校长。耶鲁学院后因经费不足，交由当地中华商会接办。而黄奕住曾任印尼中华总商会财政董事，管理中华商会所办学校的经费，两人有时空相交的可能。

第二，1904 年冬，李登辉回国。1905 年来到上海，创办寰球中国学生会，并到复旦公学任教。1918 年上半年，李登辉赴南洋募捐，得到了印尼福建会馆等华人社团的帮助。此时的黄奕住，事业正如日中天，李登辉极有可能与他会过面。

第三，对于寰球中国学生会，李登辉向来倾注心力。查 1920 年代初期的《寰球中国学生会年鉴》，李登辉几乎每期都荣登"本会创办人""董事"之榜，而恰在同时，黄奕住被列名为"赞助本会最力者"。

第四，1921 年中南银行筹备时，在《中南银行招股宣言》中，除了"创办人"由黄奕住、史量才署名，还有一百多名来自各地的"名誉赞成员"署名，李登辉就是上海的"名誉赞成员"

奕住堂是复旦最早的办公楼和图书室。上图为复旦档案馆藏 20 世纪 20 年代
复旦江湾校园一景，左为老校门，奕住堂为图中右侧建筑（当年尚未增建两
翼）。下图为今日奕住堂。读史老张摄

之一。

综上所述，黄奕住与李登辉，很可能在爪哇就已相识；他们的联谊，最迟也不会晚于黄奕住回国之时（1919年）。而且，从黄奕住捐建复旦（后成为复旦校董）、赞助寰球中国学生会等行为来看，黄、李二人的私交应该也不错。

1937年，八一三事变爆发。复旦"三座屋宇"中，第一宿舍被日军炮火夷为平地；简公堂则被掀掉屋顶，后虽经修缮，已不复当年雄姿。唯有奕住堂，在抗战中保存完好。一直以来，它与简公堂并称为复旦最古老的建筑。几年前，简公堂被拆除重建，奕住堂就成了复旦现存唯一一幢历史最悠久的老建筑。

值得一提的是，在复旦校史上，奕住堂曾一直被写成"奕柱堂"（若干年前校史馆门口设置纪念勒石，也刻有"奕柱堂"三字），这与黄奕住的名字常被错写成"黄奕柱"有关。事实上，在当年报纸上，黄奕住的名字还有"黄弈住""黄弈柱""黄羿住"等多种写法，这当然是人工排版误植所致，但也反映了黄奕住的一贯低调。好在近年来已有复旦学者对此进行了考证和辨正[1]，相信假以时日，这些错讹都会得到修正。

……

---

[1] 参见王晴璐：《"奕住"还是"奕柱"？——黄奕住生平述略兼姓名辨正》，李家俊、张克非主编：《中国大学校史研究2016》，天津大学出版社，2018年11月。

1937 年抗战全面爆发后，黄奕住从厦门迁居香港。1938 年 5 月，厦门沦陷。日方派人赴港见他，劝他出任伪职，他坚决表示："宁可破产，决不事敌！"结果，他在厦门的企业悉数被日本人侵占。1938 年冬，他避居上海租界。1945 年 6 月 5 日，他在上海病逝，享年 77 岁。

黄奕住晚年，与复旦是否再有联系？与李登辉校长是否还有交集？不得而知。如今，以他名字命名的奕住堂，作为历年的办公楼、图书馆、中文系、经济系和校史馆等"屋宇"，已与复旦人相伴了一百多年……

复旦人会永远铭记他。

写于 2022 年 12 月，修改于 2023 年 3 月

"孤傲"的子彬院

大凡到过复旦的人，都说子彬院漂亮，有人说它是当年校园内最"富丽堂皇"的建筑，还有人称它为"小白宫"。为什么称它为"小白宫"呢？

子彬院在复旦大学燕园北面、寒冰馆南侧，现在是大数据学院，又挂牌"吕志和楼"（校董吕志和曾捐资修缮子彬院），校内地址编号为600号。

子彬院原为复旦心理学院大楼。1923年，著名行为主义心理学家郭任远留美归来，回母校任教。他购置了大量书籍、仪器和实验动物，在复旦创办了心理学系，并任系主任。不久，郭任远向其族叔郭子彬募捐5万元，于1925年2月创立了全国第一家心理学院——复旦大学心理学院，同时兴建学院大楼。1926年，大楼落成，被命名为子彬院。子彬院的学院规模，在当年位列世界第三，仅次于苏联巴甫洛夫心理学院和美国普林斯顿心理学院。子彬院里，走出过像童第周、冯德培和胡寄南这样的著名科学家和学者。

大凡到过复旦的人，都说子彬院漂亮，有人说它是当年校园内最"富丽堂皇"的建筑，还有人称它为"小白宫"。我个人以为，所谓"小白宫"，实际上是对墨菲先生复旦校园建筑设计的"反叛"。墨菲对于复旦的校园建筑设计理念，遵循一个基本逻辑：屋顶飞檐翘角，墙面雕梁画栋。外呈中国传统建筑样式，古色古香；内部则是现代西式结构，方便实用。这一逻辑，在墨菲所设计的很多中国校园建筑（如雅礼大学、燕京大学和金陵女子大学等）中，得到了广泛运用。复旦最早的建筑，几乎都遵循这个逻辑。

然而，自从有了子彬院，这个逻辑被打破了：罗马廊柱、欧式雕饰、圆弧阳台、三角尖顶和白色烟囱……这子彬院，彻头彻尾是一幢西式建筑！而且，如果按墨菲的复旦校园设计图来看，子彬院的建造，理应坐东朝西、面向简公堂才对。可是，它偏偏我行我素，坐北朝南，显示了某种不屑和傲慢。

郭任远（1898—1970）

这是什么原因呢？说实话，过去有关子彬院的介绍，很少有人去探究它特立独行的原因。在我看来，子彬院的这个架势，一方面当然与郭任远留洋崇美的做派有关；另一方面，似乎还可能是郭任远与李登辉校长意见分歧的产物。郭任远到复旦任教时，年轻气盛，立意要把复旦办成综合性大学。但是，经费从哪里来？这是作为私立大学校长的李登辉最担心的问题——一个雄心勃勃，考虑的是复旦的发展；另一个殚精竭虑，担忧的是复旦的生存……几个回合下来，郭、李矛盾显现了。

1924 年春，因有人怀疑李登辉夫人汤佩琳"贪污"（此为子虚乌有之事，但传得沸沸扬扬，究竟谁是幕后推手？不得而知），李登辉愤然"请长假"，携夫人赴南洋探亲。李登辉请假期间，郭任远担任了代理校长。需要指出的是，年轻的郭任远的上位，是由唐绍仪领衔的校董会决定的，而并非由李登辉"亲自委任"（谈不上此时的李登辉校长有多么器重郭任远）。在代理校长期间，郭任远曾作过决定：此前由李登辉订立的学校合同，"除已经移交及郭任远亲自接收者外，概作无效"。因此，作为李登辉的耶鲁校友，墨菲的复旦校园设计被边缘化，似也势所必然，子彬院由此应运而生。

有人曾这样描述郭任远："性情孤傲"，"与人落落寡合"。我想，与当年复旦其他建筑比起来，子彬院恰恰也显得既"孤傲"亦"寡合"，很符合郭任远"天高皇帝远，人少畜生多"（刘大白语）的个性。从这一点来看，1927 年 3 月复旦实验中学学生发表"驱郭宣言"、后来郭任远担任浙江大学校长时浙大校园爆发"驱郭运动"，绝非偶然——这里，我丝毫没有贬低郭任远建造子彬

今日子彬院。读史老张摄

院功劳的意思。相反，正是子彬院的建造，使复旦建筑呈现了多样化特色，并开了校园东扩的先河。

子彬院建成后，一度成为复旦校园的中心。其中，位于子彬院底楼西南角的101大教室，就曾经担当过复旦大礼堂的功能。在百年复旦历史上，大礼堂一直是校园的心脏——过去是，现在仍然是。我曾介绍过，复旦最早的"大礼堂"在简公堂二楼大教室，那里是复旦剧社的演出场地，也是李大钊、鲁迅等名人演讲的地方。子彬院建成后，"大礼堂"功能就转移到了"101"（但还算不上真正的大礼堂），复旦剧社在这里演过戏，学校期末集体大考在这里举行，原先贴在简公堂走廊上的学生壁报，也贴到了子彬院走廊。

1928年5月15日，鲁迅先生第二次到复旦演讲，地点就在"101"。这次演讲，是陈望道先生以心理学院附属实验中学主任的身份邀请的；鲁迅演讲的题目，是《老而不死论》。据陈望道回忆，鲁迅演讲时，"每当讲到得意处，他就仰天大笑，听讲的人也都跟着大笑，那满屋的大笑声直震荡了黑暗势力的神经，给复旦和实验中学的广大师生以有力的声援和激励"。[1]

1933年12月8日，林语堂先生到"101"发表演讲。一位听众这样记道：

---

[1] 陈望道：《关于鲁迅先生的片断回忆》，上海鲁迅纪念馆编：《回忆鲁迅在上海》，上海书店出版社，2017年3月，第399页。

午后三时前十五分，子彬院一〇一教室已渐渐地显得拥挤了。许多男女大学生们坐下来，你说一句，我也说一句，嗡嗡地，像蜜蜂叫一样，也有人拿了本《论语》（指林语堂创办的《论语》杂志——引者注）在念……三点的上课钟声响了，一〇一教室给挤得水泄不通，角边容不下人了。除了坐着的外，站在两旁的人很多，于是我感到遗憾，为什么复旦没有一座大礼堂呢？[①]

后来，复旦建成了体育馆（位于今寒冰馆北侧），子彬院 101 大教室的"礼堂"功能又让渡给了体育馆。1937 年八一三事变爆发，体育馆等校舍被日军炮火炸毁，复旦被迫西迁。

1946 年复旦复员返沪，"101"又成为复旦的中心，复旦学生的盛大典礼在这里举行，著名学者在这里演讲，进步学生曾在这里开展过"反饥饿、反内战、反迫害"活动。仅在 1946 年，"101"就有两场活动，在复旦校史上留下重要印痕：6 月 11 日，于右任、邵力子两位老校友在此演讲；11 月 3 日，茅盾、李健吾、叶圣陶、郑振铎、巴金等到校参观，茅盾、李健吾和叶圣陶在"101"发表了演讲。直到 1947 年 7 月，"101"的"礼堂"功能才被新落成的登辉堂（今相辉堂）替代。

[①] 复旦生：《林语堂演讲速记》，《时事新报》1933 年 12 月 9 日。

20 世纪 80 年代初我读书的时候，子彬院已是数学系办公楼（大家称它为"数学楼"），院内的"101"仍是复旦最大的教室之一。在"101"，我听过多场讲座。印象最深的一次，是新闻系教授马棣麟先生的摄影讲座——那时，我忽然对摄影发生了兴趣，很羡慕那些拿着海鸥 120 相机到处拍照的新闻系学生。那天晚上，"101"坐满了人，马先生幽默风趣，讲座气氛非常活跃。至今记得，他在讲曝光参数时，讲到了曾经参观过上海的汽车厂（那时还没有"上汽"），说当年造汽车的工人真了不起，"上海牌"轿车的钢铁车壳子，"是工人用榔头一锤一锤敲出来的"，然后抛光上漆，光彩照人。他说，相机曝光时，假如对着汽车的光斑曝光，那是会过曝的……

2011 年 10 月，子彬院经重新修缮后竣工，内外面貌焕然一新。从此，101 大教室不见了，通向大门（南门）的"T"字形道路也没了，门前几排树木变成了大草坪……好吧，这子彬院内外，越来越有"白宫"的味道了。

忽然想起，我入学那年，子彬院前还只有"草"没有"坪"，那里的一片开阔地，是一片菜田（不知是谁在那里种了菜，难道是为了校园学农吗？）——课余时，我们还帮着总务科摘过毛豆呢！

写于 2023 年 7 月 26 日

景莱堂与"学长"叶仲裕

景莱堂原位于简公堂北侧。今天复旦校内的"蔡冠深人文馆",就位于景莱堂原址。景莱堂的命名,与一位复旦资深校友的名字有关,他就是叶仲裕。

子彬院和景莱堂,都与复旦大学心理学院有关。前者原是心理学院大楼;后者原是心理学院附属实验中学(简称"实中")校舍。

1925年夏,实中正式成立,郭任远兼任实中主任。实中成立后,先在校外赁屋办学,后在简公堂北侧建造实中校舍,1926年7月竣工。实中校舍沿袭了墨菲校园建筑的样式,建筑风格与简公堂相同,坐西朝东,为飞檐翘角的三层宫廷式建筑。一楼为办公室,二楼有教室和学生宿舍,三楼为教师宿舍(后改为女生宿舍)。

1925年9月,刘大白到复旦任教,后兼任实中主任,后来写了闻名遐迩的复旦校歌。有人回忆,刘大白住过实中校舍三楼。可以肯定地说,"复旦复旦旦复旦,巍巍学府文章焕。学术独立,思想自由，政罗教网无羁绊"的复旦校歌，就是在这里诞生的。

1927 年 5 月，刘大白到浙江教育厅任秘书。12 月，实中主任由陈望道兼任。1928 年 5 月，陈望道以实中的名义邀请鲁迅先生再次前来复旦演讲，演讲地点在子彬院 101 教室。5 月 15 日鲁迅日记记曰："午后……陈望道来，同往江湾实验中学讲演一小时，题曰《老而不死论》。"正是在陈望道的任上，"实中校务发达、童子军、新闻学会、体育会、中西乐队及诗歌班等，各类组织谨严，成绩卓著"。[①]1931 年 10 月，陈望道辞去实中主任之职。

1937 年八一三战起，实中校舍遭日军炮火重创。抗战胜利后，经简单修缮，被改为第一女生宿舍。1949 年年初，经于右任、邵力子、金通尹和陈传德等先生提议，将其命名为"景莱堂"，以纪念复旦校友叶仲裕（叶景莱）先生。

叶仲裕（1881—1909），名景莱，浙江杭州人。早年在上海震旦学院读书，深受马相伯器重："少年笃诚，予当勉养成其旧道德，以为现时青年之良模范。"[②]马相伯脱离震旦后，他随之离开，与于右任等一起，协助马相伯另创复旦公学，成为复旦的创始人之一。

据于右任回忆，创办复旦时，"朋侪星散，致实际负责者仅

① 陈启明：《陈望道与复旦实验中学》，陈启明：《复旦拾零》，上海书店出版社，2022 年 8 月，第 246 页。
② 叶瀚：《叶景莱行略》。

余叶仲裕及予二人。予与叶君原拟出国研习，乃以兴学之故，宁牺牲负笈国外之时机，而愿见此新学府之建立……叶仲裕先生与予交谊甚笃，母校创校之际，出力最多"①，他"是浙江望族，他的父亲是当时河南省郑州直隶州知州。因为他的家世与社会关系，所以能在两年中得着各方的助力，尤其得着当时两江总督周馥准拨上海吴淞镇提督行署为校址，使学校得以创设"。②

另有当年同学回忆，震旦部分学生离开徐家汇后，先在爱文义路（今北京西路）找了一处临时房屋安顿。因起早贪黑、四处奔波，呼吁捐助创立复旦，叶仲裕"只在里面设了一张床，很少睡在那里"。③ "复旦成立之次年，经费更感不足，他冒着炎暑毒热，从上海而南京，而扬州，而淮阴，奔走累月，捐得款项，复旦赖以继续维持。捐款返沪时，面目黧黑，状若鬼薪，而斗志昂扬，信心百倍。"④

复旦创办后，叶仲裕被推为学长（即最早的学生会主席），后又担任庶务（总务主任），直接参与学校行政管理，深得马相伯器重。1906年马相伯离职后，严复继任校长。一位学生回忆称，

---

① 赵聚钰：《于右任谈复旦创办》，彭裕文、许有成主编：《台湾复旦校友忆母校》，复旦大学出版社，2003年9月，第4页。
② 程沧波：《复旦大学》，《程沧波文存》，华龄出版社，2011年1月，第108页。
③ 吴念劬：《母校创办时期之回忆与杂谈》，薛明扬、杨家润主编：《复旦杂忆》，复旦大学出版社，2005年9月，第24页。
④ 沈醉民：《浙江拒款保路运动的群众斗争及其他》。

马相伯离职、严复上任，"仿佛是一位管不了顽皮孩子的慈父，决心请一个严厉的先生，来管管这群野马似的学生"。严复任校长后，"那副冷峻的面孔，单调的言词，使我们果有离了慈父的怀抱来到严师面前那种心情"。①

从有关史料来看，叶仲裕似与严复颇不对付。1906年冬，刚刚署理校政的严复就因学校经费不敷，向两江总督端方告状：

> 乃本年岁暮，尽亏短至于五六千金之多，此其故有二：一则学生短缴学费，两学期计三千五六百元；一则庶务叶景莱借用三千元存款，至今屡催不能照缴。复为监督，原有理财用人之责，虽经费出入，向系叶、张（桂辛）二庶务手理，而稽察无方，致令纠纷如此，诚无所逃罪者也……是明年此校乃属复经理，惟校事经费最重，倾立视之，似应由复收回存号……至一切章程，亦须重新斟酌，遵照部章厘订，庶成可久之规。至叶景莱、张桂辛二人，一则延欠校款，一则造报稽延，实属都不胜任，应准由复开除，以维校政。②

因经费不敷，闹到要开除庶务，足见事态严重。那么，叶仲裕后来是否被开除呢？似乎未得校董会允准。对此，严复一直耿

---

① 吴念劬：《母校创办时期之回忆与杂谈》。
② 严复致端方信，1906年冬。

上图为复旦档案馆藏原复旦心理学院实验中学校舍旧影。下图为在其原址上重建的今蔡冠深人文馆。读史老张摄

耿于怀。1907年4月，他在给外甥女的信中称："因复旦叶仲裕亦在彼捣鬼故也。吾到南京，必将种种情节告知端方，若意思不对，便亦辞去不办。"[1]1908年3月，他又感叹："……复缘复旦校事，大为叶仲裕所憾，自开学来，极力耸煽旧生与不佞反对。而远道学子则来者日多，校舍填咽，至无以容。私念衰老之人乃与项领小儿计论短长，真为可笑……进退殊不自由，大苦大苦！"[2]可见，叶仲裕在复旦资格老、威望高，连严复对他也徒叹奈何，后来只得自己拂袖离去。

1909年，叶仲裕投入浙江保路运动，反对清政府勾结帝国主义出卖路权，但一度遭遇挫折。对此，叶仲裕十分愤懑，竟投江自尽，年仅29岁。《神州日报》曾刊有《叶仲裕君投江记》一文，记述了他投江的经过：

> 叶君素性激烈，无嗜好。其担任各事，均视为身家性命，一钱不受……又因办事积劳，忽患脑病，学界中人电请乃兄回杭医治……此次入医院后，乃兄百计劝解，叶君谈及社会事，愤懑慷慨，意终不释，忽思出医院回郑州，急不可待。乃兄护送同归，（船）行之泰兴地方，时方黎明四点钟，叶君竟从窗棂逸出，又攀铁栏入水。迨家人惊觉，已属

①　严复致何纫兰信，1907年4月24日。
②　严复致熊季贞信，1908年3月26日。

无救。①

　　种种迹象表明，叶仲裕投江，自是"愤懑慷慨""以身殉路"，但从现在的角度来看，他多年操劳，积郁成疾，极有可能患上了抑郁症。

　　1952年，景莱堂被统一编号为300号楼。2005年，由校董蔡冠深先生捐资540万元，按当年风格重建300号楼，建成后成为复旦博物馆，并被命名为"蔡冠深人文馆"。

写于2023年7月27日

---

① 《叶景葵致叶济信稿》附录。

立在寒冰馆背后的身影

有谁知道，在苍凉、破旧的500号寒冰馆背后，曾经立着一个风度翩翩、正气凛然的名教授身影！

几天前，一位复旦同事告诉我，他们办公室要搬到复旦500号了。我说，那太好了呀！"为什么？就因为它是一幢破旧的老房子？"她疑惑地问我。"不，这是一幢有底蕴的历史建筑！"我笑道。

复旦500号，与子彬院同时建造于1925年。建成后为第四学生宿舍，原是一幢四层洋楼，与子彬院风格相同，气派典雅。因设施豪华先进，第四宿舍的住宿费很高，只有"贵族"学生才住得起。1937年八一三事变后，第四宿舍遭日军炮击，尖顶被掀，损毁严重。抗战胜利后，经简单修葺，改建成一幢三层教学楼，并被命名为"寒冰馆"。

从此，寒冰馆便与一位名教授的名字联系在了一起——他，就是孙寒冰先生。

建成于1926年的第四宿舍，20年后被命名为寒冰馆。上图为复旦档案馆藏第四宿舍旧影。下图为2024年修缮前的寒冰馆。读史老张摄

他的风度，"是复旦有名的"

孙寒冰（1903—1940），江苏南汇人。1920年从中国公学转学复旦商科。1922年赴美，在华盛顿州立大学攻读经济学硕士学位，后又赴哈佛大学进修。为此，他曾得到一起留学的章益先生的帮助。章益认为，孙寒冰"是一个天才，比自己有更好的条件，便毅然从自己的奖学金中筹措了部分给孙先生，而放弃昂贵的哈佛，去了学费较便宜的芝加哥大学"。①

1927年，孙寒冰学成归国，不久结婚。他的夫人唐淑德，是唐绍仪（也是复旦校董）的孙女、孙寒冰大学同学唐榴的侄女。据唐淑德回忆，孙寒冰赴美前，由于"榴叔的介绍"，她与他订了婚。赴美后，"竟有着许多太太小姐们（外国的、中国的），因了爱慕他的人品而愿意委身于他，但他却永远只维持着友谊的程度，没有忘了我们的婚约"。②结婚后，孙寒冰曾住在公共租界大沽路，并先后在复旦大学、劳动

孙寒冰（1903—1940）

---

① 章大纯：《祖父章益与复旦的渊源》。
② 孙唐淑德：《纪念寒冰》，《文摘》1940年第71期。

大学和暨南大学任教，其中在复旦时间最长。他曾先后担任过社会学系主任、政治学系主任、实验中学主任、法学院院长和教务长等职，是当年上海的"十大名教授"之一。

孙寒冰在复旦任教的详情，过去披露得较少。我从有关史料中，找到了若干细节。一位学生曾这样形容他："梳着一头波浪式、烫过的黑发；鼻子上架着一副无框六边形浅视的眼镜；生着一张潇洒的，总是挂着微笑的脸庞儿，虽然够不上《红楼梦》里贾宝玉般的'面若中秋之月，色如春晓之花'，却也有几分像《西厢记》里的张生那般风雅。"①

不过，说孙寒冰"烫过"头发，这真是冤枉了他，他的头发是"天然卷"。在国内读书时，孙寒冰觉得卷发难看，每天都要用热水将卷发烫平。但不到一两个小时，头发又卷了起来，这常让他无可奈何。"后来到了美国，看见很多人是卷头发的，不算很难看，我就随它去，不再烫了。"回国以后，他忽然发现，"嘻！很多人在故意地烫卷头发了，我的难看的卷头发，算是漂亮的了！"②

孙寒冰的服饰，常常与众不同。当年，复旦教授大多不修边幅、穿戴随意。与经常穿一身蓝布褂的曹聚仁、喜欢穿长袍马甲的费巩等先生们比起来，孙寒冰却总是西装革履，穿得"山青水

---

① 祝修麟：《孙寒冰先生》，上海《大公报》1937年3月2日。
② 大草：《孙寒冰先生纪念》，《宇宙风》1940年第27期。

绿"。他在实验中学任教时，因实中对教工制服有规定，他不得不穿上了藏青哔叽呢中山装。即便如此，他依然潇洒飘逸，洋气十足。难怪学生们会说，"寒冰先生非常漂亮"：须髭刮得干干净净，衣服穿得整整齐齐，"他的长裤永远有一条直挺挺的摺痕"。1938 年年底，孙寒冰辗转从香港抵达北碚，吴南轩校长在向新生介绍他时，曾笑容满面地说："孙先生的风度，是复旦有名的。"[①]顿时，全场大笑，气氛活跃。

他的为人，"是一团春风"

当然，孙寒冰的风度，并不仅在外表。他为人热情、善解人意，学生们说："从来没见过孙先生板过脸孔。"他态度谦和，却常常妙语连珠，曾这样评价他的复旦女同事："方令孺犹如清溪涓流，蒋碧微则似高山巨瀑！"他人缘好、朋友多，还很幽默风趣，蒋碧微教授记得："孙先生平时来看我，总是一走进大门，先叫一声'蒋公！'"[②]

一位学生曾经把孙寒冰与章益、温崇信教授作过比较：

---

① 萧敏怡：《敬悼孙寒冰师》，香港《大风》1946 年第 27 期。
② 《蒋碧微回忆录·我与徐悲鸿》，华东师范大学出版社，2015 年 1 月，第 175 页。

章先生是严肃的，我说他严肃，并不是说他不爱笑，他也是常常笑的，但是，即使他笑，也总是笑得那么严肃的，像英国首相笑着向下议院演讲那样笑法的。我在他的前面，即使到了现在，总没法忘记他的老师的威严，多多少少总感到些拘束。温先生是率真的、敏感的，他对人对事都非常地认真，他待人是非常地热诚的，但是，你如果偶然触犯了他，他就会觉得非常难受……在他的面前呢，我总是很小心的。而寒冰先生，他的态度，是一团春风，永远是一团春风，他在你面前，你会感到舒适，感到 Homely，感到随便好了，感到一切都无可无不可。①

章益、温崇信和孙寒冰三位教授，都是李登辉校长的得意弟子。他们性格不同，各有特点。在学生们眼中，孙寒冰似乎更有亲和力：他"不比章友三（即章益——引者注）先生凶，也不比伍蠡甫先生来得紧"；他上课从不点名，学生却从不"逃课"；他给的分数常在及格以上，学生不用担心会"挂科"。更重要的是，他的学生们"是常受孙先生赐宴的"。②

在复旦，孙寒冰开过经济学、政治学和英美文学等课程。选他课的人特别多，教室里总是座无虚席。有一门政治学课，每学

① 大草：《孙寒冰先生纪念》。
② 结文：《忙教授孙寒冰》，《辛报》1937 年 7 月 16 日。

期选课人数竟在百人以上，普通教室根本容纳不下，只能在子彬院 101 大教室上课。他上经济学课，为了讲清马克思的《资本论》，索性翻译了考茨基的《剩余价值学说史》。曾在劳动大学听过他课的著名经济学家许涤新先生回忆："他在讲授价值论的时候，把李嘉图、马克思和奥国学派的理论，分别介绍给我们。这种比较方法，对我们的学习，收效相当大。"[1] 他的英美文学课，更是以文学名家济慈、卢梭、歌德和雪莱等的名著为范本，每篇作品"都有真实的情感和真实的故事"。据著名作家靳以先生回忆，孙寒冰的课，给了他"莫大的惊喜和对于文学的兴趣"。[2]

　　孙寒冰讲课，充满魅力。他的国语并不标准，因为"是南汇人，所以说的普通话，还不免夹些浦东音"[3]，但他却"从容不迫，语调清朗，声音虽不宏大，而能自然及远，极其悦耳动听，使大教室中上百听众于不知不觉中心领神会，有爽然自足之乐"。[4] 一位学生说，孙寒冰的课，"有满旨深远的箴铭；也有哀感悱恻的情书；有革命英雄的伟绩；也有绯色的恋爱故事"，他一句一句地讲解，仿佛是在讲解自己的"情史"，"尤其讲到男女间钟情的描写处，孙先生情不自禁的会来个'现身说法'表演起来，给

----

① 许涤新:《我是这样研究起政治经济学来的》。
② 靳以:《孙寒冰先生》,《靳以选集》第 5 卷, 四川人民出版社, 1983 年 4 月, 第 322 页。
③ 结文:《忙教授孙寒冰》。
④ 张正宣:《孙寒冰先生和复旦文摘社》。

我们一个深刻的印象，精彩处，简直会使人'五脏六腑，像熨斗熨过，无一处不伏贴，三万六千个毛孔，像吃了人参果无一不畅快'起来"。因此，上他的课，学生非常轻松，并不感到沉闷，"每个人都聚精会神地兀自坐着，仿佛古代神话里的修道士们失神地听着仙女们的歌乐时的一样神情"。[①]

他的杰作，是创办《文摘》

孙寒冰的风度和魅力，让师生们着迷。在他周围，永远团结着一群热情洋溢、志同道合的人。他创办的《文摘》杂志，就是这种团结的象征。

1937年元旦，孙寒冰主编的《文摘》杂志正式创刊。《文摘》以刊登英美书刊文章、介绍全球热点事件为主，16开本，每月一期，由复旦文摘社编辑、黎明书局出版。文摘社成员都来自复旦：冯和法、杨岂深、贾开基、汪衡和吴道存等先后担任过编辑，另有数十名学生协助参与编刊。

《文摘》创刊后，深受读者欢迎，每期发行量均在一万册以上。对此，孙寒冰和他的朋友们付出了满腔心血。章益曾动情地记述道，在办刊的日子里，"一个月有八九天的功夫，在冰的书

---

① 祝修麟：《孙寒冰先生》。

室里，可以看到八九个揎拳拢袖、面带油光的青年，散坐在四面角落里，手不停挥地写作。他们已两三夜没有好好的睡，咖啡和纸烟帮着驱散睡魔。倘若支持不住了，就随随便便地横七竖八躺在沙发上、摇椅上、长凳上，乃至于书桌上。冰的夫人亦常常深夜不睡，把孩子们哄着入睡后，她还忙着煮稀饭、烧咖啡。他们夫妇贴上精神、贴上时间、贴上身体的健康、贴上许多金钱的开支，才能导演出观众们所欣赏的节目"。[1] 学生赵世洵也记述过他在孙寒冰家的工作状况："我们这样的工作：每个星期的礼拜六和礼拜天两天，相继有半年以上，吃住全在孙先生家里……（孙家）手面很阔，对我们的两餐，丰如筵席，饭后除了烟茶外，还有咖啡。入夜倦了，便倒在长沙发上眠去。"[2]

1937 年年初，孙寒冰读到了《亚细亚》杂志上发表的埃德加·斯诺的《毛泽东自传》，如获至宝。他立即找来汪衡，嘱他全文翻译。译稿完成后，他又逐字逐句地推敲修改。为了通过国民党当局审查，孙寒冰亲自携稿赶往南京，面见国民党元老邵力子先生。邵力子是复旦校友，也是孙寒冰的国文教师，时任国民党中央宣传部长。他看了译稿后意识到，若同意刊登，虽然会使蒋介石恼火，却可以唤起民众抗战到底的勇气，遂提笔批道："准予发表。"得到邵力子批示后，孙寒冰连夜赶回

---

[1] 章益：《忆寒冰》，《文摘》1940 年第 71 期。
[2] 赵世洵：《母校三个时代的回忆》，《台湾复旦校友忆母校》，第 134 页。

上海。不久，《文摘》就以连载的形式，全文刊登了《毛泽东自传》。

《毛泽东自传》一刊出，立即轰动全国。从《毛泽东自传》中，人们了解了曾被诬为"洪水猛兽"的共产党，发现了共产党军队的真相，也看到了人民解放和民族复兴的希望。自此以后，《文摘》销量急剧上升，一再加印，每期印数达五六万份，仍供不应求。再后来，《毛泽东自传》由黎明书局单独出书，总印数六七十万册，创造了当年的书刊印刷奇迹。

《文摘》的成功，使孙寒冰收获了众多"粉丝"。有一次，他从香港飞往重庆，一位青年海关检查员在查看他护照时，脱口而出："啊，您是孙先生！您主编的《文摘》，我每期都看的。"然后，这位检查员只略微翻了翻他的箱子，就放行了。一路上，所有读过《文摘》、知道孙寒冰的人，都向他问长问短，和他亲如一家。对此，孙寒冰由衷地感慨："这是我编《文摘》的报酬，我对这报酬比什么都珍视的。"①

应该说，孙寒冰创办《文摘》，是他人生的华彩乐章。曹聚仁在《复旦大学六十年》一文中，曾把《文摘》杂志与复旦剧社相提并论，称两者是复旦大学"不平凡"的标志。可见，《文摘》在复旦校史上的重要地位。

---

① 郑兰荪：《忆念孙寒冰教授》。

他的罹难，是"复旦之殇"

抗战全面爆发后，复旦大学西迁重庆。1938年秋冬，孙寒冰辗转来到重庆，住在北碚黄桷镇王家花园复旦教授宿舍，文摘社也设在此处。此时，《文摘》已改为战时旬刊，以宣传"中国必胜，日本必败"为宗旨，继续出版。因坚持进步，崇尚真理，《文摘》的文章经常被删，有时甚至不准刊登。对此，孙寒冰并不气馁，他曾亲自写了《编者的几句话》，向读者声明："要为真理讲话。"①

1940年5月27日，日本飞机有预谋地轰炸了复旦大学所在的黄桷镇。十几架日机低空飞行，轮番投弹扫射。黄桷镇顿时陷入火海，复旦校园一片断垣残壁。在狂轰滥炸中，一块飞起来的巨石击中了孙寒冰的头部，他倒下了！"……伍蠡甫的夫人周炜等，立即拿来急救药物，打了强心针，吴校长和许多教授都围拢在他身边，焦急地等待着他睁开双眼，但时间一秒一秒过去，他终究没有醒来。"②

噩耗传开，全校震惊。对师生们来说，孙寒冰之死，是"复旦之殇"。他们纷纷前来致哀，悲痛不已。靳以教授说："假使

---

① 张正宣：《孙寒冰先生和复旦文摘社》。
② 郑兰荪：《忆念孙寒冰教授》。

我不抱了才生一月的婴儿，我会和他同走或同在的，即使在同样的险境，我也能提醒他；那时我只能和他说最后的一句话，催他立刻离开，我记得他答应了就来的，没有想到他就这样倒下了……"[①] 蒋碧微教授说："他死之后，我常常有一种幻觉，仿佛他蓦然走进来叫我一声的样子，这使我不但悼念良友之永逝，而且还有点恐怖。"[②] 胡风教授说："他今春刚从香港回来，我见过几面，是名教授之一，岁数不大，很有风度，又和气，也有思想。他办的《文摘月刊》和文摘社在学术界很有好评，他在学生中威信很高，这次回来似乎是想把学校搞得更有起色，大家也正是这样寄希望于他的，他的被炸死，实在令人惋惜。"[③]

……

抗战胜利后，复旦师生复员返沪，回到江湾校园。在章益校长领导下，校委会决定，将原第四宿舍命名为"寒冰馆"，以永久纪念孙寒冰先生。

几十年过去了，被称为复旦500号的寒冰馆历尽沧桑，曾作为教学楼、后勤办公楼，默默地伫立在子彬院后侧。与复旦其他建筑比起来，它显得低矮颓败，毫不起眼，它甚至没被列入保护建筑名录……然而，有谁知道，在苍凉、破旧的寒冰馆背后，曾

---

① 靳以：《孙寒冰先生》。
② 《蒋碧微回忆录·我与徐悲鸿》。
③ 《胡风全集》第7卷，湖北人民出版社，1999年1月，第477页。

经立着一个风度翩翩、正气凛然的名教授身影！

2024 年 5 月起，500 号寒冰馆开始按原样重新修缮……看来，还寒冰馆以本来面目，已为时不远了。

写于 2024 年 3 月，修改于 12 月

复旦校花的由来

路过逸夫科技楼旁，见两位女生在一片白玉兰前顾盼留影，便随手拍了一张照片发在朋友圈，题名曰："校花"。结果，有朋友开玩笑地问：是左边那位还是右边那位？唉唉，我说的"校花"，指的可不是美女，而是真的花卉……

复旦有校花，大概已有百年历史了。

1905 年，在《复旦公学章程》中，就曾制定过如下条款："本公学徽章，拟用金制黄玫瑰，以明黄人爱国之义。"后因建校时校务繁杂，该条款并未付诸实施，黄玫瑰终未成校花。

1912 年，南京临时政府教育部批准，将徐家汇李公祠拨给复旦公学作为校址。李公祠环境优雅，佳木繁荫，莳花不绝。祠内有一大水池，池中曲桥水榭，池周花红柳绿，"池里面还有荷花，花开时在教室中可闻花香"。[①] 爱好诗赋的师生们常在池边雅集，互相唱和。每逢盛会，大家还会群集此处拍照——我见到的现存

---

① 程天放：《李公祠四年》,《台湾复旦校友忆母校》，第 17 页。

最早的复旦商业研究会的一张照片，就是在曲桥中拍摄的。

1913年3月，复旦迁入李公祠后第一个年头，正值春寒料峭，白玉兰竞相绽放。因花开时皎洁如玉，被师生们誉为"花中君子"，遂将白玉兰称为校花。

1922年春，复旦从徐家汇李公祠迁江湾。李登辉校长特别强调江湾校园的园林绿化，假如校工护绿不当，会遭到他的严厉斥责。但我一直没查到当时江湾校园是否种植过白玉兰。迁校之初，复旦人曾评选过江湾校园"八景"，其中介绍花木景色的有"桃园春色""柳径莺声""梅林皑雪"三景，描写了满园桃花、垂柳轻拂和梅林尽染的江湾校园，但是，偏偏不见"玉兰绽放"之胜景。

1938年，复旦江湾校舍已被日本兵占领。复旦校友朱仲华发起到母校中学部（即李公祠）赏花，"今春四郊多垒，海上学府泰半毁于兵燹，惟我母校附中，如鲁灵光殿，巍然独存，而玉兰花发，更胜往时"。[①]据报道，不期而至附中雅集的校友有20余人。其间，费巩教授还乘兴发起了一场小小的足球赛。

1946年，复旦从北碚复员返沪。1947年3月，复旦同学会在南京路大新公司（今市百一店）楼上开会，此时，李登辉老校长已双目失明，仍挂杖出席。他在章益校长致辞后提出，美国哈

---

① 庸夫：《古祠赏花记》，《复旦同学会会刊》1938年4月号。

逸夫科技楼前盛放的校花白玉兰。读史老张摄

佛、耶鲁等名校都有校花，我校应重新确定白玉兰为校花。此议获得一致通过。5月3日，《文汇报》报道称：

国立复旦大学于"五五"校友节，暨登辉堂落成典礼、四十二周年校庆、于右任校友六十晋九大庆时，并拟举行校花命名典礼，该项校花已有李前校长登辉定为玉兰，按校花在欧美各个大学皆有规定，复旦此举在国内尚属创举。

几个月后，李登辉老校长猝然去世。

1948年5月5日校友节，上海同学会捐款1900万元法币购置白玉兰两株，种植于仙舟馆（今奕住堂）前空地，以纪念李老校长指定白玉兰为复旦校花。

1986年9月，经上海市民投票评选，市人大常委会审议通过，正式决定白玉兰为上海市市花。此时，距复旦大学以白玉兰为校花已过去了几十年。

写于2023年3月13日

20 世纪 30 年代的江湾校园

邵梦兰是复旦老校友、台湾著名教育家。通过她的深情回忆，20 世纪 30 年代的校园建筑、课堂、宿舍、老师、同学、"校花"、校刊、壁报、时装和电影，等等，仿佛就在我们眼前。

近日，读到一本有意思的书：《春蚕到死丝方尽：邵梦兰女士访问纪录》，这是台北"中研院"出版的"口述历史丛书"之一。

邵梦兰（1910—2000），浙江淳安人。1930 年入读复旦实验中学，1931 年升入复旦大学。1936 年毕业后，她一直执教杏坛，桃李满园、成就卓著。《访问纪录》一书，以邵梦兰的个人生命史为主轴，展开了一幅近代中国教育史的生动画卷。她的口述，如数家珍，几乎"所有的历史记忆深烙在她的脑中"。对此，访问者深感叹服，"无法相信这是出自一位 90 岁高龄女性的口中"。

1936 年邵梦兰的复旦毕业照

在江湾复旦，邵梦兰度过了青春岁月，她对母校感情深厚。《访问纪录》记下了她口述的校园生活，清晰、鲜活，可读性极强。以下片段，就是我撷取的部分精华。

实中生活

1930年2月，邵梦兰入读复旦实验中学（简称"实中"）。

"实中"全称，应为"复旦大学心理学院附属实验中学"，又称"复旦实验中学"。1923年秋，留美归国的心理学家郭任远先生在复旦创办心理学系。1925年夏，为了培养心理学系后备生源，他又创办了实中。实中校舍，就设在江湾复旦校园内。

邵梦兰进实中时，是以特优成绩插班入学的。"我报考的是高一，家父带我去看榜时，在高一的榜单里找不到我的名字……结果发现我的名字在高三的榜单上"，她父亲以为搞错了，遂向教务处查询，"他们说我的成绩应该进三年级，不应读一年级"。而她父亲则认为，应该从一年级学起比较好，"我也不肯直接读三年级，讨价还价的结果是从高二读起"。[1] 因此，她在实中只读了一年半，到1931年6月就毕业了。

尽管邵梦兰在实中时间不长，但她的回忆，对研究实中校

---

[1] 《春蚕到死丝方尽：邵梦兰女士访问纪录》（以下称《访问纪录》），游鉴明等著，台北"中央研究院近代史研究所"，2005年，第64页。

史，却有参考价值。例如，她说她进入实中时，是"复旦第一次招收女生"，这一说法虽有瑕疵（应为实中第一次招女生，大学部正式招收女生是在1927年秋），却可以确认以下史实：从1930年起，实中开始招收女生。"那一次也只收了两位，在我之外，另外还有一位原籍广西姓农的女同学"，据邵梦兰回忆，"我们和男同学一起上课，当时中学部女生很少，大学部女生很多。那时候的青年人比较能自我约束，实验中学的男女生住在同一栋宿舍"。①

邵梦兰所说的"同一栋宿舍"，就是实中校舍，位于简公堂北侧（原址在今蔡冠深人文馆），坐西朝东，建成于1926年7月。它是一栋三层楼房，雕梁画栋、飞檐翘角，与简公堂、奕住堂等建筑风格一致。一楼原设有办公室，"注册处、会计处均在焉"，二楼有两间教室，其余为宿舍，每室住二人。最初，实中教师也住在该楼。三楼为教师宿舍，"徐蔚南、杨哲明二师合住三楼一间，王世颖、王世毅两师则住隔壁"，一、二楼靠边的房间，也供教师居住，"胡寄南、刘慎修等三师合住二楼北端靠操场之一间，两面有窗，光线至佳。楼下之一间，则住何本寿、徐宗铎等三师"。②

实中招收女生后，三楼改为女生宿舍，邵梦兰就住在三楼。

---

① 《访问纪录》，第64页。
② 刘振：《江湾校园十忆》，《台湾复旦校友忆母校》，第88页。

"男生住一、二楼，女生住三楼，男生不可以到女生宿舍，女生每次出入必经男生住的楼层，也可以到男生的房间，但并不随便去，常是三五成群结队去……男生倒没机会上楼，也没有人会上去。"①

在实中就读期间，邵梦兰的校园生活"相当多彩多姿"。他们曾办过一个刊物，叫作《新堤》。《新堤》本来由一位同学容威主编，因为每次都以我的稿子居多，所以他干脆交给我办。刚开始这份刊物是用贴的，像壁报一样；后来送出去印，不过只印了两期，我就毕业了……"②邵梦兰说的"用贴的"壁报，据我估计，有可能就贴在简公堂走廊两侧。因为当年的壁报，最初都贴在简公堂。后来，子彬院替代了简公堂的行政功能，壁报就贴到了子彬院。

实中成立初，实中主任由郭任远兼任。后来先后由刘大白、陈望道兼任。邵梦兰读书时，正是陈望道任主任时期。"他是修辞学专家，作品《修辞学发凡》被采用为教科书，他的太太蔡慕晖（又名蔡葵）办了一份刊物《微音》，曾经向我邀稿，我投了两篇散文，题目我不记得了，刊出来后我不觉得特别兴奋，也没有拿到稿费……我那时候根本不在乎钱，从来没有注意钱的事，

---

① 《访问纪录》，第64、65页。
② 同上，第66页。

20世纪30年代的江湾校园一景。左起：第一宿舍（今相辉堂原址）、体育馆、第四宿舍（后名为寒冰馆）、子彬院、女生宿舍（"东宫"）。复旦档案馆藏

登不登，或有没有稿费，我都不太注意。"①

1931 年 6 月，邵梦兰从实中毕业。当时上海每年举行中学联合毕业典礼，一般分南市和北市（闸北）两处举行，由各校指派一名代表参加。因邵梦兰成绩优秀，本来她可以代表实中前去参加的，"但是刚好那天是我结婚的日子，所以不能代表同学去领文凭"。② 查有关资料，1931 年上海的中学联合毕业典礼，于 6 月 27 日举行。因此，邵梦兰的结婚日，应该也在这一天。

大学师资

1931 年 8 月，邵梦兰入读复旦大学法律系。按当年规定，实中学生不用考试，就可直升大学。

不久，九一八事变爆发，上海学生群情激奋，举行了声势浩大的抗日爱国运动。此时，学校里已没人读书，邵梦兰"就回家了"。第二年，上海爆发一·二八事变时，邵梦兰已怀孕，正在家里休学待产。后来她生下小孩复学，就改读了政治学系。她解释道："我原来读法律系，是因为我想当律师，但是法律系要五年才能毕业。我因为结婚早，小孩又来得快，时局也不安定，我想早一点完成大学教育，五年的时间太长，所以改读了政

① 《访问纪录》，第 67 页。
② 同上，第 72 页。

治系。"①

在大学里，邵梦兰对于复旦师资印象很好。在《访问纪录》中，她提到的老师有：校长李登辉、女生指导毛彦文、理学院院长林继庸、法学院院长张志让、政治系主任孙寒冰、社会学系主任应成一、中文教授李青崖和英文教授郭美德等。

对于李登辉校长，邵梦兰充满了敬仰之情。她说，李老校长"是复旦的草创者之一，复旦人对他崇敬得不得了"②，他"操守非常好，学问也非常好，本来国民政府要他当监察院长，他没同意"。③她还曾在另一篇文章中记述道："某一次，上海某要人做寿，收了不少礼金。因为钱永铭先生（即钱新之——引者注）的关系，那位要人自动把十万现大洋捐给复旦，李老校长吹胡子瞪眼地说：'除了气节，我们拿什么来教育学生！嗯？你们说！还不赶快还给人家去！'"④

另一位让邵梦兰喜欢的老师，就是毛彦文教授。毛彦文教英文课，也是女生宿舍（"东宫"）里的舍监，被称为女生"总管"。"虽然我没上她英文课，但是她兼我们的女生指导，我因为住校，担任舍长，和她接触较多。"⑤"一见面威仪逮逮，望之俨然，不

---

① 《访问纪录》，第 74 页。
② 同上，第 73 页。
③ 同上，第 75 页。
④ 邵梦兰：《从燕园到东宫》，《台湾复旦校友忆母校》，第 121 页。
⑤ 《访问纪录》，第 75 页。

和她接近的人以为她很凶；其实她是很和气的。"[1] 在《访问纪录》里，邵梦兰这样描述毛彦文：

> 当时她三十二岁，未婚，第二年才结婚。她是非常新式的女性，个性活泼，衣着考究，穿旗袍，全身清爽，化淡妆；但她还有旧道德观念，个性强悍。有一次她来找我，告诉我李登辉校长交代她，不准女生穿短筒袜，认为不雅观，一律要穿长筒的。毛先生说："这事怎么执行？一定要放宽。天热时也不可能穿长袜。"另有一次李校长要她检查学生信件，她问道："信怎么检查？"我告诉她，平常男女交往的信应该不用检查，除非是可疑信件才检查。这两件事我印象很深刻。我生了第一胎后，因为打篮球而小产，住在学校疗养院——佩琳院，毛先生还炖鸡汤来给我，并送我一把很讲究的镶象牙的月琴。[2]

后来，毛彦文与前北洋政府国务总理熊希龄结婚，演绎了一段"红颜白发"的佳话。毛彦文离开复旦后，邵梦兰等仍与她有往来。据毛彦文晚年回忆："至今在台湾尚有女生邵梦兰、姚兆如、施祖佩等与我时相往来，尤其邵梦兰校友非常多礼，这是她

---

[1] 邵梦兰：《古老的梦》，《台湾复旦校友忆母校》，第 461 页。
[2] 《访问纪录》，第 75、76 页。

以身作则的美德。"①

男女同学

对于复旦男女同学，邵梦兰有过生动描述。

"有一位同学开车来上学，汽车的号码是八十四号，所以大家戏称她为'Eighty-Four'。"②这位同学，就是鼎鼎大名的严幼韵女士。严幼韵是富商的女儿，于1927年从沪江大学转学来复旦，是复旦"校花"，在上海颇有名气。因为车牌号为"84"，所以被称为"84号小姐"。对此，严幼韵的女儿杨雪兰女士有过一段精彩回忆：

> 1980年7月，我从美国回到上海。一个酷热的晚上，姑父张锐带我去看一个和他一起走过"文化大革命"的朋友。
>
> ……姑父介绍说我刚从美国回来，并且提到了母亲的名字。老人的脸一下子亮了起来："噢，你就是'84号'的女儿？"我想起这是母亲在上个世纪20年代驾驶的别克车的车牌号。

---

① 毛彦文:《往事》，商务印书馆，2012年1月，第33页。
② 《访问纪录》，第81页。

在我点头之后，老先生一下容光焕发，"你母亲当年可是全上海大学生的偶像，我们天天站在沪江大学门口，就为了看'84号'一眼。看到的话会兴奋一天！"①

当年，复旦一些男生还故意把 Eighty-Four 念成了上海话的"爱的花"，所以，严幼韵又有绰号叫"爱的花"。在邵梦兰眼中，严幼韵"非常漂亮，也很时髦"："她常戴帽子……甚至穿巴黎时装来上课，衣服像婚纱一样，拖着长尾，因为我们教室前都铺着地毯，所以不会弄脏。"在严幼韵的影响下，复旦女生后来也跟着时髦起来，"有些同学刚到复旦时，都还很朴素，穿自由布上衣，简单的裙子，过不了两个月，高跟鞋穿起来了，头发也烫了，服装完全换上时装，这种改变和大学的气氛以及上海的社会风气都有关，因为当时念大学的女生少，自觉了不起，故意用穿衣服表示和别人不同"。②

除了严幼韵，邵梦兰还提到了另几位"校花"。其中一位叫金静虚，查《复旦大学同学录》：金静虚，浙江诸暨人，1928年秋毕业于复旦预科，后入读社会科学科，"篮球打得好，是校队代表"。另一位叫张淑婉，福建闽侯人，1931年毕业于教育系

---

① 顾严幼韵口述：《一百零九个春天：我的故事》，新世界出版社，2015年5月，第22页。
② 《访问纪录》，第82页。

附属师范专科，后为教育系女生，是系主任章益教授的得意门生。还有一位，就是"复旦皇后"陈鼎如。陈鼎如也是诸暨人，1928年预科毕业后，在社会科学科入读，后转入政治学系。邵梦兰说：

> 陈鼎如是我杭女中的同学，比我高几届，她被称为"皇后"，虽然不怎么打扮，但是很有风韵，最漂亮。她有个哈尔滨男友，大家叫他"皇帝"，不过后来两人并没有结婚。每次晚饭后他们从外面散步回来，"皇帝"送陈回女生宿舍，两人有时坐在宿舍前草地上聊天，很引人注目。①

关于陈鼎如，我在《相辉：一个人的复旦叙事》一书中曾有介绍。她读复旦期间，是著名作家靳以先生热恋中的女友。后来他们分手，靳以一度痛不欲生。邵梦兰口中的"哈尔滨男友""皇帝"，可能指的就是靳以。

至于邵梦兰提到的女生宿舍，建于1928年，由南洋华侨陈性初捐资建造。它是校园里最东侧的楼房，坐东朝西（位于今第一教学楼西侧），因此被称作"东宫"。1937年八一三事变，"东宫"毁于日军炮火。据邵梦兰回忆：

----

① 《访问纪录》，第82页。

我们东宫前有一片草地，男朋友只能送到这里，宿舍门房老王很凶，男生如果走入东宫，他会不假辞色，所以男生不敢进入，最多是在得到老王允许之下，走到会客室来。不过，东宫每年校庆开放一次，那时候，男生都可以到女生房间，有时候顺手牵羊，偷一点小东西。记得有个女同学摆了一个一寸多长赛璐璐做的小棺材在桌子上，竟然被偷走了。①

在《访问纪录》中，邵梦兰提到的一位有名有姓的男生，名叫谢熊。《复旦大学同学录》显示，谢熊名柏淮（伯淮、伯槐），湖南醴陵人，原读市政学系，后来改读政治学系。这个人很有意思，"平常不肯念书，功课一塌糊涂，他哥哥写信来骂他，说他写信字不像字、文不像文，再不用功就不给钱了，因为他父母不在了，由哥哥嫂嫂带大。这下子他慌了……"他跑去找邵梦兰，要她代他写封家书。邵梦兰说："家书怎么可以代写？"他恳求道："你给我起个稿吧！"于是，她就写了一稿，让他拿去抄，"这封信一到，他哥哥认为他进步很多，本来好久没汇钱的，这下子马上汇了许多钱给他，他拿钱出来请客"。②

---

① 《访问纪录》，第 80 页。
② 同上，第 84、85 页。

课余生活

邵梦兰说，住在"东宫"的复旦女生，绝大部分是大家闺秀，因此，她们的大学生活既时髦又新派，"看电影、吃馆子、上舞厅、郊游、打球等等，很爱玩"①，课余生活十分丰富。不过，别以为复旦学生有钱，就不爱读书了。一位学生曾这样介绍，复旦学生"常常利用他们的钱多，而增加他们的读书的工具。如订阅中英文报纸、杂志，买较多的参考书，等等……每天中英文日报详密的披览以后，晚报如大晚报、华美晚报、大美晚报等等，差不多在每一间复旦宿舍的房间里面，都可以寻找出来"。②

邵梦兰也不例外。她是个文学青年，"长于文学，小说、诗歌尤为擅长……为今日女学生中之出色人才"。③因此，她"虽然念政治系，读文学类的书却比政治类的多，而且喜欢旁听中文系的课，许多中文系的人都以为我是中文系的学生，连中文系的老师都有弄错的"。④邵梦兰这样描述她的课余阅读：

---

① 《访问纪录》，第79页。
② 寄耷：《闲话复旦》，《复旦同学会会刊》1936年第6卷第1期。
③ 《血报》1930年11月6日。
④ 《访问纪录》，第74页。

我在复旦大学的时候常读文学作品，可以说不分左右都读，例如鲁迅、周作人的作品，也读了胡适之、朱自清的作品和梁启超的《饮冰室文集》。当代作家中，我最喜欢白马湖那一群人，包括夏丏尊、丰子恺、叶绍钧、弘一法师（李叔同）等，我也喜欢丰子恺的漫画……女作家方面，我喜欢冰心女士、苏雪林。我不太喜欢徐志摩的作品，他的文章有点"粘滋疙瘩"，也就是胡适之先生所说的："浓得化不开"……①

邵梦兰提到的"白马湖那一群人"，即中国现代文学史上的"白马湖作家群"。其主要代表人物有夏丏尊、匡互生、朱自清、朱光潜、叶圣陶（叶绍钧）和丰子恺等人。20 世纪 20 年代初，他们曾在浙江上虞白马湖畔的春晖中学任教，后来又到上海从事文化活动，曾在江湾镇创办了立达学园。位于江湾镇的江湾车站，曾是当年市区到复旦的必经之路。因此，"白马湖作家群"与复旦师生往来密切。其中，叶圣陶和丰子恺等都曾在复旦任教过，丰子恺还是复旦校歌的作曲者。

不过，邵梦兰最喜欢的还是外国翻译小说，如莫泊桑、莎

---

① 《访问纪录》，第 78、79 页。

士比亚和托尔斯泰等人的作品，"整套整套地买入"。她说："我那时候看文学有一个原则：外国的比中国的好，古代的比近代的好……这个原则对不对不知道，但是当时我是这么想的。"①

除了看书，邵梦兰也看电影和戏剧。她说她特别爱看电影，几乎每星期去看电影，"都是看外国片，票价两毛钱"。"秀兰·邓波儿（Shirley Temple）的片子我差不多都去看，有一回正遇到大考，听人说，'小天使的片子来了'。我找同学一起去看，同学说：'你准备好考试了，我们还没有呢！'找不到任何人一起去，我就一个人去看。"②

邵梦兰很少看国产片，但去看过王人美主演的《渔光曲》，因为这部片子得过国际大奖，"当时在上海非常的轰动，差不多没有学生不去看的"。直到晚年，她依然还能哼唱《渔光曲》的主题曲。不过阮玲玉的电影，她却没看过，"对于她的自杀，我没什么特别感觉"。至于京戏，邵梦兰说她看过一次梅兰芳的《霸王别姬》，"同学说梅兰芳难得来了，不看可惜，于是学校里老师和同学都一起去看，票价很贵，一张要八块钱，相当于一个月的伙食费"。另外，她还看过德国来的马戏团，"票价四块钱一张，一样不便宜"。③

---

① 《访问纪录》，第 78、79 页。
② 同上，第 80 页。
③ 同上，第 81 页。

政治风潮

当然，20世纪30年代的复旦校园，并非风平浪静。

邵梦兰进大学后，正是校内抗日爱国风潮风起云涌之时。她入学前，母亲曾再三叮嘱她不参与政治，加上在校时曾两次怀孕，因此，她并没有参加学校社团活动，也没有全身心投入学潮。

但是，对于校内外的抗日爱国运动，邵梦兰仍然耳濡目染，深受鼓舞：

……爱用国货运动，我们也是响应的，复旦大学的爱用国货尤其非常有名，我们烧毁日本货，抵制日货，并不抵制洋货，但市面上其他国家的货品并不多。九一八及一·二八事变时，复旦校友组成了义勇军加入十九路军，赵聚钰是队长，林继庸先生也在其中任重要的角色，我并没有参加。24年（指1935年——引者注）12月，复旦大学发动到南京请愿，要求政府出兵抗日，上海其他大学也响应了，要一起搭火车到南京，但是上火车后，火车停开，连铁轨也拆了。一连几天，同学都睡在火车里，连脸都没得洗。后来复旦的同学把后头的铁轨移到前头去接好，并且自行开火车，慢慢地

到了无锡，当时无锡县长是我们复旦校友，用大量的肉包子
犒赏同学……我因为要照顾孩子，无法跟去，只做写标语、
传递消息等等内勤工作，并且送东西到火车站给同学吃，这
些东西都是一卡车、一卡车运去的。送东西时，守卫不让我
们进去，刚好我们的秘书长——金静虚的父亲来了，想了
办法，向警卫说："学校派我们来，劝他们不要到南京请愿，
要请他们回去。"这才让我们进去，卡车运来的东西则从另
一边墙底下送过来；复旦之外其他学校没人送东西来，不过
东西大家一起吃……我们的请愿是很轰动的消息，在报纸上
都是一大版、一大版报导。①

上述回忆中，邵梦兰称复旦校方"一卡车、一卡车运去"东
西送给请愿学生，而"复旦之外其他学校没人送东西来"这一
段，我在其他同时代人的回忆中也读到过。据一位台湾校友回
忆，他 9 岁那年，就曾在无锡专门为受困的复旦请愿学生送过东
西。大人关照他，"你们看到他们时，先问一声：'复旦大学的人
在哪里'，只要有人答应，你就把东西统统交给他……"② 这些情
节，体现了复旦人一贯的爱国情怀。后来，同情学生的李登辉老
校长为此被迫离职——每念及此，我对李老校长的敬仰之情，油

---

① 《访问纪录》，第 83、84 页。
② 严重则：《团结　服务　牺牲》，《台湾复旦校友忆母校》，第 431 页。

然而生。

当年在复旦校园里，还曾经常发生搜捕共产党的行动。"那时候学校没什么管制，常常有车子突然进校来把人带走，之后就失踪了，没人敢问……"[①]邵梦兰记得，"因为我不喜欢打扮，比较用功，可能也有一点男性化"，一度也曾被人怀疑为共产党，据说，上面提到的那位谢熊同学，其哥哥谢龙是一位国民党师长，曾要把邵梦兰抓走，幸亏谢熊出面作保，说她"一天到晚蹲在图书馆，是个书呆子"[②]，她才幸免于难，"如果没有谢熊帮忙，可能我也会被抓走"。[③]

可见，那个年代的复旦校园，并不是世外桃源。

……

1936年，邵梦兰以优异成绩毕业。毕业以后，她选择去温州中学任教。因为温州中学的校长杨成勋是复旦校友，"他回到复旦大学和老校长商量好，所以我的选择结果也可以说是听校长的意见"。[④]非常巧的是，在温州中学任教期间，她所教的第一班同学中，有一名学生，后来成为著名的数学大师，他就是复旦数学系教授谷超豪先生（《访问纪录》中误写为"谷正豪"）。[⑤]

---

① 《访问纪录》，第85页。
② 同上，第84页。
③ 同上，第85页。
④ 同上，第89页。
⑤ 同上，第116页。

1995年5月，邵梦兰（右）在张江与复旦校领导杨福家（中）、宗有恒（左）等在一起。复旦档案馆藏

1949 年 12 月，邵梦兰赴台湾，后来成为享有盛誉的教育家。但是，去台几十年，她与复旦的情缘始终未了。1992 年，她曾应邀回母校参加校庆。她感慨道："现在复旦校地扩大许多，比我在的时候大了二十四倍，我去的时候车子绕了半天，还没绕过校区的一半。"[①]1995 年校庆 90 周年，邵梦兰再次回到母校，参观了张江校区，并参加了陈望道雕像揭幕仪式。

邵梦兰虽已去世，但她与母校的情缘，被深深地印在《访问纪录》里。她的有关复旦的口述记忆，已成为研究复旦校史的重要史料。

写于 2024 年 4 月

---

① 《访问纪录》，第 71 页。

那时复旦女生的眼界

那时的复旦女生，眼界很高。在她们眼中，连王人美这样的大明星，在星光璀璨的复旦，也并不起眼。

20 世纪 30 年代初，电影明星王人美曾到访复旦。

王人美（1914—1987），湖南浏阳人，民国时期著名歌舞、电影明星。1927 年，她考入上海美美女校（中华歌舞团的前身），后加入黎锦晖创办的明月歌舞团，成为"四大天王"之一。1930 年，她开始涉足影坛，先后主演了《空谷猿声》《野玫瑰》《都会的早晨》《渔光曲》《风云儿女》等影片。她在《渔光曲》中，既出演主角，又演唱了主题曲。影片上映时，"满城风雨说渔光"，王人美遂成影坛巨星，红极一时。

复旦老校友、台湾女教育家邵梦兰当年在复旦读书时，曾看过王人美主演的《渔光曲》，据她回忆：

> 这时候我很喜欢看外国片，平常我和先生每星期看一
> 次电影，都是外国片，票价两毛钱……印象中我只看过一次

中国电影，是王人美的《渔光曲》。《渔光曲》曾得到国际大奖，当时在上海非常的轰动，差不多没有学生不去看的，所以连我这本来不看中国电影的人都去看了……我记得它的主题曲，现在还能演奏、唱出来……我很喜欢音乐，但是很少唱流行歌曲，《渔光曲》是个例外，是因为去看了电影，所以也会哼两句。①

王人美出道之初，当年报刊就对她不吝赞誉，称她不仅歌唱得好，人也"极漂亮"。1929 年 7 月 6 日的《申报》曾报道，王人美"原是歌舞明星黎明晖的高足……她天生一副歌喉，而且练得一口纯粹的北京口腔，所以她的歌声，字字清晰……有余韵绕梁的气概，并且她的舞蹈，也研究有素。如把她的芳名'王人美'三个字倒读起来，就可知道她是一位极漂亮的女性了"。因此，王人美有"美人王"之美誉。

有一家小报曾以"美人王人美"为上联征集对联，应征者甚众，后"才子袁子才"胜出。对于王人美的"颜值"和才艺，著名画家丁悚也这样评价，"王人美如奇花初胎，天真活泼兼而有之，歌喉之美，冠绝侪辈"。② 丁悚既是画家，也是艺术评论家和

---

① 《春蚕到死丝方尽：邵梦兰女士访问纪录》，第 80—81 页。
② 丁悚：《追求王人美第一个失恋者》，丁悚著、丁夏编：《四十年艺坛回忆录》，上海书店出版社，2022 年 1 月，第 224 页。

王人美　　　　　　　复旦校花严幼韵（左）和陈鼎如（右）

复旦剧社的女主角张淑婉（左）、林慧（中）、鲍幼晖（右）。刊于《良友画报》1933 年第 73 期

鉴赏家，他的评价，具有权威性。

王人美出名后，曾到各处参加活动。有一次，她随明月歌舞团几位明星去某学校播音，引起该校轰动。"王人美要来播音了！"消息一传十、十传百，人们像潮水般向校播音室涌去。小小一间播音室，被挤得水泄不通，"几百双狼吞虎咽的眼睛，盯住着几个明星，像有什么发现似的"。据说这是该校最疯狂的时刻——王人美一到来，书也没人读了、课也没人上了，这让该校校长大发雷霆，"用无故旷课的罪名，加到学生身上；用擅离职守的衔条，加到教职员身上"。有人忍气吞声，只能把气撒在黑板上："王人美，美人王，人美她不美，害得我们记双过，恨不得咬去她的腿。"①

然而，王人美到访复旦大学，就没有像在某校那么风光。邵梦兰曾回忆说，(《渔光曲》放映后)"女主角王人美来过复旦大学，大家跑去看，才知道，唉，是这个样子的……大失所望。在《渔光曲》里，她很漂亮的"。②

那么，邵梦兰为什么会对王人美"大失所望"呢？在我看来，主要有三方面的原因。

一方面，这与那时王人美平常很少打扮、不施粉黛有关。王人美是以演乡野女性起家的，被称为"野猫""野玫瑰"。她一头

---

① 《王人美害了我们》，《民报》1933 年 3 月 15 日。
② 《春蚕到死丝方尽：邵梦兰女士访问纪录》，第 81 页。

黄毛，黝黑瘦削，"是位十足的荒蛮之家的野丫头"。①她喜欢赤脚，"一年中的赤脚时期，几乎要占两季，而因此一年只穿一块钱的袜子"②；她也很少穿旗袍，习惯于素面朝天，这与以都市女性形象著称的胡蝶、阮玲玉们比起来，显得更随意、更率性。难怪邵梦兰晚年会对采访者说，跟当代电影明星相比，"当时我们对电影明星印象不好，他们是一下台就不经看"。

另一方面，那时的复旦校园里，美女如云。复旦早有欣赏"校花"的传统。20世纪二三十年代，有名有姓的"校花"，就有严幼韵、金静虚、何萼梅、张淑婉、鲍幼晖、季婉宜、盛和音和陈鼎如等多人。其中，严幼韵家境优渥，经常开车到校上学，因车牌号为84号（Eighty-Four，念成上海话是"爱的花"），又有"爱的花"的雅号；金静虚、何萼梅和陈鼎如是校女篮队员，篮球打得好；陈鼎如有复旦"皇后"之称，曾是靳以先生的女友，他们被复旦人称为"金童玉女"，邵梦兰说，陈鼎如"虽然不怎么打扮，但是很有风韵，最漂亮"……这些"校花"们的"颜值"，远比王人美要高。

更重要的一方面，是那时复旦女生的眼界都很高。复旦是中国话剧艺术的重镇。早在1925年，复旦就成立了新剧社。1926年，著名戏剧家洪深担任了复旦剧社领导人。除洪深外，当年中

---

① 《王人美不穿旗袍》，《锡报》1938年9月28日。
② 《王人美喜欢赤脚》，《京报》1935年3月8日。

国话剧艺术的先驱们，几乎都来过复旦。欧阳予倩、田汉、应云卫、李健吾和朱端钧等，都担任过复旦剧社的编导；后来的曹禺、顾仲彝和余上沅等，也担任过复旦教授。在他们的影响下，复旦剧社产生了一大批现代戏剧家，如沉樱、马彦祥、凤子、黄蒂和吴铁翼等。当年复旦剧社排演的戏，是可以在新光大戏院、卡尔登大戏院和中央大戏院售票公演的。中国话剧史上的不少标志性事件，也都与复旦有关：《雷雨》的上海首演，由复旦剧社献上；《日出》的全国首演，由复旦剧社成员组成的戏剧工作社担纲。另外，当年众多的影剧明星，如袁牧之、王莹和李丽莲等，都曾与复旦剧社合作过；初出茅庐的赵丹，也曾到复旦体育馆观摩过话剧《五奎桥》……可以说，从编导到演员、从"校花"到明星，复旦女生谁没见过？

正因为如此，王人美当年来复旦，不算稀奇，也不会引起轰动，李登辉老校长更不必因此而吹胡子瞪眼。至于邵梦兰的议论，并不是她对王人美有什么成见，只是表示，王人美这颗"明星"，在星光璀璨的复旦，并不起眼而已。

写于 2024 年 4 月 19 日，修改于 11 月 29 日

武大的门房和复旦的门房

当年南开、武大和复旦的校长、教授，乃至门房，像不像一个模子里刻出来的？是不是具有鲜明的大学范儿？

2024 年 3 月 28 日，台湾著名教育家、学者齐邦媛去世，享年 100 岁。齐邦媛（1924—2024），辽宁铁岭人，早年就读于南开中学、武汉大学，1947 年到台湾，1988 年从台湾大学外文系教授任内退休，是台大的荣誉教授。

几年前，买过一本齐邦媛的代表作《巨流河》。这几天，我从书柜里取出，又重新读了一遍，也算是对这位学者的致敬和缅怀。

读着读着，我猛然发觉，齐邦媛笔下的私立南开中学和国立武汉大学，不就是当年的复旦大学吗？在 20 世纪三四十年代，这几所民国学校，实在是太相似了！

比如，齐邦媛写南开中学的张伯苓校长：

在我成长的六年中，留给我非常温暖的印象……我们几乎每天都可以看到高大壮硕的他挺胸阔步地在校园里行走。不论前线战报如何令人沮丧，日机轰炸多么猛烈，在张校长的带领下，我们都坚信中国不会亡……张校长一直用强烈的激情到处演讲，鼓励"中国不亡，有我！"的志气。[①]

这不就是当年复旦的李登辉校长吗？

李老校长出生于南洋，不善说国语，所以，不曾见他留下豪言壮语。但是，一·二八事变爆发，复旦学生义勇军加入十九路军，奔赴前线抗日，他亲自为之壮行。在此前后，复旦学生曾多次乘火车赴南京请愿，开到半途，前方铁轨被拆，请愿学生被迫滞留，风餐露宿、衣食无着。此时，复旦校方却向学生运去物资，"这些东西都是一卡车、一卡车运去的"。当年有人忆述，复旦以外的学校，几乎没人送东西去。

谁会想到，这些卡车的背后，站着一位拄杖挺立、白发苍苍的老校长。

再比如，齐邦媛写武汉大学外文系主任朱光潜先生：

（有一次，朱光潜教华兹华斯的诗《玛格丽特的悲苦》，在读到"天上的鸟儿有翅膀……链紧我们的是大地和海洋"

---

① 齐邦媛：《巨流河》，生活·读书·新知三联书店，2011年4月，第62—64页。

时，说中国古诗有相似的"风云有鸟路，江汉限无梁"之句）……此时（他）竟然语带哽咽，稍微停顿又继续念下去，念到最后两行：

If any chance to heave a sigh,（若有人为我叹息，）

They pity me, and not my grief.（他们怜悯的是我，不是我的悲苦。）

老师取下了眼镜，眼泪流下双颊，把书合上，快步走出教室，留下满室愕然，却无人开口说话。①

这不就是郭绍虞先生吗？

抗战艰难时刻，国破家亡，所有正直的爱国知识分子，心中都充满悲愤。据记载，北平沦陷时期某日，郭绍虞先生在燕京大学讲授《诗经》中的《黍离》篇，当读到"知我者谓我心忧，不知我者谓我何求"时，触景生情，突然放声痛哭，涕泗纵横，致使满堂学生，也都泪洒课堂。

最有意思的是，连当年武大的门房师傅，也和复旦很像。齐邦媛写武大门房老姚：

他里里外外什么都管，一切都了若指掌。那一百多个女

---

① 《巨流河》，第113页。

生的资料全在他的脑袋里，简直是莎士比亚喜剧里的厉害人物。他长得甚矮，头顶差不多全秃了，我不记得看过他的头发，成年穿一件黑灰色棉袍……①

有一名男生暗恋齐邦媛，千里迢迢由重庆到乐山，专程看她：

　　他每天下午必然到老姚门房报到，老姚以他那令人忘不了的权威口音，向三楼大喊一声："齐邦媛先生有人会！"老姚"喊"所有二年级以上的女生为"先生"，他说女生上了大学就得有个样子，但是在宿舍里面他很少这么称呼，大约看透了女孩子日常生活中的真面目吧。②

这位老姚，不就是复旦的门房老王、徐妈和苏嫂吗？

江湾复旦女生宿舍（"东宫"）的门房，曾经有一个老头，有人叫他"老王"，老王记忆力好，每个学生都过目不忘，他"矮矮胖胖，冬天一身黑直贡呢长袍，夏天穿一身米色纺绸褂裤，稳稳重重，有三分威严，整天到晚坐在门口一张小写字桌上"。

"东宫"里面还有两位女子：管楼下的叫"徐妈"，识字，

－－－－－－－－－－

① 《巨流河》，第102页。
② 同上，第143页。

"动动笔的事，非她不可"；管楼上的叫"凤仪"，"梳一条黑油油的长辫子，一甩一甩地"。若有客人来访，老王就会扯着嗓门向里面喊："徐妈（或凤仪），几号房间×小姐有人会客！"

到了北碚复旦，女生宿舍门房来了一位当地妇女，名叫"苏嫂"，她"一口四川腔"，把门严格，男女生都害怕。男生更是不敢越雷池一步。一遇男生来会女生，苏嫂就会故意操着四川腔，尖声高喊："×××，外边有人毁（会）你！"[①]搞得全宿舍人人皆知，人家很难为情。

……

看看，上述南开、武大和复旦，当年的校长、教授，乃至门房，像不像一个模子里刻出来的？是不是具有鲜明的大学范儿？

今天，还有这样的校长、教授和门房吗？

写于 2024 年 4 月 9 日

---

① 刘润田：《忆母校，念恩师益友》，《台湾复旦校友忆母校》，第 306 页。

到了"毕业季"，想起"开学季"

过了5月"校庆月"，就到了6月"毕业季"。到了"毕业季"，却让我想起了"开学季"。

前几天，复旦校友返校日，校园里挂出的宣传牌，是"忆久复相逢，百廿旦启程"，寓意庆祝复旦校庆119周年，迎接复旦校庆120周年。这个口号，意蕴生动，令人难忘。

这几天，校园里的宣传牌，又添了新景。最大、最显眼的标语，是"做卓越而有趣的复旦人"。其中一块，矗立在200号简公堂前。在夏日阳光的照耀下，鲜红、明艳。一群群戴着学位帽、穿着学位袍的毕业学子们，在校园里拍照、留影。他们的脸上，兴奋、喜悦，散发着青春的光芒。

20世纪80年代初，我们毕业那会儿，没有学位帽，也不穿学位袍，每个人，无论男女、不分胖瘦，一律穿着涤卡中山装、便装和军装，蓝色的、灰色的、军绿色的……一片单色调，皱巴拉几，没有光泽。那时，我们也拍照，相机是借来的，拍摄者对着海鸥120镜头，朝里望呀望呀，折射出来的镜像，澄净、单

1982 年夏，复旦历史系 1978 级部分应届生毕业合影。前排左起：肖敏、顾嘉福、周蔚中、作者、胡晓。后排左起：薛昭慧、王海燕、许志伟、张瑞琪、刘平、邢建榕

纯，或明或暗，非黑即白。

但不管怎样，那时的我们，和现在的他们，脸上的光，大抵是一样的。

我不知道，今天在校园里流连忘返的毕业学子们，会不会想起当年刚跨进复旦校门的那一刻。

我是常常想起"开学季"的——

……（1978 年 10 月）开学那天，我独自骑自行车到学校报到，在学生宿舍六号楼安顿以后，就到校门口看热闹。

前来报到的新生，年龄不等、神态各异，有好几次，我都把面相老成的同学看成老师。上海新生，大多像我一样，或骑车前来，或坐公交车抵达。偶尔，一辆单位的吉普车驶来，将考上大学的职工送到学校，那个排场，弹眼落睛，堪称"豪华"；外地新生，不少由学校派车从火车站接来。汽车一到，校门口呼啦啦一片，你呼我喊，脚步凌乱。那时，没有双肩背包，也没有拉杆箱，新生的行李形状不一，背包铺盖席子蚊帐面盆网袋……形形色色，五花八门。在这些"装备"中，我，竟然看到了……扁担。是的，有好几位新生用扁担挑着行李，健步如飞，直达学生宿舍。扁担，成为复旦校园里一道另类的风景。①

顾嘉福同学读了上文后，不过瘾，补充道："还有，我们班的×××，是开着手扶拖拉机来复旦报到的！"我想起来了，他所说的那位"历届生"，来自郊区农村，好像还是生产大队的党支部书记。他的那个报到场面，应该更"豪华"……这，就是我的"开学季"。

前几天，校庆纪念日（2024 年 5 月 27 日），应高分子系教授江明院士邀请，我到浦东梧桐人家社区，聆听老校友们回忆母

---

① 《1978 年的"开学装备"》，载拙著《相辉：一个人的复旦叙事》，上海辞书出版社，2020 年 5 月，第 89—90 页。

2024 年 5 月 20 日，在子彬院前留影的毕业生们。读史老张摄

校。会上，江明老师深情地回忆起了他的"开学季"。

王中（1914—1994）

1955年9月，复旦新生开学典礼。主席台上，坐着陈望道校长、苏步青教务长和王中副教务长，以及各系系主任。领导们都穿着西装，坐在一排高背椅上。他们的座位前，没有桌子，显得庄重、正统。典礼由苏步青先生主持，陈望道校长等讲话。"陈校长的义乌口音很重，我听不太懂。但王中先生的发言，却让我记忆犹新。"江明老师回忆道。

王中先生同时也是新闻系主任，口才很好。他是这样说的——

　　同学们！我跟你们说清楚，我们复旦大学是综合性大学，跟莫斯科大学一样。综合性大学的培养目标，跟非综合性大学（比如医学院、农学院和师范学院等院校）相比，是完全不一样的！怎么不一样呢？他们，培养的是"师"：医师、农艺师、工程师和教师……我们，培养的是"家"：数学家、物理学家、化学家、文学家、历史学家和哲学家！

这番话，听得江明心潮澎湃，他觉得，"这，就是复旦"！

江明老师引述的王中讲话，让我想到了朱东润先生。当年，在复旦中文系的开学典礼上，时任系主任的朱东润先生也讲过类似的话："同学们！我们中文系，不是培养作家的……"据说，他的讲话，让那些为当作家而报考中文系的文学青年们听了以后，当场蒙圈。

其实，王中先生和朱东润先生的话，并不是要贬低其他专业和职业，而是要告诉人们，复旦不是职业学校，不是技工学校，也不是专门的职业介绍所，而是一所综合性大学，是培养思辨人才、卓越人才的摇篮。

江明老师还记得那天典礼的结束语。那时开会，领导都不念稿子，也不讲套话。苏步青先生最后作总结发言，非常简单：

> 同学们！你们到复旦来，走出校门就是邯郸路。邯郸路上汽车开得飞快，你们很多人，是从农村来的，要当心哟。记住，先看左边、后看右边！

这个总结，平凡而生动，卓越而有趣。顿时，全场大笑，一片掌声。这，就是江明老师的"开学季"。

……

今天，我从"毕业季"想到"开学季"，是为了提醒自己：

记住来时的路。毕业以后，路该怎么走？要往哪里去？不妨，先静下来，想想过去。

这，大概就是读史的意义。

写于 2024 年 5 月 31 日

留住大礼堂的交响乐记忆

1980年前后，复旦兴起"交响乐热"。李德伦、黄贻钧、曹鹏、陈传熙、郑小瑛、黄晓同、司徒汉、肖白和陈燮阳等音乐名家先后到校，或开办古典音乐欣赏讲座，或指挥乐团举行交响音乐会，为学生播下了古典音乐种子。

2023年6月，复旦历史系在相辉堂举行毕业典礼。金光耀教授在致辞中说，1980年前后，李德伦、黄贻钧和陈燮阳等名家，就在这里（指今相辉堂南堂，当年是"登辉堂"，又称"大礼堂"），多次率领乐团举行交响音乐会，为学生播下了古典音乐种子，"这是一件可以在当代教育史和当代音乐史上留下的事情，但在《复旦大学百年纪事》上，并无一字记载。如果我们经历过的人不记住，这件事就被遗忘了，好像没有发生过一样"。

光耀兄是我大学同窗，他提及的历史，我感同身受。前些日子，新校史馆展陈文案，征求我意见。我不揣冒昧，一口气提了十条。其中一条就是：改革开放后，复旦校园内掀起"交响乐热"，盛况空前。作为新校史馆，不能没有一丝反映。

几天后，撰写文案的档案馆同事邱兰芳问我，那时的"交响乐热"，有没有可用来展陈的实物？这个问题，问倒了我。那个年代，没有手机、没有海报，也没有演出单，大牌名流到复旦，用毛笔写几个字，就贴在中央饭厅布告栏上，经年累月，踪迹全无，到哪里去寻找实物？

我想到了《复旦》校报。查找后才知，当年《复旦》，不定期出版。对于"交响乐热"，要么不报道，要么语焉不详。比如，1980年4月10日，《复旦》报道称："前不久，著名音乐家、指挥家、中央乐团指挥李德伦同志，在我校举行的一次交响音乐会上讲解了中外交响乐名曲……"这个"前不久"，是指哪一天？又比如，1982年3月6日，《复旦》记述："上海交响乐团最近在我校举行第七场校园音乐会。在曹鹏指挥下，向千余大学生介绍了在音乐史上占有重要地位的贝多芬《D大调小提琴协奏曲》和布鲁赫《g小调小提琴协奏曲》……"这里的"最近"，又是哪一日呢？

翻箱倒柜，查阅当年日记，我终于发现：上述李德伦指挥上交的音乐会，日期是1980年3月19日；曹鹏指挥的那一场，是在1981年12月28日。其实，当年复旦交响音乐会，还有很多场，如黄贻钧指挥上海交响乐团、曹鹏指挥上海乐团、陈传熙指挥上海电影乐团、黄晓同指挥上海歌剧院管弦乐队、陈燮阳指挥上海芭蕾舞团管弦乐队，等等，《复旦》几乎只字未提。

然而，那些年，校园里的"交响乐热"，红红火火，一直刻

李德伦（1917—2001）（左）和黄贻钧（1915—1995）（右）

在我的脑海，挥之不去。

记得李德伦到校时，全校轰动。司徒汉、陈传熙和瞿维等音乐家，悉数到场。李德伦风趣幽默的讲解，引得掌声四起。那天的曲目，是德彪西的夜曲《云》和《节日》、中国琵琶协奏曲《草原英雄小姐妹》和柴可夫斯基的《e小调第五交响曲》等。我至今记得李德伦介绍"柴五"的细节——

李德伦说，"柴五"的开头，会让人想到列宾的名画《伏尔加河上的纤夫》，沉重、迟缓，让人透不过气来……他让乐队先演奏了一段开头，"你们听听，压抑不压抑？"台下响起零星掌声。听到掌声，他话锋一转："交响乐曲一般有四个乐章，乐章间隙是不能鼓掌的。"大家笑了。"还有，'柴五'第四乐章中间，有一个突然停顿，大家也不要急着鼓掌呀，还没结束呢！"全场哄堂大笑。李德伦示意大家安静下来，拿起指挥棒。忽然，他又幽幽地转过身来："我在苏联指挥演出时，不知为什么，苏联观众也会在第四乐章中间鼓掌……"顿时，大礼堂内笑倒一片。

1981年5月22日，黄贻钧率领上交到校演出。演出曲目是：拉威尔的《波莱罗舞曲》，施鸿鄂演唱的歌剧选段，王晓东演奏的门德尔松《e小调小提琴协奏曲》。那时的王晓东，年仅11岁，来自上音附小。他穿着白衬衣，系着红领巾，圆圆的脸上，满是稚气。他的演奏，获得满堂喝彩。演出结束后，黄贻钧摸摸他的头，亲切慈祥；王晓东则频频行少先队礼，腼腆羞涩。当时，王

1980 年 3 月 19 日，李德伦在复旦大礼堂指挥上海交响乐团演奏琵琶协奏曲
《草原英雄小姐妹》。陈小鹰摄

晓东父亲也在场——他就是上交乐队首席王希立。从此，我记住了"王晓东"这个名字。1985 年，他获得梅纽因国际小提琴比赛金奖。若干年后，在《参考消息》上，我读到一则外刊评论，称他是"中国的帕格尼尼"。

那时，校园里的交响乐细节，真的是不胜枚举。例如，黄晓同到校时，复旦正流行一款"复旦"徽章，方形、蓝底，校内一"章"难求（我得到的一枚，还是郭太风同学"开后门"搞来的）。演出开始前，学生代表将这一徽章别在黄晓同胸前，他非常高兴，拉着衣襟，连连向台下展示，全场欢腾，掌声雷动；20 世纪 90 年代初，陈燮阳一度辞别上交，去香港发展。离沪前，他率上交到相辉堂演出。大家私下里说，这可能是他的"告别演出"。音乐会结束时，我亲眼看到，几位复旦女生，留下了感伤的热泪……

这一切，在复旦校史上没有任何记录。正如光耀所说，假如亲历者不发声，这段历史就被轻轻地抹去了，"好像没有发生过一样"。

感谢有关部门从谏如流，重视民意。几天前，邱兰芳欣喜地告诉我，李德伦等指挥家在大礼堂演出的照片，他们终于找到了，拍摄者是新闻系校友陈小鹰。这太好了！这些照片，不仅留下了音乐大师的精彩瞬间，更是让复旦的交响乐记忆，有了一个完美的抵达。

写于 2024 年 4 月 30 日

昨天，我在复旦当"导游"

前几天，张广智老师打来电话，5月3日下午，他们"5914"的几位老同学要到母校参访，让我做个"导游"，讲讲复旦老建筑，问我行不行。我二话不说，一口答应。

"5914"，一看就知道是复旦编号。"59"代表1959年，"14"代表历史系。也就是说，这些校友长者入学时，我还没出生呢！今天，他们都已是耄耋之年，仍牵挂母校，令人感动。

这次参观，既不能让长者太劳累，又要让他们感受母校变迁。于是，我精心设计了以下线路——

长者的外牌面包车，只能从国定路东门进入。下午，我先让他们在光华楼东门下车，在"光草"（光华楼前草坪）看看光华楼。百年校庆期间，复旦建成了光华楼。据说它是当年全国高校中最高的大楼，现在是各院系的办公场所。

从"光草"南行，就到了六号楼。六号楼原是历史系和新闻系男生宿舍，现在是任重书院女生宿舍（今又挂牌"相辉学堂"）。六号楼的故事很多。那个荒唐年代，巴金先生就被关在这里。历史系六位政治指导员刘其奎、鲍怀崇、邹万春、吴维国、汪瑞祥和李华兴老师，也曾在这里被隔离审查。当年本科是五年制，刘、鲍、邹、吴、汪分任历史系一、二、三、四、五年级学生政治指导员，李任研究生指导员。1970年，他们因对"文革"不满，被"四人帮"某骨干诬陷为"反革命集团"，史称"六指导员事件"。一同被关在六号楼的，还有后来担任复旦副校长的庄锡昌老师。当年庄老师住在第八教工宿舍，几位指导员经常到他住处聊天。于是，他就成了"六指导员"的追随者、蒙受不白之冤的第七人。某一天，吴维国老师不堪凌辱，突然从楼上纵身跃下，自杀身亡。

20世纪80年代我读书时，六号楼二楼219室是电视室，里面有一台黑白电视机、几条长凳。就是在这里，我们见证了国足击败科威特队、沙特队，中国男排击败韩国队……比赛结束，六号楼四周燃起篝火，暖水瓶被掷得砰砰爆响，同学们彻夜狂欢。

从六号楼走出，一位长者问我，中央饭厅前那个高塔还在吗？我说，拆了。现在应该就是"光草"的一部分。中央饭厅，应该位于现在光华楼东辅楼南面。长者说，那时，《我的一张大字报》广播后，那塔上的高音喇叭，连篇累牍播报，全校学生在此聆听。然后，大字报贴满中央饭厅前的布告栏。我忽然想起，前几天，我陪余子道老师在旦苑餐厅吃饭。余老师说，中央饭厅二楼，那时曾有一场辩论，辩论者是我们系的两位青年教师。这

曾受"六指导员事件"牵连的几位历史系教师。左起：汪瑞祥、庄锡昌、鲍怀崇、刘其奎。丁云怒供图

次辩论，是当时复旦从"保皇"到"造反"的分水岭……

面包车沿日月东路绕到恒隆物理楼前。长者们说，当年为了盖物理楼，他们义务劳动，曾经平整过这里的场地。物理楼是当年复旦最豪华的楼宇。80年代初，我目睹过上影在此取景。那部故事片叫《魂系蓝天》，俞平主演。导演让一对青年恋人骑一辆自行车，从缓坡前经过。"轧闹猛"的学生叫道：嗨，违反交通规则！导演有点愠怒……那个镜头，足足拍了一下午。

沿物理楼西行。依次是第四教学楼、逸夫科技楼、500号寒冰馆。路经逸夫科技楼时，我说，这里有个报告厅，一些名人曾在这里演讲。2005年，李敖在此演讲，姜义华老师主持。演讲结束，自由提问（复旦这点很好，不像有些讲坛，提问者都是事先安排的；复旦则完全自由，提问五花八门）。胡守钧老师首先举手，尖锐地问：你说你的文章比鲁迅厉害，有什么根据吗？李敖有点尴尬：唉唉，我说的是，我的有些文章比鲁迅厉害……哈哈哈哈！

面包车驶过500号寒冰馆，就来到了相辉堂。相辉堂是复旦人的精神殿堂，原名登辉堂。新中国成立后，登辉堂编号为400号，我读书时大家习惯称大礼堂。1985年复旦80周年校庆前夕，400号大礼堂改名为相辉堂。长者们说，还是登辉堂的名字好。我说，对。登辉堂是纪念李登辉校长的，建成后（1947年7月5日），李老校长在登辉堂前作了演讲，这是他在这里的第一次演

2024 年 5 月 3 日，历史系 1959 级校友重返母校。读史老张摄

讲，也是他的最后一次演讲。几个月后（11月19日），他就溘然长逝。这时，一位长者指着楼梯露台前的广场说，那时，周谷城、周予同两位老先生，被造反派在这里揪斗，造反派硬让他们跪下。周谷老没有跪，索性坐在地上……

我带长者们穿过蔡冠深人文馆。蔡冠深人文馆门前，人流如织。人们排着长队，等待入内参观（不知为什么，这里节假日也对外开放）。穿过人流，来到了200号简公堂、100号相伯堂。简公堂、相伯堂为什么那么宏伟？我说，这是新建的。原来就是宏伟的，飞檐翘角，被称为"黉宫"。1937年日军炮击，掀去了屋顶，飞檐翘角就没了。你们读书时，就是那种简易屋顶。现在重建，恢复了原样，不过地基抬高了。长者们说，噢，怪不得认不出了！

走到100号，这里原是历史系的办公楼。我提到了董力生。小董是朱维铮老师同班同学，复旦版话剧《红岩》徐鹏飞的扮演者，60年代的复旦明星。因受运动刺激，得了精神病，后在资料室做资料员。我指着底楼北侧的一个房间说：这里就是系资料室，小董原来就坐在这里。大家想起来了，对对，就是那个可怜的小董！

路过校史馆，我说，这里原名奕住堂，曾是校图书馆，编号为700号。现在，校史馆就要搬迁新馆了。路过600号子彬院，大家说，当时它被称为"白宫"。我说，子彬院门前，原有一条路，现在没有了，倒真有点白宫草坪的味道了。我还说，20世纪30年代，复旦最早的校车始发站，就设在子彬院门口。

进了燕园，大家说，那里是"小桥流水"，××曾经在这里落水。我补充说，这里原有一幢小红楼，是复旦最有名的别墅之一。1946年复员返沪后，章益校长将它命名为"南轩"，以吴南轩校长名字命名；陈望道先生曾在此建立了新闻馆。新中国成立后，这里又做过工会俱乐部。荒唐年代，周谷老被关在这里。现在，小红楼已拆，原址上建起了日本研究中心。

从燕园北移，穿过综合楼前的"樱王"树，就来到了第一教学楼。一教原是文科教学楼，现在是办公楼。长者们想起，一教底楼西侧的1228教室，原是一个大的阶梯教室。西面原来有门，迟到、早退的学生，常常从西门翻入、跃出。我读书时，朱维铮老师的"中国史学史"课，就是在这里开讲的。朱老师博古通今，臧否人物时，现场往往鸦雀无声。据邹振环同学回忆，有一次，上课铃打了后，一个学生才缓步走进教室。朱老师瞪眼对他说："你站住，以后来上我的课，不准迟到！"振环兄是朱老师的研究生。他所描述的朱老师的严格，可见一斑。正因为如此，朱老师的课，后来很少有人迟到早退。

经过了理科图书馆（原校图书馆）。大家说，那时，图书馆座位紧张，大家都曾在这里抢过位子。最后，来到了校门口，简短参观就到此为止了。长者们好像并不感到累，表示很满意。至此，我的"导游"结束。

回到家，张广智老师发来微信：辛苦你了，"5914"的老同学们由衷地感谢你啊！我回复：您的召唤，我义不容辞！

写于 2024 年 5 月 4 日，修改于 5 月 7 日

第二编 地理志

"水"边的校园

几年前，我曾写过《复旦的"护城河"》一文。在提到江湾复旦校园时，我写道，当年的走马塘、界泓浜等虬江水系，"形成一个'C'字，将校园围合起来，恰似复旦的'护城河'"。这一关于复旦曾经有过"护城河"的说法，是我第一次提出，得到了不少同仁的认可。

复旦公学创办于1905年，原校址在吴淞炮台湾。校园因靠近江边，每逢涨潮时节，常常水漫金山。据金通尹教授回忆，建校当月，"正值八月高潮，吴淞提督衙门改成的校舍，半夜里满屋被淹，有些同学一觉睡醒，床前的一双鞋子已不知漂泊何所"[①]。1912年，复旦迁到了临水傍河的李公祠。十年后（1922年），又迁到江湾。

江湾复旦校园，几乎为走马塘、界泓浜等虬江水系合围。从美国建筑师墨菲设计的校园图来看，早期江湾校舍就建在"水"

---

① 金通尹：《我们的茅屋》，薛明扬、杨家润主编：《复旦杂忆》，复旦大学出版社，2005年9月，第16页。

1920年墨菲设计的复旦校园图，清晰可见校园被走马塘等河流包围

的沿岸。那么，最早的奕住堂、简公堂和第一宿舍等校舍，为什么会呈"C"字排列？这一方面是墨菲的巧妙设计；另一方面是因地制宜，适应当年"水"的走向。因此，称江湾复旦被"护城河"围合、是"水"边的校园，名副其实。

其实，在一百多年前，许多海派大学校园都建在"水"边。无论是洋人办的圣约翰大学、沪江大学、同济医工专门学校，还是国人办的南洋公学、中国公学、大夏大学等，几乎都与复旦一样，曾经"蒹葭苍苍，在水一方"。

例如，华东师范大学中山北路校区，就有一条浪漫美丽的丽娃河。这里原为丽娃栗妲村，村里有条河，名叫"丽娃栗妲河"（简称"丽娃河"）。1930年，大夏大学在丽娃栗妲村建立校基，丽娃河就成了校河。

20世纪20年代，丽娃河畔是"仙境"。曹聚仁曾以"绿草如茵，高木参天""情侣双双，款款切切"这些词来形容它；茅盾、夏衍和穆时英等则以它来烘托小说气氛——在《子夜》里，来自乡下的吴四小姐厌倦现世，不打招呼就去那里泛舟，引起资本家哥哥吴荪甫的愠怒……不过，在大夏学子眼中，丽娃河并非避世乐园，而是读书胜地。陈伯吹在《我念我的母校大夏》中，就曾深情地回忆："想起了那一条清碧而又美丽的丽娃栗妲河……实实在在地流动在中国上海大夏大学高高耸起的群贤堂的西边，粼粼的水光，与倒映着大课堂西边玻璃窗的闪闪的阳光，上下互相辉

大夏大学旁的丽娃栗妲河

映，是一处漂亮的读书的好地方！"

圣约翰大学也是建在"水"边的学校。1879年9月，圣约翰大学（初为圣约翰书院）在沪西梵王渡建校，校园位于苏州河转折处，三面环水，交通便利。该校《约翰年刊》曾将校园名胜列为"十景"，并吟诗以志，其中"盘帆三面""板桥藤峡""古步观潮"等景色，皆与"水"有关。例如，"盘帆三面"诗云，"步上高楼闲眺望，帆尖惟恐破青天"；"板桥藤峡"诗云，"校园此处分南北，一线鸿沟万绿中"；"古步观潮"诗云，"楼台倒影嵌空壁，帆席乘风趁急流"……这些诗句，描绘了水天一色、帆影飘飘的校园美景。

据说，林语堂当年入读圣约翰时，就非常喜欢苏州河，他曾任校划船队队长，常在苏州河上泛舟竞渡。林语堂在《八十自叙》中回忆："在大家拼命死记准备考试得高分时，我则去钓鱼消遣。因为圣约翰濒苏州河湾，所以可以去捉死鳗鱼、鲦鱼和其他小鱼，以此为乐而已。"因学业优秀，他曾数次在全校获奖，后来遂有"读书最喜在河畔"的总结。我想，假如圣约翰不在"水"边，临到考试季，林语堂又该去哪里呢？

南洋公学同样建在"水"边。南洋公学是交通大学前身，1896年由盛宣怀在徐家汇购地创办。南洋校门口，原有一条南北向河流，名叫李漎泾。李漎泾南接蒲汇塘，北抵苏州河，蜿蜒流经法华镇。小时候，我偶然路经交大门口，发现那里有石桥栏杆，很像"天安门金水桥"，心里纳闷，华山路一马平川，此地

交大老校门前横跨李漎泾的石桥

没有"水"呀！后来才知，交大门口的李漋泾，与交大曾相伴四十年；那石桥栏杆，正是"水"的遗存。

李漋泾是南洋公学界河，学生因"水"与外界隔绝。有学生为了打牙祭，常常"暗渡陈仓"，他们"利用训导员开只眼、闭只眼的机会，每堂课后四五点钟，将一洗澡木盆，放入河内，用长柴棍轻轻一推，送到对岸，而对岸也准时就有一副面担接应，按你所申请的面或馄饨，装盛碗内，放入原洗澡盆，再度轻轻送回"。[1]1911年辛亥革命爆发，南洋学生群起响应。他们在"水"上搭起一桥，跨越李漋泾，进入隔壁李公祠后门，将象征清廷的李鸿章铜像用白被单包裹，并插上白旗，以宣示上海光复……谁也没想到，几个月后，李公祠成了复旦校园。

建于1906年的沪江大学，校名就与"水"有关。沪江初名上海浸会大学堂，后改名为沪江大学。沪江的校名很有意思：英文名为"University of Shanghai"，意为"上海大学"；中文名中的"沪江"，"沪"字表明地域方位，"江"字则定义地理属性——因为校园位于沪东的黄浦江畔。对此，沪江学生很自豪，也很珍惜。1916年6月，学生徐志摩在校报《天籁》上发表《渔樵问答》，其灵感应该就来自"水"边；同年11月，他又发表《送魏校长归国序》一文，以"浪涛溅渍""沙鸥海鸟""星芒渔火"等

---

① 罗煦仁：《记忆深处》，黄昌勇、陈华新编：《老交大的故事》，江苏文艺出版社，1998年12月，第143页。

1934 年，黄浦江畔的沪江校园

骈文词语，描绘了校园"水"景。

"江风低燕剪，垂柳转莺声。"1934 年夏，在黄浦江边的沪江校园，莎士比亚话剧《仲夏夜之梦》正在上演，学生观众冯亦代见到了学生演员郑安娜，他为她演的角色所吸引。从此，在沪江那条被称为"Love Lane"的江堤上，两人常相伴牵手，在"水"边散步。据冯亦代回忆，"有时我们从温暖如春的图书馆里出来，冲入寒风之中，还有兴致去江边走一大圈子。两个身体偎依着，风是冷的，心却是热的"。[①] 可见，纵然寒风料峭，也难挡青春热情。1948 年秋，青年助教丁景唐在沪江教书半年，住在学生宿舍

① 冯亦代：《我与郑安娜在沪江》。

顶层，他记得，"极目远眺浩瀚的黄浦江吴淞口，海轮劈开浪花，海鸟飞翔，杂以点点帆影。江边一带，垂杨织成绿墙。风雨之夜，风声时或呼号，时或悠扬"，因此，他为宿舍取名"望天听风楼"。[①] 是的，在"水"边"望天听风"，正是沪江师生的福利。

与所有海派校园学生一样，复旦学生对于校园"水景"也充满热爱之情。当年，他们为江湾复旦确立了校园"八景"，其中的"板桥春水"与"隔岸秧歌"，就与"水景"有关。对于"板桥春水"一景，老校友张耀参曾这样阐述："吾校四周，清溪萦绕……弱柳当风，渔踪时见，绿篙春水，常系扁舟。"[②]《复旦年刊》曾刊诗云："春江水涨绿平堤，图画天然入望迷。遥认垂杨烟径外，钓船多系小桥西。"

如今，复旦邯郸路校园西侧的走马塘、北侧的界泓浜已不见踪影，复旦"八景"也荡然无存。唯有燕园里的"小桥流水"，清流淙淙、鱼翔浅底，恰似"八景"遗韵。"小桥流水"当年曾是走马塘支流，水深流急。一位老教师曾亲口告诉我，有一年雨季，一名吕姓女生路过燕园，不小心从桥上滑落，溺水身亡……如此看来，今日"小桥流水"之低吟浅唱，只是假象。

……

当年，正是在"水"的滋润下，复旦校园的故事乃至海派

---

① 丁景唐：《二进沪江》。

② 张耀参：《江湾复旦大学八景》，《复旦年刊》1923 年第 5 期。

校园的叙事帷幕才徐徐展开。"水"是开放、包容与活力的象征。与"水"相伴，才能流水不腐、创新求变，才有复旦的商科首创、圣约翰的全英语教学和南洋的三级学制。

一百多年过去了，黄浦江、苏州河依然奔流不息，但不少河流却早已湮没。今天，还有多少沪上大学校园，可以"月明看岭树，风静听溪流"呢？

写于 2024 年 1 月 8 日，修改于 11 月 30 日

复旦之北是"岭南"

当年,复旦大学与岭南大学分校同处江湾,一南一北,阡陌相连,距离并不遥远,两校是否有过交集?李登辉校长等与钟荣光、司徒卫校长等,都有华侨背景,都是著名的爱国教育家,他们是否有过往来?

1918年,李登辉校长赴南洋募捐10余万银元,遂在江湾购地70亩,建造复旦新校舍。1922年2月,新校舍建成,复旦由徐家汇李公祠迁入江湾。从此,江湾历史揭开了新的一页。

到了20世纪30年代初,江湾境内,复旦已成名胜景点。矗立着简公堂、奕住堂、第一宿舍和子彬院等建筑的菁菁校园,北临"叶园"(叶家花园),南傍"燕园"(初未命名),更有"复旦八景"(桃园春色、柳径莺声、板桥春水、平芜朝烟、隔岸秧歌、远市灯光、秋篱月影、梅林皑雪)添彩,美不胜收,宛若世外桃源。

1935年年初,在复旦之北,又有一所学校拔地而起。它,就是岭南大学分校。岭南大学是中国最早的大学之一,前身是1888

年美国教会创办的广州格致书院，1900 年更名岭南学堂，1918 年改称岭南大学。1927 年 1 月，校务由中国人执掌，钟荣光先生任校长。钟荣光是辛亥革命元老、孙中山的至交。他任校长后，即赴上海，拟建岭南大学分校。按他的设想，在分校设立中、小学部，可为大学培养"预备人才"。

1928 年 2 月，岭南大学上海分校（又称"私立上海岭南中小学校"，以下简称"岭南分校"）正式成立，司徒卫先生任校长。据当年报载，司徒卫原在岭南香港分校"任校长迄已达七载，成绩斐然，今调长上海分校，自能驾轻就熟"。[①] 岭南分校校址，原设在杨树浦荆州路 405 号，占地 7 亩。1934 年春，因校舍不敷使用，校董会在江湾高境庙购地，新建校舍。1935 年 2 月，新校舍落成，学校迁往高境庙。至此，广袤的江湾田野，又添新的文化地标。

岭南分校校园，就是今天的上海交大附中（以下简称"交中"）校园。与复旦一样，它也非常美丽，曲径通幽、绿草如茵，坐落于吉浦河畔，风景宜人。巧的是，这个"水边的校园"，与当年的复旦面积相同，也是 70 亩。

20 世纪 70 年代中后期，我在交中寄宿就读。当年交中，仍保留着岭南分校校园格局：一进校门，就是宽敞的弹硌路；两排

---

① 《民国日报》1927 年 12 月 30 日。

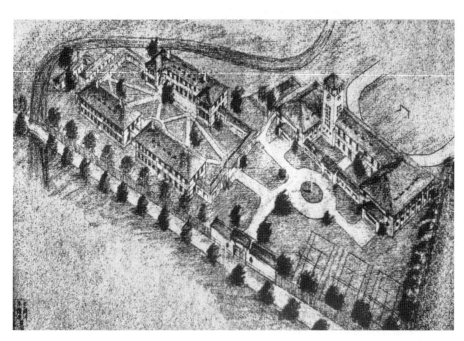

岭南分校校园设计草图。左侧三幢楼分别为东院、西院和南院

龙柏树，郁郁葱葱，足有两三层楼高。左手边的老建筑，分别称为南院、东院和西院。南院原为岭南分校教学和办公楼，我的交中语文老师郑宝隆和吴月宝夫妇就是在南院举行婚礼的，此时已改为男生宿舍；东院和西院，原来分别是岭南分校男女生宿舍，此时已全部成了交中女生宿舍。南院南侧，原有的室内篮球房，已变成小会议厅（又称"六一厅"）。我们入学后的第一次全年级大会，就是在那里召开的。

这些老建筑，一律红墙灰瓦。后来才知，这正是广州岭南大学康乐园建筑群的典型色彩，"殷红如血、深灰似铁"，象征着热情和坚定。因此，岭南校友一直称自己是"红灰儿女"，崇尚"红灰精神"，并以此为傲。

记得那时交中食堂的水磨石地面上，印有一个圆形标志，当年我没看懂，其实就是岭南大学校徽：灰底红线，上山下水，中有小径，寓意着"白云红荔珠江水"。据说，当年"六一厅"屋顶上，还曾有过一个巨大的"岭南"标志。曾在江湾机场当过空军航空兵的韦志球校友，曾这样深情地回忆："当我驾机飞过高境庙母校上空，我会特意降低飞行高度，为的是再看一眼篮球房顶上的'岭南'

岭南大学校徽，寓意"白云红荔珠江水"。司徒卫设计

岭南分校东院（上图，后为交中女生宿舍）和南院（下图，后为交中男生宿舍），今均已拆

二字……"可惜的是，直到这些老建筑被全部拆除后，我才知道交中校园里的"岭南"奥秘。

这里插一句，岭南大学校徽的设计者，正是当年的岭南分校校长司徒卫。司徒卫是一位画家，具有艺术家气质，岭南分校的不少文艺元素，都与他有关——

司徒卫的堂侄司徒乔，是岭南分校学生，早年跟随堂叔学画，"每逢假日堂叔外出写生的时候，乔便抢着帮他提画箱，背画架，坐在他旁边，看他怎样把小桥、老树……搬入画幅"。[1] 后来，司徒乔成为著名的大画家；

司徒卫的朋友伍联德，毕业于岭南大学预科，爱好美术。他是由钟荣光校长介绍到上海商务印书馆工作的，后来成为《良友画报》创办人。《良友画报》与岭南分校关系密切，分校招生处就设在北四川路良友印刷公司。伍联德是岭南分校校董，他的宅邸就建在岭南分校旁（原殷高路23弄）；

司徒卫的堂弟司徒荣，是岭南分校地理教师，也是著名摄影家。他曾参与《良友画报》旅行摄影团，走遍大江南北，拍摄过一部大型图册《中华景象》，轰动全国。司徒荣后来长期在岭南分校任教，晚年仍住在交中校园。他的外孙、我的交中同班同学黄致和告诉我，"文革"抄家时，外祖父的全套蔡司摄影器材被

---

① 冯伊渊：《未完成的画》。

抄走，迄无下落。

1936 年的一天，应司徒卫邀请，岭南分校迎来了岭南校友、著名音乐家冼星海。那天，就在南院北首台阶上，冼星海指挥分校学生，合唱了抗日救亡歌曲，受到热烈欢迎。冼星海的到来，绝对是当年江湾的精彩亮点。

岭南分校的文艺元素，令岭南分校学生深受熏染。著名指挥家司徒汉校友，曾在晚年这样感慨："我的音乐细胞是岭南给的！"

几年前，我曾写过一篇《高境庙的"岭南"记忆》（刊于 2017 年 1 月 8 日《新民晚报》），对岭南分校历史作过梳理，在岭南校友中引起反响。作为交中和复旦的双重校友，我一直有一个疑问：当年，复旦与岭南分校同处江湾，一南一北，阡陌相连，距离并不遥远，两校是否有过交集？李登辉校长等与钟荣光、司徒卫校长等，都有华侨背景，都是著名的爱国教育家，他们是否有过往来？

近年来，经过抽丝剥茧，我理出了以下线索：第一，李登辉出生在印尼爪哇，1918 年起，他曾去爪哇为复旦募捐。一年以后（1919 年），钟荣光也到爪哇募捐，并募得 16 万余荷兰盾。用这笔钱，后来建造了广州岭南大学新宿舍，钟荣光将其命名为"爪哇堂"。爪哇，是李登辉与钟荣光之间的相交点。第二，1927 年 11 月，钟荣光曾到上海，在寰球中国学生会演讲。寰球中国学生会，是 1905 年由李登辉创办的青年团体，他长期担任该会董事。

钟荣光在寰球中国学生会演讲，是钟、李两人最接近交集的证据。第三，钟荣光与复旦董事长唐绍仪，也有交集的可能。两人是同乡，都是广东中山人。1930年，中山县是国民政府治下的模范县，他俩都曾担任过中山县训政实施委员会委员……

然而，以上线索，仍无法证明复旦与岭南分校有过交集。事实上，两校无交集的理由似乎更充分：一个是大学，一个是中小学，学制结构和招生对象完全不同；李登辉是"闽南派"，钟荣光、司徒卫等是"岭南派"，双方具有不同的语境和背景。

更重要的是，1935年岭南分校迁至高境庙时，复旦正面临关键的转折。九一八事变后，复旦校内抗日运动高涨。李登辉因同情爱国学生，引起国民党高层不满。1936年8月，当局派叶楚伧到上海，召开校董会，迫使李登辉"请假休养"，由钱新之代理校长。此后，为避免学生受"不良影响"，校董会又酝酿迁址无锡……总之，这一时期，复旦政治动荡、风雨飘摇，经费紧张、捉襟见肘，已无暇他顾。

相反，此时的岭南分校，却赶上了最好的历史发展时期。岭南分校一创办，即得到在沪粤籍实业家的赞助，新新公司经理马文甲、永安公司经理郭琳爽、大新公司经理蔡慧民和广东银行上海分行经理张荣溥等，都是校董会成员，其亲属或子女大多在岭南分校读书。他们的鼎力相助，让岭南分校无后顾之忧。据1936年崇德女中（今同济大学附属七一中学前身）校刊的一则报道称："岭南小学校长司徒卫先生最近送与本校大汽车一部，盛意殊为可感。"① 从司徒卫向友校赠送汽车之举可见，这一时期的岭南分校，资金充裕，实力不俗。

1937 年八一三事变后，复旦和岭南校园分别被日军占领，两校陷入绝境，都离开了江湾。复旦被迫西迁，岭南分校则在大新公司（今市百一店）四楼办学，一直坚持到抗战胜利。

……

不管怎样，复旦和岭南分校同处江湾，各树一帜，无论是否交集，两校位于江湾，都是江湾的幸事。回顾历史，江湾的发展，离不开复旦的扎根，也离不开岭南的立足。

2024 年 10 月，交大附中迎来了建校 70 周年校庆——交中的历史，是从 1954 年算起的。照我看来，交中校园的历史，应该上溯到 1935 年；交中的"前史"，可以追溯到 1928 年。

"桃花不问悲欢事，依旧枝头着意红"，能不忆当年？

写于 2024 年 7 月 23 日

---

① 崇德女中《德音月刊》1936 年第 7 卷。

江湾机场历史片断

　　江湾机场，记录过复旦历史的瞬间：抗战胜利后，梅汝璈教授赴东京审判，就是从江湾机场搭乘美国军用飞机前往的；复旦从北碚复员返沪，蒋学模、李振麟等教授搭乘的飞机，也是在江湾机场降落的。

　　几天前，在学悦风咏书社组织下，参观新江湾城展示馆，同时踏访了保留下来的一方湿地。灌木林掩映的水塘、木桥，绿草菁菁、古木参天，芦荻在风中摇曳，野鸭在水里嬉游……这里，连看似杂乱的枯枝败叶，也散播着春的气息。

　　新江湾城地块，原本是江湾机场。机场面积很大，占地9000亩。明清之际，这里是著名的殷行古镇。1937年抗战全面爆发后，侵华日军从虬江码头登陆，殷行古镇惨遭劫掠。1939年，日军强行拆毁古镇、圈占民田，在此建造江湾机场。从此，具有400年历史的古镇彻底消失，代之而起的，是其时远东最大的军用机场。

　　1945年8月，日本投降。9月4日，国民党第三方面军副总司令张雪中和郑洞国抵达江湾机场，前来接收被日本占领 8 年的上海。他们乘坐的是一架美军 C-54 运输机，随行的上尉参谋，就是后来成为著名历史学家的黄仁宇。据黄仁宇回忆："我们的 C-54 下降时，看到边缘尚有 20 多架驱逐机一线排列整齐，机翼、机腹上的红圆徽令人触目惊心。"

江湾机场被接收后，由国民党空军运输大队管理。几年前，我在查找位于高境庙的岭南分校的史料时，偶然发现一则与江湾机场有关的"岭南记忆"：有一位空军航空兵每次从江湾机场驾机起飞，飞临高境庙上空时，都会盘旋一周，向岭南分校篮球房（交大附中时期称"六一厅"）屋顶上的"岭南"标志致敬。原来，这位飞行员正是岭南分校校友。

1945 年 12 月，盟军中国战区参谋长、美国将军魏德迈的专机降落江湾机场。离开机场后，他乘车前往汉口路上的市府大厦，沿途经过翔殷路西段（今邯郸路）时，受到数千民众的夹道欢迎——这条路，后来一度被改名为"魏德迈路"。当月底，美国飞虎队陈纳德将军也从旧金山搭乘军机抵达江湾机场。当走下飞机时，他见到了久别重逢的陈香梅。陈纳德与她紧紧拥抱："安娜，今晚我请你吃饭。"

1946 年 1 月 31 日，复旦大学政治学系专任教授梅汝璈致信章益校长："弟因奉派参加审判远东战犯，即将赴日一行，短期内恐不能返校，所任政治系教授职务，敬请自二月份起，准予辞卸。事非得已，至希俯允并宥谅是幸……"章益批示曰："……一学期以后俟返国后再领教。"3月，梅汝璈即前往日本东京，担任远东国际法庭法官。

梅汝璈与中国代表团成员搭乘的美国 B-24 轰炸机，是从江湾机场出发的。抵达东京后，有记者问："为什么乘军用飞机前来？"中国官员答："这是为了宣示战胜国的权威。"4月12日，梅汝璈给政治学系主任胡继纯教授写信，报告了乘美军机抵日后的详情：

> 弟系上月二十日抵达东京，次日即赴远东国际军事法庭（院址为昔军部大厦，环境建筑均极壮丽），就职为该院九法官（受降国，签字国，每国仅遴选一人）之一，总部对于法官之待遇备极优渥，饮食供应，一切与美国高级将领所享受者相同，弟之居所为东京最高贵华丽之帝国饭店，Suite 一个共为三间（客堂、卧室、沐浴间），每日四餐均为"将军阶级"之配备，总部并拨 Sedan 汽车牌一辆专供弟一人使用，车之前后均添有我国国徽，是故刻下东京大街小巷莫不知有 Judge Mei 其人！（一笑）日前麦帅设筵招待，席间畅谈达两小时之久，渠对我国情况备极关切，惟认识似仍微欠正确耳……苏联法官刻尚未抵日（大抵明后天到），正式起诉书大约二十号左右能提出，公开审判殆一个月后之事也。金

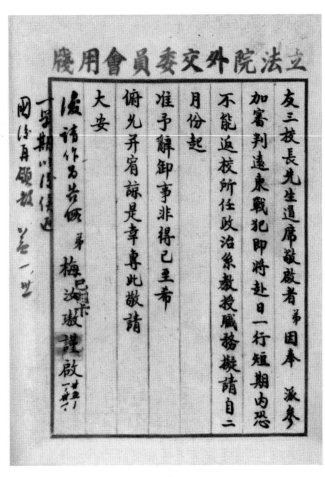

立法院外交委員會用箋

友三校長先生道席敬啟者 弟因奉 派參
加審判遠東戰犯即將赴日一行短期內恐
不能返校所任政治系教授職務擬請自二
月份起
准予辭卸事非得已至希
俯先并宥諒是幸專此敬請
大安

復請作為告假 弟
梅汝璈謹啟 卅五一卅一

附添具領薪
一紙期以備領迟

1946 年 1 月 31 日，梅汝璈致章益校长的请假信。复旦档案馆藏

料法院全部工作，八月中旬或可完毕，但事实上是否可能，诚一无法预测之事也。^①

9月，复旦由重庆北碚复员返沪的人员达到高峰。大部分师生乘船沿长江而下，只有极少数人以飞机为返程交通工具。时任外文系副教授的李振麟夫妇和文摘社编辑蒋学模夫妇，就是搭乘同一架小型C-47飞机抵沪的。当年的小飞机，安全系数不高，常因天气不佳而遇险。李振麟的儿子李北宏先生告诉我："那时父亲才32岁，年纪轻、胆子大，所幸他们的小飞机安全降落在江湾机场。当晚，他们就住在校图书馆（即奕住堂）临时过夜，第二天才在嘉陵村（今复旦第四宿舍）安顿了下来。"

果不其然，12月25日，一架中央航空公司C-47飞机在江湾机场附近失事，机上乘员全部遇难。当天黄昏，飞机飞临江湾机场上空时，曾超低空盘旋了一个多小时。震耳欲聋的轰鸣声，引得正在过圣诞节的岭南分校师生纷纷走出教室，抬头张望。然后，该机忽然坠落，一头栽进了附近的张华浜。岭南师生目睹了这一幕惨剧，不知所措……更离奇的是，该机坠毁后没多久，另两架中国航空公司的C-47、C-46飞机先后飞近江湾机场上空，却不约而同地发生信号故障，最后转飞龙华机场时，也都莫名其

---

① 《复旦》1946年第22期。

妙地相继坠毁。

1949 年 5 月，人民解放军逼近上海。25 日晨 8 时，为了到上海处理物资转移事宜，蒋经国乘飞机从台北起飞，拟降江湾机场。不料，途中飞机突发故障，迫降嘉义。上午 10 时，飞机经检修后再度起飞。据《蒋经国自述》记载，"至象山附近，接地面通知，'江湾机场已有枪弹落地，不可降落'，又折返嘉义"，"始知共军已攻占上海市区矣"。这次因飞机检修而延迟乃至中止的行程，让蒋经国躲过一劫。27 日，上海解放。

新中国成立后，江湾机场由解放军航空兵接管。我小时候家住控江新村，没机会坐飞机，却有机会看飞机。每当战机升空、在头顶上呼啸而过时，我就热血沸腾、特别兴奋。从地图上看，江湾机场在五角场北面，离我家不远，但在那时，五角场向北，就是人迹罕至的"荒郊野岭"了——因此，我从没去过那里，江湾机场长啥样，我始终没有概念。

不过，我的朋友们倒有不少机场见闻。张剑敏告诉我，他 1970 年在昆山插队，曾开着五吨木船到江湾机场割草一周，然后运回生产队喂牛。他说："当时机场里全是老式战斗机，有一处还停满了废弃的有轨电车。机场食堂的伙食很好，全是鱼肉鸡蛋。机场南边有个小卖部，茅台酒 4 元一坛，我曾买过一包中华烟（6 角 2 分），回去孝敬关在牛棚里的父亲。"黄致和是我的中学校友，小时候住在交大附中家属宿舍。他记得："那时，我经常会爬过护城河到江湾机场玩，好几次被解放军叔叔驱赶出来……"复旦校友许云倩则回忆说，她读小学时"拉练"，曾扛着红旗到过江湾机场，还在机场跑道边用过午餐（干粮）。

1994年6月，江湾机场停飞，7月正式关闭。此后，这一带经过近十年荒废，植被繁茂，河泾自流，成为上海市区最大一块湿地。2002年，江湾湿地开始开发。2003年7月，新江湾城街道成立。终于，江湾机场的历史有了续集，它将以"新江湾城"之名，继续流淌……

写于2023年3月

湮没了的邯郸路桥

邯郸路桥位于复旦西首，横跨走马塘，原名"平阴桥"。它既是复旦一景，也是校园外的人文地标。如今，邯郸路桥虽已湮没，但复旦人一直记着它的传说。

几十年前，我在复旦大学读书、工作的时候，进出复旦只有一条公交线——9路无轨电车（前身为3路有轨电车，后又改为93路、139路汽车），9路电车在校门口设有"复旦大学"站。那时，到市中心去，复旦人叫"进城去"。最便捷的路线，是乘9路到虹口公园，再转乘18路到人民广场。

依稀记得，开往市中心方向的9路电车驶出复旦站后，会开上一个斜坡。这个"坡"，稍有点陡，实际上是一座桥，名叫"邯郸路桥"。有一次，电车上坡后，车顶上俗称"辫子"的集电杆突然崩开。"翘辫子喽！"有乘客喊道。司机马上跳下车，将"辫子"搭好，再小心翼翼地驶下桥面。

邯郸路桥位于复旦西首，横跨走马塘。它最早的名字，叫"平阴桥"。老上海人都知道，上海曾有两座平阴桥。另一座在斜土路，桥名与皖系军阀何丰林有关。何丰林（1873—1936），字茂如，山东平阴人，曾任淞沪护军使。他的下属投其所好，以他的名字命名了其衙署（在今平江路）附近的丰林路（今枫林路）、丰林桥（即枫林桥），又以他的籍贯命名了跨越日晖港的平阴桥。这个"平阴桥"地名，曾一直保存到本世纪初。若干年前，斜土路上行驶的89路公交车，就有过一个"平阴桥"的站名。

和斜土路上的平阴桥比起来，复旦边上的平阴桥资历也不浅，它建于1922年——这一年，正是复旦从徐家汇迁到江湾的年份。江湾校园落成后，南侧建起了一座古色古香的校门。这校门，原是要面向辟筑中的翔殷路的，但翔殷路却迟迟不见筑好，复旦师生出入，只得绕道走后门（原址位于今政民路）。后来，李登辉校长几经周折、打通关节，这条长长的翔殷路（即今翔殷路和邯郸路段）才得以建成，平阴桥也应运而生。

那么，这座平阴桥的名字有何出典呢？我没有查到史料，只读到一位复旦1924届学生对辟通翔殷路的感想。他说："赖校友陆达权先生之努力，暨沪军使何茂如、闸北工巡捐局局长许剑青先生等赞助，始克造桥筑路，而吾同学得免绕道之苦。"[1]这里的"何茂如"，指的就是何丰林。难道这座平阴桥的名字，也与他有关吗？这个"双黄蛋"，下得有点蹊跷。

---

[1] 庸夫：《庸庵随笔》，《复旦杂忆》，第76页。

1925年，复旦松社成员在平阴桥上合影，背景为复旦校舍。刊于《1925年复旦年刊》

平阴桥造好以后，就成为复旦一景。当年，对于新落成的江湾校园，师生们曾评选过"复旦八景"：桃园春色、柳径莺声、板桥春水、平芜朝烟、隔岸秧歌、远市灯光、秋篱月影、梅林皑雪……它们涵盖了校园内外的美丽风光。今天，"八景"已难寻觅，后人只能从当年的"八景诗"中，去发现某些踪迹。其中，"板桥春水"一诗这样写道："春江水涨绿平堤，图画天然入望迷。遥认垂柳烟径外，钓船多系小桥西。"我一直以为，"板桥春水"之美景，应该就与平阴桥旁的走马塘两岸风景相符。

平阴桥是复旦校园外的人文地标。20 世纪 20 年代末，校园内外商铺林立，其中饭馆最多。各商铺允许赊账消费，"学期中，惟恐同学不记账消费；放假时，又恐同学们不还账"。每到放假时，平阴桥就成为收账的"关卡"：各店铺老板、伙计拿着账本，守在桥头，"汽车开来即询明何人所雇，当即分别翻阅账簿一查"，赖账的同学，一抓一个准。一位 1929 年毕业的复旦校友曾这样回忆："放假前一件大事，即须还清账目，始能出校，较之学校大考，尤觉重要。"①

1935 年 3 月 10 日，上海举行市民长跑赛，复旦师生踊跃参加。这次长跑赛，全程两万米，起点就在平阴桥。3 月 11 日的《申报》以《平阴桥下令出发》为题，报道了这次比赛："昨

---

① 自安：《足球·京戏·其他——廿五年前母校旧事》，《台湾复旦校友忆母校》，第 166、167 页。

日风和日丽，于九时二十分，在翔殷路复旦大学门前、平阴桥东排列起步，报名参加者一百〇二人。公安局机车开道，沿路由东南、两江（指东南大学和两江女子体育专科学校——引者注）女童军维持秩序，由翔殷路折入黄兴路复由黄兴路而复往北走控江路……"终点为上海市政府大厦（位于今上海体育大学内），"最终，冠军为何宝山，亚军为张良"。

1937年八一三事变爆发，平阴桥被日军炮火摧毁，直到次年才重新修好。抗战胜利后，它一度改名为翔殷路三号桥。1952年，它又改名为邯郸路桥。邯郸路桥是从市中心抵达复旦的重要地标。1964年考进复旦中文系的许道明教授曾回忆，他到校报到的那天，最先见到的就是邯郸路桥，"当年的复旦大学还没有钢筋水泥砌成的围墙，竹子编成的高高篱笆，随便涂上了些漆黑的柏油，从邯郸路桥一溜排向国定路……篱笆上破了十来米的大窟窿"，以至于他怀疑，是不是走错了地方。[①]

除了是地理概念，邯郸路桥还融入了复旦人的精神层面和日常生活。陈望道校长是语言学家，他在研究"提带复合谓语"（如"升起""搞好""打破""走过"等）时，曾多次以"走过邯郸路桥"举例释义；徐震教授是杂文家，曾就邯郸路桥大修工程中的拖拉作风，写过一篇杂文《邯郸学步》，批评有关部门缺少大局

---

① 许道明：《挽歌的节拍》。

眼光。几年前，一位50年代复旦学生的日记得以公开。据作者记述，他在读书期间，曾疯狂热恋过一位女生。因当时恋爱不便公开，他们的约会地点，就选在黄昏后的邯郸路桥……

20世纪90年代初，因走马塘河流污染严重、臭气熏天，有关部门用涵管将河流引入地下，邯郸路桥遂名存实亡。我曾读到过一部文学作品，记叙一位留美的复旦女生回国时，与曾经初恋的男友相约在邯郸路桥上见面。然而，她下车后，发现根本没有桥，"我不由得一惊，以为走错了地方"，后来问了路人才得知原委，"我禁不住一阵怅惘……上帝为什么对我这样残酷，不仅一而再地惩罚我，而且还要将我初恋的痕迹一一抹去？"[①]2000年年初，中环线开始建造。为了保留复旦文脉，中环高架进入邯郸路时，忽然转至地下，隧道出入口就位于邯郸路桥位置——从此，邯郸路桥真的没了！

前几天，我偶然从大柏树乘公交车到复旦，汽车开过运光路后，经过一个单位，单位的铭牌上写着"上海市电力公司电力科学研究院"。我猛然想起，几十年前，这里就是靠近邯郸路桥的9路电车"电力所"站。那时，每当9路开到这里，售票员就会用沪语报站："电力所到了！"乍一听，很像是沪语中的"甜芦粟到了"。那时，"甜芦粟"和"邯郸路桥"，是串联在一起的甜美符

---

① 胡真铭：《爱情变奏曲》。

号。"甜芦粟到了",就意味着要上"坡"了——"复旦要到了!"

如今,"甜芦粟"的报站声早已不闻,邯郸路桥畔的"春水"也已湮没。唯有邯郸路桥的传说,会在复旦人的记忆中永驻。

写于 2023 年 2 月 15 日

五角场的旧碉堡

2022 年 9 月，一位同学微信我，说是在网上看到了复旦一座碉堡的照片，怀疑是抗战时留下的，觉得这是一个跟复旦抗战有关的好选题。对于这座碉堡，我有点印象，它就矗立在复旦"南京路"（今光华大道）旁……它真的跟抗战有关吗？

江湾五角场历史不长，历史上也没有什么可歌可泣的标志性建筑物。给人印象深的地标，恐怕就是那些大大小小的旧碉堡了。关于这些碉堡，究竟建于何时，好像少有记载。

在我看来，五角场的大部分旧碉堡，应该建于 1948 年年末至 1949 年 5 月上海解放前。1949 年年初，人民解放军摧枯拉朽，逼近上海。汤恩伯奉蒋介石令，声称要死守大上海，阻击解放军。然而，上海地区属长江冲积平原，无险可守。于是，汤恩伯命令，在上海建造各类碉堡。这些碉堡，钢筋水泥结构，分甲、乙、丙三种，每个碉堡内可架设 4 至 8 挺机枪，非常坚固。

执行建造碉堡的总指挥，名叫陆根泉。他原籍川沙，泥水匠出身，后来当了营造厂包工头，从此发迹，步步高升，索性自己开办了陆根记营造厂，承包国民党官员大小工程，曾任国民党营房筹建委员会中将顾问。上海建造的碉堡数量众多，据统计有1万多个，仅在江湾一带，碉堡就达3600个。这些碉堡，大部分在解放上海战役中被摧毁，还有一部分在上海解放后被拆解。只有少部分碉堡，或位于田野乡村，或处在城市角落，当年被保留了下来（至今仍有个别留存）。

我印象深的五角场旧碉堡，大概有这么几座。一座在少云中学门口。我小时候住在控江新村（曾为城乡接合部）。记得当年以宁国北路桥（今黄兴路桥）为界，桥南是杨浦区，桥北就属宝山县了。从宁国北路桥往北走，大小旧碉堡比比皆是。最显眼的一座，就是少云中学门口这座。

这个大碉堡，上面长满野草，内壁长有苔藓，常见放学后的学生爬上爬下，在碉堡上玩耍。当年几乎无人知道，在少云中学楼房（原日本屯兵拓殖图书馆）地下，建有一条日军修筑的秘密地下隧道，四通八达，据说可以直通江湾机场。20世纪70年代，为响应号召"深挖洞"，人们偶然发现了它……但是，这个地下隧道，与校门口的大碉堡似乎毫不相干，两者井水不犯河水，共存了几十年。

另一座碉堡，在五角场环岛。它靠近当年空军政治学院大院（原日本恒产株式会社大楼）门口，位于今天的"合生汇"广场旁边，应该算是五角场地区最著名的碉堡了。它杵在宁国北路（今黄兴路）翔殷路口，非常扎眼。1983 年，为迎接第五届全运会在江湾体育场召开，五角场环岛开始修整，五条马路相继拓宽，这个碉堡理当是清除对象。然而，它却紧挨着拓宽后的马路，迟迟不见拆除，成了人行道上的"钉子户"。

第五届全运会召开时，碉堡上居然还插满印有运动会会徽的旗帜，俨然成为"迎客碉堡"。对此，我曾深感奇怪。后来才搞明白，原来，这个碉堡实在太特别了：当年机械设备老旧，筑路工人要排除深埋地下的碉堡残基，日夜挖凿，碉堡巍然不动，始终无法将它移除，可见它的坚固程度。因工期紧张，后来地下煤气管道只得绕道铺设……直到 20 世纪 80 年代末，这个碉堡才被彻底清除。

还有一座碉堡也值得一提，那就是位于复旦校园内（近光华楼西南角）的那个碉堡。2022 年 9 月，一位《复旦青年》的记者同学微信我，说是在网上看到了这座碉堡的照片，怀疑是抗战时留下的，觉得这是一个跟复旦抗战有关的好选题。对于这座碉堡，我有点印象，它就矗立在复旦"南京路"（今光华大道）旁。

20 世纪 80 年代初，我在复旦读书，"南京路"是我上下课的必经之地。它的对面，就是一长排学生墙报栏，那里经常人头攒动，非常热闹。那时，思想解放初起，曾有学生竞选宝山县人大代表，就站在那个碉堡上发表竞选演说。有一次下课，我还亲眼看见，有个青年人（看上去不像是复旦学生）站在碉堡上，怯生生地发表演讲，当时好像听众寥寥，他讨了个没趣，讲好以后，就隐入了看墙报的人流。依稀记得，他演讲的内容是："为什么中国没人获得诺贝尔奖？"

那么，这个碉堡建造于何时？它跟复旦校史有何关系？基于我对五角场旧碉堡的粗浅认识，我答复那位同学说，它大概建造于解放战争时期，与我上文提到的五角场旧碉堡同属一个"批次"。因此，它恐怕与抗战无关，与复旦校史也搭不上边（1949年前后，光华楼这一带还是农田，并不属于复旦）。

听了我的一番解释后，那位同学有点失望——就这样，一个校史好选题，被我生生地"搅黄"了。

以上是我对五角场旧碉堡的印象和认识，仅是一家之言，是否准确，尚待史料证实。

写于 2023 年 2 月 9 日

3路电车，叮叮当当地驶过

那时，我并不知道，3路电车是复旦人进城的主要交通工具；我也不清楚，3路电车的车厢里，记下过多少复旦故事。如今，3路电车与复旦的交集，只留在了照片里、记忆中……

在复旦档案馆，看到一张老照片。照片是黑白的，却好像有色彩：近景是卷心菜地，一片绿油油；远景是复旦图书馆和第二教学楼，外墙是"复旦红"；校门前的邯郸路上，正行驶着一辆墨绿色的3路有轨电车……这张照片，像一幅风景油画，鲜丽、有动感。我仿佛看到，当年的"公交绿皮车"，正叮叮当当地驶过眼前。

上海最早引进有轨电车，是在1908年。当年，英商和法商电车公司开辟过多条有轨电车线路。其中，静安寺至外滩、十六铺至善钟路（今常熟路）等线路，在公共租界和法租界内颇负盛名。有轨电车开通后，叮叮当当的电车声就在上海响起，它有时烦嚣，扰人清梦；有时悦耳，令人惦记。据说张爱玲寓居爱丁顿公寓（今常德公寓）时，附近有一个电车场，她是"非得听见电

3路有轨电车驶过复旦校门前的邯郸路。照片前景的菜田，在今邯郸路管理学院附近。复旦档案馆藏

车声才睡得着觉"的。

复旦门前的邯郸路，原本没有有轨电车。20世纪60年代初，有轨电车在市中心被拆除，旧轨被敷设在市区东北部，这就是3路有轨电车的由来。最初，3路电车是1路有轨电车（从静安寺到虹口公园）的延伸线，在四川北路与1路电车并轨，后来缩线为单一线路（从四川北路崇明路到江湾五角场）。其中，从虹口公园（今鲁迅公园）到江湾五角场一段，途经大八寺（今大柏树）、复旦大学，全长约5公里。到了70年代初，市中心的有轨电车已经绝迹，唯有3路电车硕果仅存，依然行驶在城市边缘。

1974年，我小学毕业后入读交大附中（那时不分初、高中）。交大附中是寄宿制学校，位于宝山县高境庙。从我家所在的控江新村到高境庙，要换乘三部公交车，当中一部，就是3路电车。开学那一天，父亲帮我拎着行李铺盖，送我去学校报到。对我第一次离家远行，他显然有点担忧，一路上絮絮叨叨，叮咛再三。他说了些什么，我早已想不起来了。

可是，那天踏上3路电车的感觉，却让我记忆犹新：咦，它的车厢与公共汽车不一样哎，内饰是棕黄色的，座位是横条木质的，乘客是背靠窗口就座的。最特别的是，司机是站着开车的！驾驶台上没有方向盘，司机把着一个操作杆，推前推后。他的双脚，不时踩一下踏板，电车就会发出叮叮当当的声音……这个动作，恍若小学音乐老师，一边踩风琴踏板、一边打节拍，既优雅又好玩。

从那时起，我就成为3路电车的小乘客。每逢周六中午放学、周日晚上返校，我都会乘坐它。3路电车五角场车站，设在一个公共厕所旁。每次走到车站，我就会闻到一股特殊的气味。3路电车沿线，大多是农田、菜地，景色单调、风格粗鄙。到了冬天的夜晚，车窗外一片漆黑，电车仿佛在隧道中穿行。唯有驶近复旦时，眼前才忽然亮堂起来。对我来说，复旦就是一座不夜城，那图书馆和教室里的灯光，是何等璀璨、何等辉煌，令我目眩、欣喜若狂。

那时，我并不知道，3路电车是复旦人进城的主要交通工具；我也不清楚，3路电车的车厢里，记下过多少复旦故事。我只记得，有一天傍晚，电车驶至复旦车站，上来一位外国老妇人，高眉深目、满头银发，她很胖，挤进车门时，几乎要侧过身子。售票员似乎认识她："今天那么晚回去啊？"然后，她俩就热络地聊了起来。我考进复旦后，竟在校园里见到了这位老妇人——她就是著名的"德国老太太"、外文系副教授汪小玲老师。后来我才了解，她在抗战时期的那段跨国恋情，是多么温婉动人；她后来返回德国定居，又是多么思念复旦……

又过了若干年，我读到了《卢鹤绂传》中的一则记述：当年，卢鹤绂教授的儿子卢永芳到横沙岛插队，每次离家时，他总会送儿子上3路电车。有一次凌晨4时送行，卢鹤绂孤单地站在邯郸路上，寒星闪烁，冷风刺骨，他默默地凝视着那幽暗的电车灯光，"电车慢慢开动，渐渐远去，永芳回头望着站台上父亲的身影，不由得想起朱自清笔下的名篇《背影》中父亲的形象，不知不觉中热泪滚滚"……这一节，让我猛然想起父亲送我上学的那一天。

1975 年 12 月，3 路有轨电车最终被淘汰，代之而起的是 93 路汽车（后为 9 路无轨电车、139 路汽车）。从此，上海市区告别了有轨电车时代。一晃，近半个世纪过去了！

如今，3 路电车与复旦的交集，只留在了照片里、记忆中……

写于 2024 年 3 月

由群艺照相馆想到的

1982 年 5 月 20 日，我在日记里写道："今天去五角场取照片，我的'标准像'令我十分失望，继而我对这家照相馆已完全失望，发誓以后再也不到这家倒霉的照相馆来照相了。"

"群艺"与"控江"

这家被我称为"倒霉的照相馆"的，名叫"群艺照相馆"。它原在邯郸路 544 号，位于原朝阳百货商店西侧，门面很小。

当年，江湾五角场附近，除了"群艺"，就没有其他照相馆了。复旦师生要拍照，因为图方便，大多数会选择"群艺"。"群艺"的顾客，还有附近的城乡居民、职工、农民和军人。然而，"群艺"的照相技术平平，要把自己拍得好一点，还得去其他照相馆。

那一次我到"群艺"，是拍毕业照。一拿到样照，我很失望。刘南平同学得知后，对我说，拍毕业证件照是人生大事，"群艺"技术不行，我们应该去"高级"一点的照相馆。过了两天，我就跟他一起，骑自行车去了四川北路上的"英姿照相馆"拍照。我在5月22日的日记里记道："上午与刘南平一起去英姿照相馆照相，摄影师能说会道，待人热情，一扫我们进入照相馆就感到的那种拘束感……"就这样，我在四川北路"英姿照相馆"，完成了刘南平所说的"人生大事"。

由此，我想到了沪东地区另几家国营照相馆。这些照相馆，其实离"群艺"并不远（当年"群艺"属宝山县，另几家属杨浦区），但技术水平却高出一大截。

我儿时住在控江新村，新村里有过一家"控江照相馆"。

"控江"坐落在双阳路延吉中路拐角（原址在今建设银行延吉路支行地块）。这个拐角，当年有一座呈直角形的二层楼房，它的结构有点像广州骑楼，被戏称为"小金陵东路"。奇怪的是，"小金陵东路"的大部分商铺（如理发店、日杂用品店和食品店等）都位于底楼，唯有控江照相馆，却设在二楼。

走上窄窄的楼梯，尽头就是收银柜台，柜台对面是摄影室。暖暖的灯光打下来，被摄者脸上红晕一片。摄影师"躲"在一架老式摄影机的篷布后面，测光、对焦、调整，这时，对焦屏上会显示一个奇怪的倒影，"笑一笑，好！"摄影师捏一下快门球阀，"咔嚓"一声，大功告成。

在我看来，"控江"的特色，是它的底楼橱窗。橱窗里，常年展示着各种人物肖像，有青年男女，也有老人小孩。其中有一帧老者肖像，鹤发童颜，髯须飘飘，颇有点齐白石的大师风范。这些人物肖像，都是"控江"的杰作，水平绝不亚于市中心的"王开"。记得有一次，邻家女孩阿芳路过那里，惊喜地发现，她在店里拍过的一张照片，被放大陈列在橱窗里。那时，似乎没有肖像权意识，"阿芳的照片在控江照相馆展出啦！"邻居们奔走相告，阿芳和她的家里人也挺开心。

"红光"的光彩与黯淡

不过，沪东有两家最有名的照相馆，并不开在工人新村，而是开在平凉路上。其中一家，就是"红光照相馆"。

"红光"原是上海的金字招牌。20世纪30年代，著名红色摄影家、毕业于上海美专的吴印咸曾与同学刘抱诚等合资，开过一家"红光照相馆"。这家"红光"，曾是吴印咸钻研人像摄影技术的基地，也为他后来成为电影《风云儿女》《马路天使》等的摄影师、拍摄《白求恩大夫》等系列战地摄影作品，打下了坚实基础。然而，此"红光"非彼"红光"。

沪东的"红光"，是上海解放后新创办的。它位于平凉路1499号，地处"杨百地区"。"杨百"指的是沪东工人文化宫（简称"东宫"）对面的市百三店，其前身为杨浦百货商店（简称"杨百"）。1958年，"东宫"建成开放，"杨百地区"迅速成为杨浦区最热闹的商业中心。"红光"创办于 1959 年 9 月，就开在"杨百"旁边。当年《新民晚报》曾这样介绍："新商业中心在平凉路沪东工人文化宫附近，两座崭新的三层大楼，新设了一批大商店……东边的一座大楼，有三开间的大庆食品商店，双开间的杨浦酒家、红光照相馆、一心斋清真饮食商店、青云理发店、丹凤花鸟商店和康乐男女浴室。"①

地段的得天独厚，让"红光"常年顾客盈门，并成为杨浦区少有的"上海市名特商店"。那时，到"红光"拍照、印照，是一件很风光的事。记得我读交大附中时，因考试成绩好，父亲曾奖励我到那里拍过一张"艺术照"。所谓"艺术照"，就是顾客可任意挑选幻灯背景，我选的背景是上海展览馆。照片拍好后，邻居小伙伴们好羡慕，他们都以为，我是在"上海"（那时我们称市中心为"上海"）拍摄的……今天，想起当年小伙伴们的赞叹，依然有几分得意。

据复旦校友王时芬回忆，他读控江中学时，全班同学曾到嘉定春游，其间还拍照留念。返回途中，班主任老师将一卷拍好的 135 黑白胶卷交给他："你住得离平凉路近，回家时替同学们印一下照片吧。"这里的"离平凉路近"，自然是指离"红光"近。照片印出后，老师把照片在班级里展示，并嘱他去加印部分

---

① 《新民晚报》1959 年 9 月 14 日。

照片。那天，王时芬再去"红光"。因集体照和个人照等分类复杂，他生怕搞错加印数量，曾在店里反复核对。"像你这样反反复复……要核对到天亮呢！""红光"店里那位中年店员的调侃，王时芬至今难忘。

不过，作家管新生先生的"红光"记忆，则另有一番滋味。那是1977年，管新生与妻子慕名到"红光"拍结婚照。那时，"文革"虽已结束，但"左"的阴霾尚在。事先，他的妻子已到理发店吹了风，"当时的理发店还不敢越雷池半步开设烫发、染发等业务，只能象征性地在爱漂亮的女孩头发上做一些虚拟的花哨动作"，没想到，"红光照相馆的摄影师一见便连连摇头，说，这种资产阶级的发型是不可以拍结婚照的！"结果，摄影师为其妻做了一番"无产阶级化的处理"，"找来两根橡皮筋将头发扎成了两把扫帚短辫，方才可以坐上摄影机前的板凳，'很历史'地留下了我们的结婚照"。[①]可见，在那个特殊的年代，再高光的"红光"，也有黯淡时刻。

附近居民"有眼福"

平凉路上另一家有名的照相馆，是"康明照相馆"。

---

① 管新生：《工人新村——上海的另一种叙事记忆》，中国工人出版社，2019年6月，第257、258页。

"康明"位于平凉路395号，地处八埭头。八埭头是沪东最早的商业街市，早在民国初年就已形成。查《申报》可知，"康明"创办于1939年11月29日，"康明照相室今日开幕"的广告，就刊登在当天的报纸上，广告词为"规模最宏大，设备艺术化"，地址为"平凉路韬朋路（今通北路）口"。

据史料记载，1946年，在中共地下党的策动下，杨树浦的新怡和纱厂（后为上海第一毛条厂）的工人举行罢

1939年11月29日，刊登在《申报》上的康明照相馆开幕广告

工，英国大班戴维斯怕工人包围怡和洋行、把事情闹大，被迫答应工人条件，签下协议。"为防止英国人赖账，（工人）代表们将协议文本拿到康明照相馆摄录留底"①……由此可见，"康明"曾是沪东地区工人运动的见证者。

"康明"不仅牌子老，技术也不错。"文革"期间，花色人像艺术照被取缔，"康明"却首创了幻灯摄影，深受欢迎。"文革"后期，它又率先陈列过文艺明星的肖像，令人耳目一新。那时有一部电影《难忘的战斗》走红大江南北，影片中的反派人物"刘

---

① 见上海第一毛条厂工运史编写组：《上海第一毛条厂（新怡和纱厂）工人运动史》。

复旦历史系 1980 级女生在群艺照相馆的合影。左起：孔令琴、司徒琪蕙、
谢黎萍

副区长"的扮演者，是上海青年话剧团演员焦晃。据复旦新闻系校友许云倩忆述，焦晃与她二叔是中学同学，两人时有往来。《难忘的战斗》上映后，"他（指焦晃——引者注）的相片挂到了八埭头那家康明照相馆里了。同一橱窗里还有朱逢博、任桂珍等知名人士"。①

20世纪80年代后期，"康明"店里出过一位名人，他就是高级摄影师谢荣生。谢荣生原在"红光"工作，专攻人像摄影，1977年调到"康明"。他曾荣获"全国青年优秀人像摄影师""人像摄影十杰"等称号，并多次被评为"上海市劳动模范"。1989年6月5日的《解放日报》，曾以《他以镜头赞美世界》为题，介绍过谢荣生的摄影艺术，称住在"康明"附近的人们"很有眼福"，经常可以见到陈述、乔榛、吴竞、周洁、陈凯歌等明星，"他们是专程到照相馆的摄影室来请摄影师谢荣生为他们留影的"。90年代末，谢荣生"下海"，成立了摄影工作室。那时，上海的明星和劳模，曾多次成为谢荣生的拍摄对象，《新民晚报》就刊登过他为劳模徐虎拍摄肖像的工作照。2014年，"康明"黯然歇业。

……

最后，让我再把视线回到群艺照相馆。

---

① 许云倩：《八埭头记忆》。

那一次，我在家整理老照片，内子找出一张她与同班同学谢黎萍和孔令琴的三人合影，照片下方，赫然印着"群艺照相"字样。我好奇地问她：你们女生都爱美，怎么会想到去"群艺"拍照的呢？她回忆说，那天正好是谢黎萍生日，她们三人逛五角场，顺便在淞沪饭店吃了饭。回复旦时，正好路过"群艺"，心血来潮，就在那里留了影。内子的描述，勾勒了当年复旦女生校外生活的一个侧影：聚会、逛街、拍照片。

若干年前，我在政肃路复旦宿舍零号楼底下的一排商铺中偶然发现，那里竟开了一家"群艺照相馆"！它与邯郸路上的那家"群艺"有历史渊源吗？不得而知……恍惚间，这"群艺"店招，又把我拉回了那个单色调的年代。

几天前，我又路过政肃路，想再看看这"群艺"店招还在不在——没想到，它已不在了！

写于 2023 年 3 月，修改于 2024 年 12 月

记忆中的控江文化馆

YOUNG 剧场前身，是杨浦大剧院；而杨浦大剧院前身，则是控江文化馆。控江文化馆，给予儿时住在杨浦的复旦人，以重要的精神滋养。

前几天，去 YOUNG 剧场看戏。剧场在控江路 1155 号，戏是话剧《四海之内皆兄弟》。

记得 2022 年 9 月，YOUNG 剧场开张，首演剧目是话剧《春逝》。该剧描写民国知识分子情感，以两位女物理学家顾静微、吴健雄与物理学家兼剧作家丁西林为原型——这个题材很吸引我。1925 年洪深领导的复旦剧社成立时，首演剧目是丁西林的《一只马蜂》，由应云卫执导。"民国知识分子""复旦剧社""洪深""丁西林""应云卫"……这几个关键词，对我诱惑巨大。

遗憾的是，《春逝》网络开票时，我因眼花手拙，不知怎么"点击出错"，待恢复正常，"票已售罄"，最终失之交臂。这次的《四海之内皆兄弟》，听说是国家话剧院"青年导演创作扶持计划"之一（有媒体称它是"当代的《水浒传》"），也是上

2022 年 9 月，YOUNG 剧场在控江路开幕。该剧场位于原控江文化馆东侧约300 米。读史老张摄

海首演。那天开演前，我特地早到，为的是先看新剧场，再理旧思绪。

YOUNG 剧场前身，是杨浦大剧院；而杨浦大剧院前身，则是控江文化馆（以下简称"控江"）。"控江"兴建于 1960 年，原坐落在控江路宁国北路（今黄兴路）口，就在今天的 YOUNG 剧场西侧。20 世纪 50 年代末，上海提倡"一手抓生产，一手抓生活"，先后建成了"闵行一条街""天山一条街""张庙一条街"和"控江一条街"等工人社区。在"一条街"上，不仅建造厂房，也同步建造住宅、商店、学校、医院、公园、体育场、影剧院和文化馆等生活娱乐设施——这"控江"，就是"控江一条街"的配套工程。

"控江"拥有 1123 个观众席，它一落成，就成为当年的文化地标，也是大杨浦的演艺基地。1961 年 7 月 9 日晚，京剧名家李玉茹、黄子勤和孙正阳等，就在这里演过大戏《红娘》。不过，余生也晚，自我记事起，就没见"控江"演过大戏。听大人们说，"控江"的大戏，都转到"东宫"（沪东工人文化宫）去了。后来"控江"倒是有过零星演戏，但多属业余层级。例如，70 年代初我上小学时，就在"控江"看过"钢琴伴唱《红灯记》"——这是当年的"编外"样板戏，谁演的，不记得了，反正不是殷承宗、浩亮、高玉倩和刘长瑜。

"控江"虽然不演大戏，但业余文艺表演却从未中断过。据复旦中文系校友孙晓刚回忆，他在复旦附中读书时，语文老师过传忠常去"控江"朗诵表演。在一次赛诗会上，过传忠老师发现孙晓刚有点诗才，就让他写朗诵诗，这让他"诗情爆棚"，"我当时之所以写诗兴趣很高，还因为恋上了我的女同学，她当年参演一部'文革'电影《小将》，扮演一位女红卫兵。过老师常带她一起去'控江'，表演男女声诗朗诵，我有时也跟着去"。在"控江"，晓刚曾意外地见到了一位年轻的女教师，"这位文化馆老师身段挺拔、朝气袭人，很有文艺范儿。我当时并不知道她的名字。等入读中文系后，才知道她是自己的师姐，叫颜海平"。后来，颜海平创作的话剧剧本《秦王李世民》，轰动一时。

让我引以为傲的是，我也在"控江"演过戏。那是区里小学生汇报演出，我们表演活报剧"抓特务"，剧本是小学体育老师刘老师写的，我演红小兵，同班一名田姓同学演特务。临上台前，班主任黄国云老师总觉得田同学不像特务，她眼光扫过观众席，发现那里有一名戴鸭舌帽的家长，就问他借来帽子，往田同学头上一扣：嗯，有点"特务"的腔调了！哪知道，人小帽子大，田同学登台亮相后，一甩头，帽子忽然滚落在地，台上忍俊不禁，台下早已笑成一团……

"控江"的主业是放电影。据复旦中文系教授陈思和老师在《暗淡岁月》中的回忆，1966年，他家搬到控江路上的凤凰村，"我住的那片地段可以算作商业中心，除了一般的商店邮局外还有个文化馆可以放映电影……这比起原来住的虹口广中新村还算好一点"。他所说的"文化馆",指的就是"控江"。后来,他又在为管新生老师《工人新村》一书写的序言中指出:"靖宇南路附近的控江文化馆,新生兄也一定在那里看过电影《列宁在1918》……"另外,画家丁乙先生儿时也住在"控江"附近,据他回忆,"控江"门口有个小广场,经常有专业美工师前来画电影海报,"画画的都穿一种藏青色的长工作服,那是我对艺术家最早的印象"。

对于上述记忆,我也有共鸣。我童年时代的电影启蒙,几乎都来自"控江"。在那里,我看过越南电影《阿福》、朝鲜电影《摘苹果的时候》,还有阿尔巴尼亚电影《第八个是铜像》和罗马尼亚电影《多瑙河之波》等。这些社会主义小兄弟的电影,"正能量"满满,但套路千篇一律:越南电影是"飞机大炮",朝鲜电影是"哭哭笑笑",阿尔巴尼亚电影是"莫名其妙",罗马尼亚电影是"搂搂抱抱"……尤其是朝鲜电影,最让我看不懂:每当谈到领袖教诲,无论男女,眼泪就会夺眶而出,或涕泗横流,或哽咽难抑。

陈思和在谈到"控江一条街"时,曾总结道:"这个工人生活区的文化环境,对我们青少年时期的精神成长都有过重要的滋养。"提到"文化环境",我就顺便再啰嗦几句。"控江"的东边,是杨浦体育场、杨浦公园和控江中学;西边,有新华医院、鞍山百货商店、杨浦跳伞塔和和平公园；北边，就是陈思和提及的"靖宇南路"，有两所学校，一所是靖南中学，陈思和在此入读，另一所控江二村小学，是我的第一母校；南边，有上钢二厂和中国纺织机械厂等，还有杨浦区少年宫，我曾在那里上过几年美术班。至于现在的 YOUNG 剧场地块，本来是大片农田，它的东侧有过一条小河沟；北侧的地铁 8 号线车站，原来造过一幢类似新工房式样的外宾楼，专门拨给阿尔巴尼亚实习工人居住。"文革"结束后，阿尔巴尼亚人回国，这幢楼被改造成了"杨浦区业余工业大学"……

90 年代中期，已改名为"杨浦区文化馆"的控江文化馆，开始东移改建。1996 年 9 月，拥有 818 个观众席的杨浦大剧院建成。今天的 YOUNG 剧场，就是在杨浦大剧院的基础上升级改造的。

好了，不回忆了。让旧思绪打住，还是回到 YOUNG 剧场看戏吧！

写于 2023 年 4 月 2 日

在复旦感受上图

我读复旦时，上海图书馆已成了"火爆"之地，每天等着进上图的，人山人海……此情此景，我在学校里也感同身受。

我年少时，家住"下只角"，难得去一趟"上海"(市中心)，更别说去"上海图书馆"了。有一次，小学老师说，要带我们去"上海"，观看木偶剧《小八路》，这真让我兴奋了好几天。那天，我很早就到校集合了，目的地是南京西路风雷剧场。当汽车开过人民公园时，老师用手一指：看，上海图书馆！一幢钟楼映入眼帘。钟楼巍然，高大雄伟——这是我对上图的第一印象。说来惭愧，那时不懂，还以为图书馆和影剧院一样，是需要买票才能入内的。心想，这上图的"票价"，会不会比戏票还贵啊？

我真正进到上图，是在读中学时。那时，我在校广播台"兼职"，课余喜欢读诗人贺敬之、郭小川和张永枚等的抒情诗。一天，老师对我说：你背诵过《秋歌》(郭小川的诗)，那就去参加一下业余诗歌朗诵会吧！朗诵会地点，就在上图——这是我第一

当年位于南京西路上的上海图书馆门口，一早就有读者等候开门（该图来自
网络）

次去上图。那次参会细节，我早忘光了，不过我分明还记得：朗诵会结束后，下楼走过阅览室，朝里一望，唉，那里空空荡荡，没多少人在看书呀！后来我读过一位学者的回忆，说是1974年，他因病从外地到上海疗养，闲来无事，就去上图看书，"图书馆很空，工作人员问我有没有工作证？学生证？户口本？都没有，怎么办？他们很热心善良，说你可以用报临时户口的条子（像电车票的长方形纸条）来借书……"这段回忆，与我的最初印象，非常一致。

到我读大学时，一度"很空"的上图已成"火爆"之地。那时，报上登过照片，说是为了实现"四个现代化"，社会上掀起了"读书热"，每天等着进上图的，人山人海……此情此景，我在复旦也感同身受。那几年，复旦图书馆常常人满为患。阅览室一开门，学生们就蜂拥而上，大门上的玻璃多次被挤碎，以致馆方不得不用纤维板钉上了事。

那么，上图有没有被汹涌的人流挤碎过玻璃？不得而知。但我确实知道，我班有同学去上图"轧"过"闹猛"。我在1981年6月10日的日记里，曾这样记道：

> 据说本班一同学在追求哲学系一女同学，苦于不知交谈
> 什么为好，便去上海图书馆借来了哲学书籍，准备与之谈谈
> 哲学问题。众人闻之，皆说此计失策，因为谈自己不熟悉的

东西，岂不怕会露马脚？于是，人们纷纷献计。老陈（与我同寝室的历届生）反复强调，应该谈趣闻轶事；也有人则主张谈电影与艺术，还有人认为要谈历史故事……

我还听到过班里的"劲爆"消息，说是有几位"历届生"，第一次相亲的地点，都不约而同，选在上图——哦哦，"月上柳梢头，上图门口见"，这真是一道美丽的风景！可见，上图表面"火爆"，骨子里却很优雅、浪漫。

我去上图借书，是在大学毕业留校以后。最早的一次，是陪王造时研究的前辈、社会科学基础部副教授何碧辉先生去上图徐家汇藏书楼。记得那天，从复旦到徐家汇，要换好几部公交车，回到家，已是日暮时分。这次行程，让我深深震撼：原来，图书馆的房子，外墙是可以斑驳陆离的，但内部，却又那么精致、旖旎！徐家汇藏书楼，让我爱上了上图。几年前，读《顾颉刚日记》得知，曾在历史系任教的顾颉刚先生寓居武康路时，曾去寻找番禺路上的海光图书馆。最初，因"海光地僻，且未正式挂牌"，貌不惊人，他竟遍寻不得……于是，我就想，这海光的格调，其实就和我那年见到的徐家汇藏书楼一样。

几十年后，我在威海路上班，常去淮海中路上图借书。我喜欢上图，是因为我的不少作文史料和灵感，都来自那里。骑着共享单车，沿着富民路、延庆路、五原路去上图……这样的风景、这样的时光，我很享受、也很陶醉。

今天，在上图70周年之际，我真想说一句：上图，遇见你真好!

写于 2023 年 3 月

第三编　人物谱

"清华人"与"复旦人"

托尔斯泰说过，幸福的家庭总是相似的。我要说，一流的名校总是一脉相通的。对于这一点，"清华人"与"复旦人"的双重标签，就是明证。

2024 年 7 月 4 日，我与复旦档案馆同事一起赴清华大学，寻访复旦新校史馆展陈文物，收获颇丰。

回沪以后，复盘清华、复旦校史，忽然想到，中国近现代史上不少名人大家，都具有"清华人"与"复旦人"的双重标签。他们的事迹，融入了历史，被师生们永久传诵，也是两校校史馆共同的展陈对象。

先"复旦"，后"清华"

这些名人大家，有的原是"复旦人"，后来成了"清华人"。例如陈寅恪，他于 1905 年秋插班入读复旦公学，是最早的"复旦人"之一。1909 年夏，他离开复旦公学，赴欧美留学。1925

年回国后，陈寅恪就职于清华国学研究院，任东方语言学系主任，又成了"清华人"。

在清华，陈寅恪与王国维、梁启超和赵元任一起，被称为当年最有名望的"四大导师"。1929年，他在所撰"王观堂（王国维）先生纪念碑铭"中，提出了"独立之精神，自由之思想"的学术原则，为后世所景仰。有意思的是，这一原则，与复旦校歌中的"学术独立、思想自由"歌词不谋而合。由刘大白作词的复旦校歌，诞生于1926年，传唱至今，历久不衰。

在陈寅恪自填的履历表中，其在复旦公学读书的"证明人"，他写的是"竺可桢"，说其是"中国科学院副院长"，系自己"在复旦同班同学"。竺可桢确实也是早期"复旦人"，1908年插班入读复旦公学，恰与陈寅恪同班（丁班）。竺可桢1947年12月21日在日记中记载："余在复旦时间很短，只一年……"之后，他就进入唐山路矿学堂念书。

竺可桢跟清华也有点关系。1909年至1911年，清华学堂（前为游美肄业馆）共选送三批（180名）庚款公费生赴美留学，竺可桢考上了第二批公费生（1910年），后赴美留学。1918年秋回国后，他先后在东南、南开和中央大学等校任教。1936年，任浙江大学校长。1948年，竺可桢当选为中央研究院院士。1955年，被聘为中国科学院学部委员（院士）。

与陈寅恪一样由"复旦人"转为"清华人"的，还有罗家伦。罗家伦 1915 年入读复旦公学中学部（复旦附中），1917 年毕业后考进北京大学。在北大读书期间，他成为五四运动的主将，第一次提出了"外争国权，内惩国贼"的口号。1928 年，清华学校改名为国立清华大学，罗家伦担任首任校长。他任校长期间，招揽了蒋廷黻、冯友兰、张奚若和萧公权等名教授，还破格录取了数学仅考 15 分的钱锺书、数学考了 0 分的吴晗。他的改革措施和治校风格，为清华后来的发展指明了方向。

先"清华"，后"复旦"

除了陈寅恪、罗家伦等是由"复旦人"转为"清华人"的，更多的双重标签人物，是从"清华人"转为"复旦人"的。例如，与竺可桢同为庚款公费生的秉志和钱崇澍。

秉志比竺可桢早一年（1909 年）考上庚款公费生。他赴美留学后，在康奈尔大学攻读昆虫学，获博士学位。他是中国近代生物学的奠基人，也是中国科学社的重要创始人。钱崇澍与竺可桢同属第二批庚款公费生。他先后在伊利诺伊大学、芝加哥大学和哈佛大学攻读农学和植物学，是著名的植物学家。1923 年，他回到清华，在留美预备学校教生物学。1926 年，任清华生物学系第一任系主任。

秉志和钱崇澍后来都成了"复旦人"。秉志于 1946 年至 1952

年在复旦任教；钱崇澍于1942年至1951年在复旦任教，并兼任农学院院长。正是在复旦任教期间（1948年），他俩同时当选为中央研究院院士。1955年，又同被聘为中国科学院学部委员（院士）。

另外，由"清华人"转为"复旦人"的，还有王造时、陈守实、蒋天枢、杨武之和靳文翰等著名教授。

王造时于1917年考入清华中等科，1925年从大学部毕业，后赴美留学，获威斯康星大学政治学博士学位。早在清华读书时，王造时就是著名的学生领袖，参加过五四运动。我在清华校史馆，看到一本《清华周刊》，上面刊有王造时写的《一次被捕始末记》，记述了他参加爱国演讲的亲身经历。王造时的又一高光时刻，是1936年成为著名的爱国"七君子"之一。1951年，王造时调任复旦，先在政治系教书，后任历史系教授，完成了他从"清华人"到"复旦人"的转折。关于这个转折，有人曾以"冠盖满京华，斯人独憔悴"跟他开玩笑。事实证明，王造时后来的境遇，比之"独憔悴"，更为糟糕。

陈守实和蒋天枢，原来都是清华国学研究院学生。陈守实1925年考入国学研究院，师从梁启超、王国维和陈寅恪习明史。1927年毕业后，历任南开、大夏、中山、暨南等大学教授。新中国成立后，任复旦历史系教授，是著名的历史学家。蒋天枢于1927年考进国学研究院，师从陈寅恪，是著名的中国古代文学专家。1943 年起，他任复旦中文系教授。蒋天枢晚年致力于搜集、整理和编辑恩师陈寅恪的著作，成为陈寅恪的"托命之人"。

杨武之毕业于北京高等师范学校数学系，1918 年赴美留学，获芝加哥大学博士学位。他在清华和复旦，分别执教了 20 年，是老资格的"清华人"和"复旦人"。1929 年至 1949 年，杨武之在清华（及西南联大）任教授，一度担任清华理科研究所算学部主任。新中国成立后，他又任复旦教授，直至 1973 年去世。1957 年，杨武之的长子杨振宁荣获诺贝尔物理学奖，杨武之非常兴奋，曾几度去日内瓦与杨振宁欢聚。这几次聚会，直接影响了杨振宁对新中国的看法。1971 年夏，杨振宁到中国内地探亲，后又到访复旦，成为最早访问新中国的海外知名学者之一。

靳文翰自幼生长在北京。20 世纪 30 年代初，因父亲靳志与东吴大学校长杨永清是好友，他南下入读东吴。1932 年，他自作主张返京，寄读于燕京大学。一学期后，因交不起学费，转读清华大学政治学系。1935 年毕业时，他考取了清华大学研究院。后来，靳文翰出国留学，先后到多伦多大学、芝加哥大学攻读国际行政法、英美法。回国后，先到东吴大学法学院任教，后在圣约翰大学兼授政治学。1952 年院系调整，东吴和圣约翰撤销，他调入复旦历史系，专业也改行，转教世界史。至此，他一直担任复旦历史系教授，直到退休。

特别的双重标签人物

还有一些"清华人"与"复旦人",比较特别。这里,不妨说一说蔡竞平。蔡竞平的经历很有意思,他是从"清华人"到"复旦人",后来又变成了"清华人"。蔡竞平是姚依林的舅父(姚依林原名姚克广,曾任中共中央政治局常委、国务院副总理,其母蔡亦民是蔡竞平的大姐),1913年就读于清华学校高等科。1915年,他赴哥伦比亚大学留学。1920年到复旦任教,次年任商科学长,主持复旦商科工作。1922年秋,他又赴清华任教。这样的双重标签,为他后来在杭州筹办电厂、成为爱国实业家打下了基础。

著名心理学家吴南轩的标签也很特别——他曾分别担任过清华和复旦校长。1919年,吴南轩从复旦预科毕业,赴加利福尼亚大学攻读教育心理学。1931年4月,他担任清华校长。不过,他在清华不到半年,就因与教授会发生矛盾而被迫辞职。因此,吴南轩的清华任期,多受诟病,谈不上多么美妙。不过,他于1940年5月至1943年2月担任复旦校长时,口碑却很不错。复旦的西迁重庆、立足北碚,以及后来改制国立,都与他的勤勉有关。因此,江湾复旦校园的燕园内,曾有一幢小红楼(今已拆),名为"南轩",就是章益校长以吴南轩校长的名字命名的。

在清华和复旦的名教授名录中，姚名达占有重要一席。姚名达于1925年考进清华国学研究院，师从梁启超。1934年至1937年，他到复旦任历史学教授，并编撰完成了《中国目录学史》一书，被称为"中国目录学史的开创人"。1940年，姚名达转任国立中正大学教授，积极参加抗日救亡运动。1942年夏，他发起组织"战地服务团"，亲自担任团长，赴浙赣会战前线，慰问抗日军民。7月7日，他在日军的夜袭中壮烈牺牲，成为抗日战争中的"捐躯教授第一人"。如今，姚名达的名字，被列入了清华和复旦共同的英烈名录。

说到英烈，还有一位"清华人"，也值得一记，他就是杨光泩。杨光泩1916年考入清华学堂高等科，1920年毕业，赴美留学。1927年，他回到清华任政治学、国际公法教授。抗战爆发后，他出任中国驻菲律宾马尼拉总领事。1942年1月，马尼拉沦陷，杨光泩被日军拘捕，大义凛然，坚决不与日军合作，表现了崇高的民族气节，后被秘密杀害。

杨光泩虽然不是"复旦人"，但他的夫人严幼韵却是1927年复旦实行男女同校后的第一届女生，也是当年的复旦"校花"。这一次，我在清华校史馆二楼，看到了杨光泩使用过的皮夹、杨光泩严幼韵一家的合影照片等物，抚今追昔，感慨万千。

……

在清华和复旦历史上，还有很多人具有双重标签。例如洪

杨光泩、严幼韵全家合影。清华校史馆藏

深，早年就读于清华工科，后赴美留学，专攻戏剧与文学，到复旦任教后，成为复旦剧社的开拓者与领导者；曹禺早年也是清华学生，成为著名戏剧家后，曾两度担任北碚复旦教授；端木蕻良也曾就读于清华，1938 年至 1940 年住在重庆北碚，并在复旦任教；还有林克，曾分别担任过清华和复旦的党委书记……梳理两校历史，让我真切感受到，清华与复旦，原来关系那么紧密！

托尔斯泰说过，幸福的家庭总是相似的。我要说，一流的名校总是一脉相通的。对于这一点，"清华人"与"复旦人"的双重标签，就是明证。

写于 2024 年 7 月 10 日，修改于 12 月 3 日

谁见过陈望道的"披肩发"

2021 年夏天，电影《望道》制作完成后，我到上影观看样片。观影结束，侯咏导演主持座谈会，听取意见。对于编导的努力，大家都予以肯定。轮到我时，我也赞扬了几句。但有一句话，我一直没讲出来……

《望道》描述的是中青年时期的陈望道先生。据说在创作过程中，为了丰富人物形象，主创人员与陈望道之子陈振新、陈望道学生陈光磊等，有过多次交流，获得了不少珍贵史料。电影中，陈望道的扮演者刘烨演技出众，其扮相与陈望道还真有几分神似。但是，我想讲的是……当年的陈望道，究竟是什么发型呢？

早期陈望道的照片很少。一位早年采访陈望道的记者，想问他要一张照片，却失望而归："他已是长远不拍照了，不论是团体或个人……"① 在陈光磊、陈振新所著的《追望大道：陈望道画

---

① 陌人：《二个钟头的会见：与陈望道先生》，《每月小品》1935 年第 1 卷第 1 期。

传》一书里，收入过仅有的几张早期陈望道照片，他的发型都是普通的"三七分"。但是，我曾读到过一则当年复旦校友的回忆："……往日教授中，亦落拓不羁，如刘大白先生之倒穿皮鞋，陈望道先生发将垂肩而不加修剃。"[①] 刘大白怎么"倒穿皮鞋"，我想象不出来；但"发将垂肩而不加修剃"，则完全可以想象——原来，陈望道曾留过"披肩发"！

谁见过陈望道的"披肩发"？除了上述回忆，恐怕再也找不出旁证来。不管怎样，当年陈望道的发型，绝不只是我们所见的一种。也就是说，他留过常见的"三七分"，也留过"披肩发"。他的"披肩发"形象，今天的人们恐怕都没见过。但没见过不等于没发生过。一般来说，假如没有影像参照，电影造型师就很难为真实人物造型。因此，中青年陈望道的发型，究竟以何为标准，我自然讲不出什么来。

这个问题，也让我想到了陈望道的个性。在一般叙述中，陈望道是具有强烈斗争性的人物（电影中他怒斥戴季陶的情节，就是一种戏剧化的处理）。比如，1923 年，他因不满陈独秀的家长制，愤然退党。茅盾曾劝他留在党内，他却直率地回答："你和我多年交情，你知道我的为人。我既然反对陈独秀的家长作风而要退党，现在陈独秀的家长作风依然如故，我如何又取消退

----

① 刘期洪：《简公堂之今昔观》，《复旦同学会会刊》1933 年第 2 卷第 11 期。

1930 年，陈望道与蔡葵结婚前合影。这张照片的发型，是已公布的当年陈望道照片中的基本发型。复旦档案馆藏

党呢？我信仰共产主义终身不变，愿为共产主义事业贡献我的力量，我在党外为党效劳，也许比在党内更方便。"[1] 再比如，1949年后，在一次科学院会议上，他听到语言学家王力大谈苏联专家如何说、如何说，"实在听得不耐烦了，就顶了一句，说：'王力先生，这里是我们中国！'"还有一次，在学校召开的批判资产阶级学术思想大会行将结束时，主持者照例要校长讲几句话。陈望道并未迎合会议调子，而是唱了反调："学术著作应是材料与观点的结合，观点经过讨论可以提高，但如果有大量可靠的材料作基础，那么这部著作是批不倒的。"接着，他话锋一转，"却批评起那些发言者来了：'你们今天的发言，为什么都是念讲稿？讲话应发挥自己的意见才是。'弄得主持者很是尴尬"。[2]

上述例子，足以证明陈望道个性中的斗争性。

那么，除斗争性外，陈望道有没有圆融的一面呢？从他同时代人的回忆中来看，自然是有的。有人曾这样指出："说他的为人，实在是一位好好先生，他从不得罪人，而且还有着帮助人的热忱，比如你有什么要求，只要他能力许可，从不使你失望。"[3]赵景深先生也说过："……望道对于文化工作的态度，使我极为佩服。他不主张打，只主张感化；打是突然，愈打愈远，于事无补。

---

① 茅盾、韦韬：《茅盾回忆录》，华文出版社，2013年1月，第212页。
② 吴中杰：《海上学人》，复旦大学出版社，2012年1月，第2—3页。
③ 姚大羽：《记陈望道》，《申报》1947年6月14日。

除非那个人是真正不可救药的，否则仍以劝说为是。"[1] 这里，赵景深说陈望道"不主张打，只主张感化"，这个说法值得细品。

对此，曹聚仁先生的描述更为具体：

> 把陈望道师和夏丏尊师、刘大白师作对比，大白深沉，丏尊浑朴，望道则属于持重这一型的人。他和邵力子先生相处得那么好，邵老敢作敢为，他却优柔寡断，脱不了罗亭型的性格。

> ……望道师写稿非常审慎，下手很慢，修正了又修正，轻易不肯付印；因为太审慎了，周密则有余，畅达则不足……我从《太白》半月刊的诞生，看到了陈师是怎么一个粘滞的人，又是怎么一种韧性的人。他大概最怕得罪了别人，结果呢，几乎每个人都给得罪了……但是，那种粘滞而又带韧性的性格，反映在他的研究学问上，却发挥了光芒。

> ……陈望道师，他以十多年时日，琢磨那二十多万字的《修辞学发凡》，倒和我的老师单不庵相近，粘滞性的学人，细密是很细密的，却缺少大刀阔斧的魄力。

> ……上海解放以后，陈师无疑地成为教育文化界的中心人物，他便由副主任委员转任复旦大学的校长，责任更重

---

① 赵景深：《文人剪影·文人印象》，三晋出版社，2015年1月，第221页。

大了。以他那样小心谨慎，怕惹是非的人，处那么重要的地位，又处在社会大变动时代的转角上；如临深渊，如履薄冰，他真的不多说一句话、多走一步路呢。①

在同时代人的笔下，我们可以清晰地看到，陈望道的个性中，除了有斗争性的一面，还有"感化""持重""粘滞""细密""不得罪人""小心谨慎""怕惹是非"的"好好先生"一面——说到底，就是圆融性。

1945年5月，在复旦举行的鲁迅纪念会的会场上，挂有一位同学临摹的鲁迅画像，"望道夫子看到，皱了一下眉头。他说：'有些人总是将鲁迅画成怒目金刚的样子，其实他是和蔼可亲的。革命，何必一定要做出那种发狠的样子呢？'"②

陈望道这个对鲁迅形象的评论，实际上也可用在他自己身上。人是复杂的动物，个性也是多方面呈现的。"斗争性"加"圆融性"，才是陈望道完整、立体的个性，正如"三七分"加"披肩发"曾是他的发型一样。

今天读史，我们既要看到司空见惯的"三七分"，也要发现少为人知的"披肩发"。

写于2024年2月17日

---

① 曹聚仁：《我与我的世界》，人民文学出版社，1983年3月，第454—457页。
② 燕凌：《忆复旦夏坝时期的新闻系主任陈望道》，《校史通讯》2019年3月30日。

我对徐蔚南一向好奇

1925 年起，徐蔚南到复旦任教。那么，他究竟是怎么到校任教的？他又是何时离开的呢？

2024 年 9 月 22 日，我应邀到海派艺术馆做《上海汉口路：轶事与风情》的讲座。讲座开始前，主持人杨柏伟兄告诉我，等一下樊东伟要来听讲座。樊东伟是《徐蔚南年谱》的编著者之一。我原本不认识他，他好像知道我。

徐蔚南（1900—1952）

不一会儿，樊东伟先生来了。他将事先题签好的《徐蔚南年谱》一书赠我，让我有点喜出望外。前些时候就听说，《徐蔚南年谱》由上海书店出版社新近出版了，还想着要去买一本看看。没想到，得来全不费工夫。

徐蔚南先生的名字，现在知道的人已不多了。徐蔚南（1900—1952），江苏盛泽人，著名散文家、翻译家和出版家。他是最早翻译法朗士、莫泊桑等法国作家作品的翻译家之一；也是最早编辑上海通史、研究上海城市史的学者之一。

我对徐蔚南一向好奇，因为他与复旦校史有关。徐蔚南早年就读于震旦大学，后赴日本庆应大学留学，回国后曾到绍兴省立五中任教。1925年起，他到上海，先后担任过复旦大学心理学院附属实验中学（简称"实中"）和大学部的教员。有人说他曾任复旦教授，但在《复旦大学同学录》中，记录他的教职是"助教"——大概那时关于教职的称呼，不像今天那么严谨吧！

当年，复旦没有专设的教师宿舍。但徐蔚南却住在江湾校园内，因为实中教员大多住在实中校舍。这幢校舍后来被称为"景莱堂"，又称"300号"，位于今天的蔡冠深人文馆原址。实中校舍原为三层楼建筑，底楼为办公室，二楼为学生宿舍，三楼为教师宿舍。据一位台湾老校友回忆："一、二楼靠边之房间，均为老师所住，程中行、何本寿、胡寄南、刘慎修诸师均住此；三楼全供老师住宿，如徐蔚南、王世颖、杨哲明诸师均住三楼。"①

其实，和徐蔚南同住三楼的，还有刘大白。刘大白是"五四"以后第一位有影响力的白话诗人，时任实中主任、大学部教授。据徐蔚南回忆："刘先生和我在复旦同事的时候，我的房间正在他的房间的后面。我自己的房间，除了写作外，不大住的，老

---

① 刘振：《翔殷路上杂忆》，《台湾复旦校友忆母校》，第75页。

是在刘先生的房间里厮混。"① 可见徐蔚南与刘大白关系非常密切。他们之间的通信，后来被收入《白屋书信》。其中有不少金句，被后人奉为经典。例如，刘大白称："常常有人说，眼光要放得远；不错，眼光不远是不行的。但是眼光放得太远了，眼前的实际问题反而看不见了。所以我主张望远镜和显微镜是应该兼备的。"

1926 年 4 月 18 日，《黎明》周刊刊登了刘大白创作的复旦大学校歌歌词。徐蔚南对此作了热情洋溢的推介："复旦创立至今，竟没有人编成功一首好的校歌，凡与复旦发生关系的人，无不渴望着有人出来创作，尤其是新旧同学更热烈地切盼得到一首歌曲颂赞这所敬爱的复旦。现在好了，刘大白先生新近已创作成功了下面这首校歌……刘先生这首校歌，每叠开始几句非常雄伟庄严，结尾的四行，又尽婉转曲折之妙，正将复旦的庄严、健全、清新、活泼、热烈猛进的气象完全表现出来了。"不过，徐蔚南在推介中又称，"曲谱亦已去请萧友梅先生填制，不久就可到了"，这导致了后人对于曲作者究竟是萧友梅还是丰子恺或是其他人，存在争议——这是本文的题外话。

除了与刘大白热络，徐蔚南与陈望道、王世颖等同事也相处融洽。王世颖是徐蔚南在浙江省立五中的同事，陈望道后来担任

---

① 徐蔚南：《白屋文话》序。

过实中主任，他们其时都在实中任教。1926年，徐蔚南与王世颖合著的散文集《龙山梦痕》由开明书店出版，刘大白和陈望道等都为之作过序。陈望道的序，俏皮而有趣：

> ……王世颖、徐蔚南诸先生又正在挥洒他们灵妙轻快的笔墨，写我灵肉眷恋的龙山。他们有文有诗有画，把那粪坑之多为天下冠的两个名处也竟闹成有些飘飘了。加之佢们又来引动我，于是我这在上海洋场上被机械的工作运转得倦极了的，也便动了越州的游兴。①

后来，徐蔚南与复旦学者之间，一直有着若即若离的联系。1935年6月，他与谢六逸等人发起成立"中国语文教学协会"。10月15日，赵景深在《立报》上以"靖南"的笔名刊文《记徐蔚南》，说他的北欧神话"是每一个中学生所最为欢迎的"。12月，《申报》"自由谈"副刊改版，徐蔚南和陈

商务印书馆出版的《龙山梦痕》书影

---

① 陈望道：《龙山梦痕》序。

望道、蔡葵夫妇等出席，他的座位正好介于陈、蔡之间，"徐说：'我真正厄于陈、蔡之间了。'大家都笑了起来"。①

1943 年，徐蔚南辗转抵达重庆，与曾到复旦任教的胡风、顾颉刚等时有往来。抗战胜利后，他曾与顾颉刚一起，"为杨宽开具保证书一份，为其在上海市立博物馆服务提供担保"。②

1949 年 4 月 5 日，为庆祝复旦新闻馆成立四周年、陈望道教授执教三十周年暨五十晋九大庆，复旦师生曾举行庆祝盛会。《申报》报道称："席间徐蔚南、章益等均有致词，对陈氏执教三十年，诲人不倦及力倡新文化之精神，备致赞扬。"

然而，关于徐蔚南在复旦任教情况，我却一直没有查到更多资料。徐蔚南究竟是何时到复旦任教的？他又是何时离开复旦的？

读《徐蔚南年谱》，1925 年 6、7、8 月间，徐蔚南似乎还在绍兴、黎里、盛泽一带活动。8 月 16 日，吴江《大分湖》报刊《国民党夏令讲学会纪事》称："徐君系本县盛泽人，在绍县入党，现担任县执行委员。"然而，到了 10 月 3 日，《申报》刊出《黎明》周刊将出版的消息，"总发行所及编辑所设江湾复旦大学内"。此时，已经把徐蔚南和复旦教授刘大白、陈望道、朱应鹏、胡寄南并列为编辑部的作家了。由此，《徐蔚南年谱》编著者认

---

① 胡山源：《我编〈申报·自由谈〉》，《新文学史料》1985 年第 2 期。
② 贾鹏涛：《杨宽在上海市立博物馆的往事》，《文汇报》2018 年 3 月 16 日。

为，"以徐蔚南加入黎明社的日期推算，他任教复旦实验中学和复旦大学的时间当早于 1925 年 10 月份"。

但是，《复旦大学同学录》却明确记载，徐蔚南担任实中"教员"和大学部"国文助教"的时间，是"1925 年冬"。1929 年春以后，《同学录》就再也没有他的行踪记录了。

是徐蔚南在 1929 年春以后离开复旦了？还是发生了其他情况？不得而知。对此，《徐蔚南年谱》中也没有明确交代。于是，徐蔚南任教复旦的经历，就成了一个无头无尾的疑案。这，不免让我深感遗憾。

……

过去，我路过复旦 300 号（今蔡冠深人文馆），总会充满想象：刘大白先生的复旦校歌歌词，应该就是在原来那幢楼的三楼诞生的。现在，我再路过那里，又会产生更多猜想：徐蔚南先生是何时住进三楼的？他又是何时离开的呢？

写于 2024 年 10 月 1 日

杨庆燮与复旦抗日救亡运动

在国内抗日浪潮高涨之际，复旦大学勇立潮头，杨庆燮恰逢其时……他的一举一动，代表了那个年代复旦学生强烈的爱国情怀，也是复旦抗日救亡运动的生动写照。

2024年7月初，我跟档案馆同事去清华大学图书馆，寻访复旦新校史馆的展陈资料。此次寻访，与一位名叫"杨庆燮"的传奇人物有关。

杨庆燮是复旦校友，1931年至1936年入读文学院社会学系。这一时期，正是国内抗日浪潮高涨之际，复旦勇立潮头，杨庆燮恰逢其时。他先是歃血为誓，亲赴南京国民政府请缨；继则参加复旦学生义勇军，配合十九路军投入一·二八抗战；他还参与制造炸弹，成为"虹口公园爆炸案"的当事人之一；后又赴华北请战，并在上海一二·九运动中发挥重要作用……他的一举一动，代表了那个年代复旦学生强烈的爱国情怀。

这次在清华图书馆，我们见到了杨庆燮之子杨思泽先生。此前他向清华捐赠了其父亲的遗物，其中有当年复旦学生义勇军使用的路牌、臂章、领章和奖状等实物，也有有关信函、题词等文献资料。这些遗物，为我们还原当年复旦的抗日救亡运动，提供了可信的史料依据。

破釜沉舟，请缨从军

杨庆燮（1912—2007），福建晋江人。早年侨居西贡（今越南胡志明市），1929年从光华附中转到复旦实验中学（简称"实中"）读书。实中原为复旦心理学院附属中学，当年就设在江湾复旦校园内，校舍为一幢三层楼建筑，位于今蔡冠深人文馆原址。

杨庆燮自小爱好体育运动，入读实中后，其长跑成绩一直名列前茅。不久，学校成立长跑队（后称"飞马越野队"），他即担任队长。据他回忆，当年飞马越野队几乎天天训练，"无问寒暑，市中心区及西体育会路一带，即为诸健儿角逐之所"。这里的"市中心区"，指的就是今江湾五角场一带。

1936年1月，杨庆燮毕业。这是他的毕业照。杨思泽提供

1931年6月，杨庆燮从实中毕

业。9 月起，入读复旦大学文学院社会学系。入学不久，正值九一八事变爆发，日军占领沈阳，进而侵占东北大片土地。消息传到复旦，引起师生们的强烈义愤。9 月 21 日，复旦举行国难纪念周大会，李登辉校长发表了慷慨激昂的抗日演说。大会决定通电全国，要求政府枪口对外，收复东北失地。

此时，作为一年级新生，杨庆燮挺身而出。9 月 24 日，他与从兄杨人伟、杨人侗、杨麟毓兄弟四人，"痛种族之凌夷，哭山河之破碎"，毅然致电国民政府主席蒋介石，请缨从军。电报全文如下：

> 蒋主席钧鉴，此次暴日侵我国土，戮我同胞，凡有人心，能不愤痛，国家在此存亡一发之间，与其坐以待毙，孰若背城一战。某兄弟等身受大学教育，愿期一死，效命前敌，以尽国民天职，并以激起全国大学生之猛醒，荷枪实弹，同赴国难，江山不保，誓不生还。至盼钧座至令大军对日宣战，某兄弟等刻即就到谒见，听候驱驰。光华大学生杨人伟、杨人侗，持志大学生杨麟毓，复旦大学生杨庆燮叩。

电报发出后，杨庆燮与人伟、人侗、麟毓四人即刻行动。当天晚上，他们赶到福州路时报馆，将身上所有私人用品留下，"计开皮鞋三双，网拍一只，帽子四顶，背心三十四件、洋装上衣二十件、皮统料一方、另零物一包"，委托时报馆转交国民政府赈务委员会委员长朱庆澜，请他变卖后捐助灾民，以表破釜沉舟、誓不生还的决心。在场的时报馆人员见状，"莫不声泪俱下"。

之后，杨氏兄弟四人即离开时报馆，前往北站，乘当晚 11 时 45 分的火车赶赴南京。据杨庆燮后来回忆，在火车上，他们"枯坐彻夜，未进米粟"，心想，"此时虽身受生平未有痛苦，然念及国家苟存尚有死所，一旦沦为亡国人民，遭受鞭挞，冤屈谁诉，其欲生既不能，死亦不得，发觉良慰……"[①]

25 日晨，火车抵达下关车站。此时，适逢大雨滂沱，杨氏兄弟不顾积水涉膝，道途泥泞，毅然步行前往国民政府。约 3 小时，终于抵达国府，即要求面见蒋介石。经卫兵传达，国府内走出两位参事，他们先是对杨氏兄弟夸赞了一番，称"今诸君以青年学子，且系兄弟，能不惜生命，自愿赴难，以保国家，当此民气消沉，有诸君登高一呼，必能激起全国学生义愤"，然后又话锋一转，称蒋介石因有紧急会议，不能亲自接见，"对于诸君请缨，表示无限尊重与忭慰"。[②] 杨氏兄弟多次吁请从军，"不惜生命，以作前驱"。对方则予以婉拒，并劝其立刻返校。杨氏兄弟无可奈何，只得怏怏返沪。

---

① 杨庆燮：《请缨从军记》。
② 同上。

26日，已经回到各自学校的杨氏兄弟忽然接到南京来电："上海光华大学张校长（即张寿镛校长——引者注）转学生杨人伟人偁并转麟毓庆燮二君鉴，主席定于二十八日晨接见，望即来京。"杨氏兄弟又立刻动身，赶赴南京。28日，蒋介石终于接见了四兄弟。据杨庆燮回忆，此次会见，蒋介石依然重复了不抵抗的理由，并称政府正派员训练各地的学生义勇军，劝杨氏兄弟回校参训，"治学治军，两皆不废，诸君亦可勿须来京，便可达到夙愿"。杨氏兄弟只能再次遵命而返，各自回校。

参加军训，投入前线

杨庆燮回校后，即参加了复旦学生义勇军的军事训练。

复旦举行军事训练，由来已久。1928年五三济南惨案发生，鉴于日本侵华野心暴露、国势危重，经学生自治会决议，复旦即组成了学生军，以便一旦国家有事，可以组成劲旅、投笔从戎。九一八事变爆发后，学生们更是群情激愤，纷纷要求加强军训，李登辉校长遂举行校务委员会，议决成立军训委员会，推举理学院院长、化学系教授林继庸任主任委员，注册主任温崇信任副主任委员；改学生军为学生义勇军，下辖三个大队，另组女生救护队一队。

据林继庸教授回忆，杨庆燮是学生义勇军中的中坚人物之一。当年第十九路军第七十八师第一五六旅正好由嘉定移防闸北，旅部设在大场。学生义勇军在校训练几个月后，正值寒假，林继庸即向一五六旅翁照垣旅长提出，让部分学生组织寒假特训班，到该旅实习训练，翁照垣慨然允诺。于是，杨庆燮等三十余名同学即到一五六旅，与士兵们一起生活、共同操练，"各同学以报国心切，精神异常奋旺，更以学识充足，对于各种兵法及各种武器之使用，进步极速，加以精神贯注，无不一学即会，一教即知，翁将军及各教官见同学如此精进，均极称许"。[①]

1932年1月28日晨，复旦学生演习迫击炮方毕，忽然传来了市政府接受日本所提五项条件的消息，大家无不愤慨万状，即向翁照垣提出，"请发给手榴弹攻击日本海军司令部"。翁照垣再三劝解开导，称服从为军人天职，只有加紧训练，才有机会同赴东北，驱逐日寇出境。学生们则称，"在此紧急关头，有枪在手，尚无办法，又何必高唱打倒日本，骂东北军误国"。情到深处，他们"声泪俱下，翁将军为之感激涕零，于是相对而哭，约一小时之久"。之后，学生们走上街头游行，宣传抗日。至晚上十一时，"请市府收回成命""打倒日本帝国主义"等口号声，在宝山路、虬江路一带此起彼伏，久久回响。

哪里想到，正在此时，日军以铁甲车等向中国防线突袭，

---

① 杨庆燮：《复旦义勇军参加淞沪之役》。

一五六旅第六团誓死抵抗，激战三四小时，损失惨重。翁照垣急调驻大场之第五团增援，旅部仅留复旦学生义勇军守备，由杨庆燮负责。第二天清晨，翁照垣来到旅部，以击退日军之消息相告。学生们纷纷请战，欲赴前线杀敌，翁照垣于次日率部开往吴淞。杨庆燮事后感叹，"当淞沪激战最烈之日，即义勇军出入枪林弹雨之时，浴血苦战，予敌重创，翁将军以一旅之师坚守吴淞炮台三十四日，中外震惊，待敌自浏河登陆始奉命撤退，粉碎日（军）阀扬言三天之内攻占上海之美梦"。①

最后，随着一五六旅撤离，复旦义勇军结束使命，整队返校复课。

研制武器，支援抗战

一·二八抗战期间，杨庆燮还跟部分复旦同学一起，在林继庸教授带领下，参与秘密研制武器弹药，支援抗日前线。

林继庸时任十九路军军事顾问兼技术组组长，他曾在大世界和亚尔培路（今陕西南路）等处，指导学生秘密制造炸弹、手榴弹、烟幕弹及防毒面具等，为十九路军抗敌提供军事技术支持。其中有两次活动，堪称壮举。

---

① 杨庆燮：《复旦义勇军参加淞沪之役》。

一是林继庸和学生们曾试制水雷等装置，欲炸沉停泊在黄浦江上的日本军舰"出云号"。"出云号"是日本海军旗舰，也是日军指挥进攻上海的大本营，气焰嚣张。1932 年 3 月 1 日，林继庸等实施炸舰计划，却未获成功。据《大美晚报》报道称，因日军防守严密，爆炸处"距出云舰侧约三十米……该舰并未受损"。①

几十年后，有人曾写《林继庸计炸出云舰》一文，对此行动有过精彩的追述：

（林继庸）先向上海兵工厂制造五○○磅 TNT 水雷，并透过杜月笙氏，转商前水上警察厅长沈葆义，挑选富有血气、精于泅泳之水鬼（精于水上活动，从事水里工作者）凡十五人，至四马路一品香西菜馆大嚼，酒酣耳热之时，林氏慷慨陈词，说明任务，众皆感动，愿赴死难，为国捐躯。乃同赴闵行，加以训练，并约期在粪船下拖带沉入水中之水雷，装设电池，连接三百尺长之电线、开关等设备，由林氏率领，从黄浦江顺流而下，由水鬼薛平桂君先潜入水，游至出云舰底部，预先安置之机关处，用电线缆拖动水雷，逼近舰底，至相距丈许时，敌方已有所觉，即行紧急戒备，林氏见事急，只得提前行动，在粪船上按电掣，轰然一声，水雷

---

① 《申报》1932 年 3 月 2 日。

1932年4月，国民革命军第十九路军军长蔡廷锴为杨庆燮的题词。杨思泽提供

爆炸，薛君平桂即血肉横飞，为国捐躯，壮烈成仁，出云受剧烈震创，虽未沉没，惟闻日本临时遣派来沪指导作战之菱刈隆大将，则在舰上震伤，不久即行死亡。事虽未能完全达到目的，然敌胆已寒，且知我国之有人……①

二是林继庸等曾协助朝鲜义士尹奉吉，参与策划了"虹口公园爆炸案"。1932年4月29日，尹奉吉受命携带炸弹，混入日军在虹口公园举行的"淞沪战争祝捷大会"，炸毙日本上海派遣军司令白川义则大将等多人。尹奉吉所用的炸弹，正是林继庸和他的学生们制造的。

关于那个炸弹装置，林继庸的儿子林世明曾回忆称："杨庆燮叔叔说：你父亲指挥我们做的，起初我们也不知道用途，我们称它大菠萝。当时有两位爱国老板吴蕴初、胡厥文，提供了场地膳宿和一些简单的工具。我们用锉刀把一个同热水瓶大小的铁管锉成很深很密的菠萝纹，然后用纸糊好，外表还画了个日本美女图案，你父亲每天晚上来组装。"②

对于组装"大菠萝"，林继庸后来这样回忆：

① 朱沛莲：《林继庸计炸出云舰》，《中央日报》1966年1月4日。
② 伍艳：《我所知道的林继庸》，《民间影像》第一辑，同济大学出版社，2012年5月，第165页。

我们曾经炸过出云舰，但没能得手，几次爆破事件的失败，陈铭枢及王雄一直怀疑我们身边有被日本人收买的汉奸，我白天在兵工厂指挥做手榴弹，晚上和同学们制造大菠萝。

复旦义勇军都是我的学生，我的子弟兵里没有汉奸，而且炸弹一定是要我自己亲手安装到位才能达到既定效果。

我把大菠萝交到尹奉吉手里并教会他用定时或拧壶盖5秒内即爆炸，分别时我握住他的双手，深深向他一鞠躬预祝成功。

当天我同胡厥文等躲在虹口公园附近，得知尹奉吉进入会场，手心都是汗，就怕大菠萝失灵和李奉昌事件（指当年刺杀日本天皇未遂事件——引者注）重演。不久传来一声巨响，我本能地肯定是大菠萝引爆了。

我欣喜若狂，杨庆燮立刻开车带着我们逃跑，胡厥文说肯定是一锅熟了……①

这个"一锅熟"，即指炸死、炸伤多名侵华日军头目的结果。后来，杨庆燮曾自豪地说："白川身中 204 块弹片就是我们用锉刀锉出来的！"②

---

① 伍艳：《我所知道的林继庸》，《民间影像》第一辑，第 166 页。
② 同上。

报国有心，杀敌无路

虹口公园爆炸案后，林继庸潜回复旦。他原在天通庵的寓所在战火中被毁，只能暂栖复旦隔壁的燕园（其时燕园尚未命名，易避人耳目）。后因日军追查甚急，林继庸不得不离开复旦，赴欧洲避难。与此同时，杨庆燮等学生则返回学校，继续学业。当年 11 月 15 日，杨庆燮还参加了复旦飞马越野队与沪江大学越野队的友谊比赛，并以 16 分 30 秒的成绩荣获 5000 米长跑冠军。

然而，杨庆燮从军报国之志，始终未变。

1933 年 3 月，原十九路军一五六旅调往华北，编入张学良东北军一一七师，翁照垣任师长。杨庆燮即与复旦同学吴贤森一起北上，请求上前线杀敌。3 月 31 日晚，他们抵达北平，先到安定门内柴棒胡同 31 号华侨救国军总指挥部，参加华侨救国军。后来发现，华侨救国军组织并不周全，只是做张贴标语等抗日宣传工作，并无上前线作战的机会。

4 月 29 日，杨、吴二人离开华侨救国军，冒险前往华北前线。他们跋山涉水，先抵滦州，再渡滦河，步行几十公里，终于到达一一七师师部。见到两位求战心切的大学生，翁照垣师长面露难色，大叹苦经。杨庆燮后来向记者转述了翁照垣的谈话："此次中日战争，我国军人苟非抱绝大之牺牲，抵抗到底，断难得到

杨庆燮在越野赛获奖奖牌前留影。杨思泽提供

最后之胜利，今寇兵既退长城之外，卢龙又告克服，正宜进兵出关，收复四省，不意当局下令撤退滦东军队，其中计划如何，余不能为君告，余也不忍为诸君告也……国家至此，痛心极矣。"

翁照垣的话和前线的现状，令杨庆燮和吴贤森深感抗日无望，他们认为，即便参军，也难以杀敌，"前线不战而退，余等留复何为"。5月4日，他们告别翁照垣，辗转滦州、北平，于7日回到上海。

5月8日，杨、吴二人一进复旦校园，即被同学们包围。有人这样描述他们："入校时，身服戎装，手提行李，愁容满面。若不胜其戚戚者。左顾右盼，器宇轩昂，至第一宿舍门口，十数同学，围争问讯，相视愀然……"杨庆燮向大家介绍了此次北行情况，最后感叹道："余牺牲光阴、牺牲学业、牺牲精神、牺牲金钱，唯思雪耻复仇，不意事与愿违，报国有心，杀敌无路，夫复何言，生为今日之中国国民，诚堪痛心！"

壮志未酬，组织请愿

杨庆燮虽然返校，但对于自己"报国有心，杀敌无路"，一直耿耿于怀。

1935年7月25日，《时事新报》曾刊出一则题为《杨庆燮将赴法学习飞机》的消息，消息称："中距离（长跑）健将杨庆燮君九一八时曾一度投笔从戎，后以种种原因未果。当时杨君虽壮志未酬，但其宗旨则始终如一。杨君近感国势之凌（衰）弱，而空军尤为国防上急切之需要，为贯彻初衷起见，拟于最短期间赴法学习航空，练习各种战斗方法，现正从事补习法文……"

这年暑假，杨庆燮是否去了法国？我未查到下文，没有发现他"赴法学习航空"的任何信息。但是，此消息对于他"壮志未酬"的心境，却作出了准确的刻画。

同年12月，北平一二·九运动爆发。消息传到上海，杨庆燮又一次站了出来。12月19日下午，他与同学刘志敏、何宏器等一起，自发召集全校学生大会，议决举行游行示威，向市政府请愿，并提出五项要求：一、取消华北变相的伪自治组织。二、释放北平被捕学生。三、惩办压迫学生运动之官吏。四、保障学生爱国运动。五、讨伐汉奸殷汝耕。来自复旦大学、实中和附中的学生一千余人参加了大会。会后，学生们即整队组成请愿团，向市政府进发。

在复旦请愿团的影响下，自12月23日起，全市大中学校学生七八千人一起行动，再赴南京请愿。12月25日的《立报》，详细介绍了此次请愿遭当局阻拦的情况：

本市复旦等大中学生，为晋京请愿，前日起在北站与当局相持……

昨（12月23日）早复旦请愿团曾电呈中央，请拨车载学生入京。一面依旧相持，直到天明。（24日）天明后，上海各大中学纷往北站响应。最先到者为暨大学生。彼等本拟自真如乘火车赴北站，真如站长闻讯，即将车辆调往南翔。学生只得沿铁路走行而来。至九时后，同济、中国医学院、大夏、上海法学院等大学，建国、市北、新亚、武陵、黄花岗、复旦实中、东南女中、暨南附中、培明女中、正风、光复等中学学生七八千人，亦纷纷赶来参加。各校均派纠察来往巡视，秩序甚好……下午二时，交通、大夏、沪江等校长均到站劝学生，但无效果。

　　……至下午三时许，市政当局，决意将学生驱散。当将各要口断绝交通，并赶出各处闲人。一面又自某处运到竹竿千余根，分给各警士，以为防身之用。又命站上夫役备好水龙头，以备万一。

　　……四时五十分，车站无线电发出报告："请火车上学生，立刻下车，退出车站，否则，这辆车子要开到南京去了。"这样连续报告了几十次，学生均未照办，是时有第C11号车头与第C22号车头驶进车站，欲挂车开出，学生认定是车不会驶京，曾有一度反抗，将车头司机驱走……五时零五分，靠近四号月台之列车，首先在警察包围下开出车站，当时两方均高呼口号响声震天。靠近五号月台之第二列

1935 年，复旦大学讨逆请愿团赴南京请愿。复旦档案馆藏

车亦于五时一刻开出。警察立于两旁，学生均将头伸出窗外，呼喊叫嚣，并高呼"打倒汉奸""打倒卖国贼""打倒走狗""中华民族万岁""全国团结起来""枪口一致对外"等口号。一部分车上同学，且有悲痛哭泣者。车开后，车站上已无学生。二十八小时之相持至此告一段落……①

这次请愿活动，杨庆燊全程参与，这大概是他在校期间参加的最后一场抗日救亡运动。杨庆燊的一系列活动轨迹，是全面抗战爆发前复旦抗日救亡运动的生动写照。

……

1936年1月，杨庆燊从社会学系毕业。抗战全面爆发后，他先后在国民政府经济部资源委员会、军政部交通司任职。抗战胜利后，杨庆燊父亲杨镜清到台湾大学任教，全家移居台湾。在台时，杨庆燊先在台湾造船公司任职，后转南侨肥皂公司。退休以后，他曾多次参加国际老人长跑比赛，屡获殊荣。1999年，杨庆燊返回北京定居，与在中国科学院物理研究所任研究员的杨思泽一起生活。

2007年9月18日，杨庆燊因病去世，享年96岁。"爸爸一直希望能看北京奥运会，可惜未能实现……"杨思泽感慨道。

写于2024年9月

① 《请愿学生被载离沪》,《立报》1935年12月25日。

记住吴南轩校长

吴南轩在复旦的口碑不错。今天，记住吴南轩校长，就是记住了那段筚路蓝缕、艰苦卓绝的复旦校史。

上周复旦新校史馆展陈设计，讨论到北碚复旦。2025 年开幕的新校史馆，将如何来表现北碚岁月？照片也好，图表也好，油画也好，模型也好⋯⋯这当中，有很大一部分，涉及两位校长的政绩。

这两位校长，一位是吴南轩，一位是章益——很长一段时间里，他们几乎被人遗忘。感谢《解放日报》，几年前曾以整版篇幅刊登了我写的《登辉堂诞生：被淡忘的复旦校长日程》一文 ①，让 1949 年后默默无闻的章益校长，走进了大众视野。

那么，吴南轩校长呢？今天他似乎仍"藏"在缙云山中。随便问一问 90 后、00 后的复旦学生们，有几个人知道吴校长呢？

----

① 见《解放日报》朝花周刊，2018 年 5 月 24 日。

在清华，他口碑不好

不能怪学生们不了解校史。过去，我们自己就不太尊重历史。对吴南轩校长，介绍得更是少之又少。1949年以后，原来纪念他的建筑"南轩"（复旦燕园小红楼），先是不名，后又被拆……从此，历史也就停顿了、终结了。所以，我对轻易拆除历史老建筑一直持反对态度——在复旦，"南轩"被拆了，吴南轩校长就被人忘了；"佩琳院"被拆了，与李登辉校长相依为命的李夫人汤佩琳女士，也就没人记得了！

说实话，我在入读历史系时，也不知道吴南轩曾是复旦校长。但是，我倒是知道一点吴南轩。怎么会知道的呢？20世纪80年代，我是徐铸成先生的粉丝，读过他写的《报海旧闻》《旧闻杂忆》等著作，他的写作风格一直给予我很大的启发。在《旧闻杂忆》中，徐铸成写到了吴南轩，说他1931年当过几个月的清华校长：

> ……不久，南京派了与CC系有关的"人才"吴南轩当清华校长，显然想抢这块地盘和肥肉，学生会表示拒绝，教授会不予合作。他不顾一切，到校"视事"，好不容易大约

维持了半年，只能夹着尾巴滚了。①

徐铸成的用词，很不客气：又是"与 CC 系有关"，又是打引号的"人才"，又是"抢"地盘和肥肉，又是"夹着尾巴滚了"……从这些措辞中可见，当年对吴南轩的评价，有多么糟糕。

吴南轩的清华校长位置没坐稳，清华学生就爆发了"驱吴运动"——看看，那个时候，假如对 × 校长不满意，是会发生"驱 × 运动"的：吴的前任罗家伦校长，就是被清华学生的"驱罗运动"给赶走的；郭任远当年担任浙江大学校长，也是被浙大学生的"驱郭运动"赶下台的。

"驱吴运动"爆发后，吴南轩被迫下台。好笑的是，为了印证他的狼狈不堪，徐铸成还引用一则"谑而虐"的玩笑称，吴南轩离校后，清华学生会在北平某报打出广告："吴南轩先生鉴：台端不告离校，许多手续尚未办清，如台端亲手向本校图书馆借阅的初刊珍本附图《金瓶梅》全套，迄今尚未归还，望即来校清理……"② 这无非是要证明，吴的格调低、人品差。

---

① 徐铸成：《旧闻杂忆》，生活·读书·新知三联书店，2009 年 12 月修订版，第 43 页。
② 同上。

在当局，他得到重用

那么，吴南轩真是这样的人吗？

吴南轩（1893—1980），现代教育家、心理学家。名冕，字南轩，以字行。江苏仪征人。1916年入读复旦预科。1919年五四运动爆发时期，他是上海市学联复旦分会会长。从复旦毕业后，吴南轩赴美留学，获加州大学伯克利分校教育学硕士、博士学位。回国后，曾任中央政治学校教务副主任。1931年，担任了几个月的清华大学校长。1936年起，先后任私立复旦大学副校长、代理校长。1941年任国立复旦大学校长，直到1943年去职。1949年后去台湾，先后在美国讲学，并在台湾中央大学、政治大学任教。

吴南轩担任清华校长的时候才38岁，年少轻狂。因独断专权，擅改清华教授治校的传统，即遭师生联名反对。不出数月，就"夹着尾巴滚了"。这对他的职业生涯来说，无疑是一个沉重打击。然而，吴南轩的后台，是国民党高层。他的下台，让身为国民政府主席兼教育部长的蒋介石震怒，差点要下令解散清华……

终于，重用吴南轩的机会来了。1936年，复旦校内抗日民主运动高涨。李登辉校长因同情爱国学生，遭国民党嫉恨。不久，国民党当局下令改组学校领导层，让李登辉暂离校长职务，由钱新之任代理校长、吴南轩任副校长。钱本人因事务繁忙，不能经常到校，由此，吴南轩实际主持复旦校务达六年之久。

掌校不到一年，全面抗战爆发，复旦被迫西迁。募得经费、选定校址、最终确立国立，吴南轩均亲力亲为，尽心尽责。1937年12月，复旦初迁庐山，经费殆尽，已无力维持。他听到国民党高层人士陈立夫（一个月后就任教育部长）到达牯岭的消息，遂于深夜踏访。据他后来回忆：

> 阳历十二月底之庐山天气已极严寒，到处冰天雪地。由工友一手提了一个纸灯笼，一手牵扶我滑着冰雪，爬了几个坡地——摔了几跤。幸当时年轻，随仆随起——最后到达陈先生寓所。一进门即向他告急。我说："雪夜来访，非雪中送炭，而是雪中求炭，请贷我万金为迁校经费。"陈先生慨然应允贷本校特别费一万元……①

类似例子，还有很多。无论是拜会四川省主席刘湘，还是面见爱国实业家卢作孚、康心之；无论是与复旦校友在四川全省寻找、勘察校址，还是与负责厂矿西迁的国民政府专员林继庸教

---

① 吴南轩：《抗战迁校琐谈》，《台湾复旦校友忆母校》，第209页。

授商洽校址；无论是广泛延聘名教授，还是增设新学科、开办农场，吴南轩都非常真诚谦虚，费心劳神。例如，北碚夏坝校址，就是他与原来看中此地建厂的林继庸友好协商的结果，"未久，林先生告诉我迁川厂家因嘉陵江滩险多放弃这块地了，复旦可以独用它了。我向林先生道谢又道谢"。[①]

后来，为了改善经费来源，复旦拟由私立改为国立，他又多次与国民党元老于右任、邵力子沟通，并做在沪的李登辉校长的思想工作。有人说，"吴校长那时正像热锅上的蚂蚁，的确一心一德地为复旦奔波"。[②]沪上有传言称，复旦改为国立后，校名将改为"西康大学"。对此，李登辉忧心忡忡，特来电询问，吴南轩立刻回电：

复旦名义必保留。沪报所传改西康大学说，此间未有所闻，绝对无据。[③]

在复旦，他威望极高

吴南轩到复旦任职后，他在师生中的口碑如何？总体来说，

① 吴南轩：《抗战迁校琐谈》，《台湾复旦校友忆母校》，第 213 页。
② 林黎元：《行云流水》，《复旦杂忆》，第 102 页。
③ 吴南轩致李登辉电文，1939 年 4 月。

1938年春，复旦国语英语演说竞赛优胜纪念合影。前排右为吴南轩校长。复旦档案馆藏

他威望极高，这与他当年在清华的遭遇大相径庭。

对于学生，吴南轩爱护有加。当年夏坝礼堂北面，每位学生可领取灯油一勺，借着花生米般大小的油灯微光，默默夜读。吴南轩每次前来视察，总是鼓励同学们："只要你们刻苦读书，我不会省那些灯油费！"有一名学生，考试成绩不佳，心情郁闷，特地来到吴南轩住处，请求通融。吴南轩亲切地安慰说："好好读书，分数无关宏旨……" [1]

对于老师，吴南轩则谦恭有礼。一次，蒋碧微教授尚未接到新聘书，却收到了错写的授课时间表（将"初级法文"误填为"初级德文"），她即致信孙寒冰教务长，语气"颇为严重而其实略带诙谐"，并把时间表附还。哪知当天下午六时，吴南轩校长就亲自登门，将新的聘书送到蒋碧微手中，还说了许多抱歉的话，令后者颇感惭愧，"想着这样小题大做，实在不该"。 [2]

吴南轩还很幽默。一名学生一直记得他在校会上的致辞：

　　他说，男女谈恋爱要注意1. A（age）；2. B（beauty）；3. C（character）；4. E（education）；5. F（family）几个因素……欢迎你们在事业有成的基础上回校来办喜事，我为你们证婚。男同学娶了外校的女生，称为校媳。女同学选择了

① 胡宇杰：《嘉陵江畔苦乐交织的日子》，《台湾复旦校友忆母校》，第267页。
② 《蒋碧微回忆录·我与张道藩》，第168页。

外校的男生，称之为校婿。这样好吗？……一时掌声不绝。我也记忆犹新。①

　　吴南轩更是好动感情。黄炎培之子黄大能先生当年在北碚复旦读书，据他回忆，有一次，他和吴南轩校长"同乘小舟从黄桷树渡河到北碚，船上他（指吴南轩）对我鼓励有加，还充满热情地对我的未来提出了很多希望，说到最后，竟然激动地流下泪来"。②1940年5月27日，日本军机轰炸黄桷树镇复旦校区，孙寒冰教授等师生罹难。有学生听说，"吴校长为死难的师生，嚎啕大哭了几场"。③

　　……正因为如此，1943年年初，在吴南轩功成身退、卸任校长之际，对于他领导复旦西迁的功劳，继任者章益校长动情地说："我对前任校长南轩先生，在艰苦抗战时期，能挺过来，并协调各方，造了不少建筑，我十分难忘，为弘扬吴校长的丰功伟绩，表示'每饭不忘'，我提议把（夏坝）新食堂命名为'南轩'。"④抗战胜利后，复旦复员返沪，章益又将江湾校园里的燕园小红楼命名为"南轩"。

①　沈裕福：《校园往事追忆》，《台湾复旦校友忆母校》，第251页。
②　黄大能：《金通尹老师和吴南轩校长》。
③　周泱泉：《追记"五二七"浩劫片断》，《台湾复旦校友忆母校》，第275页。
④　王德耕：《抗战时期的吴南轩》，《复旦杂忆》，第156页。

今天，复旦得以弦歌不绝，复旦精神得以流传，复旦校名得以保留至今，吴南轩是功臣之一。因此，记住吴南轩校长，就是记住了那段筚路蓝缕、艰苦卓绝的复旦校史。

写于 2024 年 12 月

《陶庵回想录》中的复旦教授

在《陶庵回想录》中，陶亢德写过几位复旦教授。这些教授，有的寥寥几笔，勾勒简单，好似一幅速写；有的画龙点睛，用笔精细，像是一幅工笔画；有的泼墨甚多，着力描摹，又像一幅黑白水墨画。

2022 年 6 月，中华书局出版了《陶庵回想录》一书，这是陶亢德晚年撰写的一部个人回忆录。

《陶庵回想录》书影

陶亢德（1908—1983），浙江绍兴人，作家、编辑家。他的一生跌宕起伏：早年在苏州当学徒，曾去东北谋生。20 世纪 30 年代起，担任过邹韬奋主编的《生活》周刊编辑，后又任《论语》《人间世》《宇宙风》等刊物编辑，创办过亢德书房、主持过太平书局。1946 年，因汉奸罪被捕。1949 年后，仍以编辑为生。

在《陶庵回想录》中，陶亢

德披露了自己与一些民国文人的交集和往来。其中写到的几位复旦教授，有的寥寥几笔，勾勒简单，好似一幅速写；有的画龙点睛，用笔精细，像是一幅工笔画；有的泼墨甚多，着力描摹，又像一幅黑白水墨画。这些描写，引起了我的强烈兴趣。

以下摘引该书部分片段，略作评述。在陶亢德的笔下，当年复旦教授的形象和风格各有不同。

勾勒简单的"速写"

先说陈望道。陈望道于 1920 年秋到复旦任教，后长期在复旦教授国文、美学、修辞学、文学概论等课程，曾任中国文学科主任、中文系主任等职。1941 年起，他到北碚复旦任教，先后担任过训导长、教务长、文学院长、新闻系主任，也兼任过史地系主任。上海解放后，陈望道曾任校务委员会副主任。1952 年起担任校长，直至 1977 年去世。

据陶亢德回忆，1934 年，他负责编辑林语堂主办的《人间世》半月刊，提倡"幽默""性灵"的"闲适文学"，"以鲁迅为首的革命文学阵营，这次正式兴师动众，大张挞伐，其大本营或阵地就是《太白》半月刊"。①《太白》主张建立一个实践大众语的

---

① 陶亢德：《陶庵回想录》，中华书局，2022 年 6 月，第 188 页。

阵地,与林语堂的"闲适文学"抗衡。这是陈望道在鲁迅支持下创办的半月刊,陈望道担任《太白》主编。

在陶亢德看来,虽然《太白》与《人间世》针锋相对,但陈望道和林语堂"好像不无私交":

> 我不认识陈氏,有一天早晨去看林语堂,他在餐室里陪一个我不认识的人谈话,这人不久就走了,我看到面相,瘦削而苍白,一问才知道是陈望道。林语堂(或他妻子)对我批评过陈氏,措辞很不好。①

在谈到林语堂的《人间世》及小品文时,陶亢德说,"刘大杰是员大将"。1934年冬,刘大杰曾在复旦短暂任教,讲授"近代欧美文艺思潮"。1949年后,他由暨南大学奉调复旦,曾任中文系代理主任,讲授"文学概论""中国文学史""欧洲文学史"等课程。据吴中杰老师回忆:"大杰先生是有名的才子,文章写得漂亮,课也讲得极其生动活泼。"②

一则广为流传的故事是,在复旦的某次运动中,刘大杰想不通,曾跳过黄浦江。对此,陶亢德评述道:

---

① 《陶庵回想录》,第188、189页。
② 吴中杰:《海上学人》,第14页。

刘大杰这个人，我听到过一些很不好的批评，如一个姓吴的说刘曾与周佛海有来往，因而在一次运动中曾跳黄浦江，跳水之前，却把鞋子脱下端端整整放在岸边。我说怎不淹死呢，吴说他是留日学生，总会游游水的……刘是多才的，译过杰克·伦敦的《野性的呼声》，写过《中国文学发展史》，据识货朋友讲，那是一本好书。对于当时的他，我也有点觉得浮而不实，尽管承他不弃，赠我过蜀锦一段（我做了被面，被在香港时用，香港失陷，当然不知去向了）。①

在提到刘大杰时，陶亢德顺便带到了谢六逸。谢六逸 1926 年 2 月到复旦任教，1929 年，他担任新创立的新闻系主任。1938 年离开北碚复旦，到贵阳大夏大学任教。陶亢德说，他和谢六逸曾经同为上海编辑人协会常务委员，一起共过事。据他回忆：

有一次在林语堂家，同座记得有谢六逸，这时刘刚离开四川大学教职回沪，大谈蒋先生视察学校，谈得津津有味，谢氏对我摇摇头皱皱眉，颇有嗤之以鼻的意味。②

陶亢德对刘大杰的叙述，只是一面之词，个中细节已无从查

① 《陶庵回想录》，第 190 页。
② 同上。

考。这里，让我引用一段刘大杰的学生许道明先生的评价，可能更有助于我们了解刘大杰：

　　我说，刘大杰先生比某些道貌岸然的人亲和得多，他并不短少可议的地方，一如他的矜才炫学，尤其他的屈尊，确实使他以花草装饰过权门，然而他从未有过丝毫充当权门鹰犬的野心。[1]

　　上海解放后，陶亢德一度在群联出版社任编辑。群联出的历史书，主要来自复旦和师大。陶亢德记得，一位姓谢的同事跑复旦，"复旦的主要人物是谢先生口中的'大民主人士'周谷城先生"。周谷城于 1942 年起到复旦史地系（历史系前身）任教，曾任史地系主任、教务长等职，为历史系一级教授。

　　当年，周谷城的长子周进楷有一部译稿《远古文化史》（柴尔德原著）送到群联，陶亢德在编审过程中，"提了几十条译文不妥之处"，"谢先生一看大惊，说你不要胡闹，译者是周先生的少爷呀，我说我不管他是谁，只能就事论事"。后来，周谷城亲自来到群联，"和我握了握手，说了句多年不见感谢你指出译文不妥之处。他走后，谢先生对我说：你认识周先生的吗？我说只见

────────────────

[1]　许道明：《惜乎，刘大杰先生！》，《复旦杂忆》，第 404 页。

过一面，还在 30 年代初呢"。

从此以后，陶亢德感到，自己在出版社"身价好像增加了一些"，别人的"眼白比较少了"。[①] 应该说，这是他的个人感觉，具体事实如何，不得而知。

画龙点睛的"工笔画"

在当年复旦教授中，陶亢德曾多次提及孙寒冰。对于孙寒冰，陶亢德描摹得很生动，用笔精细。孙寒冰 1928 年春到复旦任教，历任社会科学科主任、大学预科主任、高中部主任、法学院院长、政治学系主任、教务长等职。1936 年，孙寒冰创办《文摘》月刊，曾以刊出埃德加·斯诺的《毛泽东自传》而引起轰动。

抗战全面爆发后，陶亢德到香港，感觉人地生疏，与《南华日报》副社长朱朴时有往来。就在朱朴家里，他见到了"一个常客"，这就是孙寒冰："这人是留美学生（似是哈佛毕业的），复旦大学教授，主编过开风气之先销路很好的大型文摘月刊《文摘》（后来胡愈之、邵宗汉编的《月报》是仿他的）。"

在陶亢德笔下，孙寒冰的形象是这样的：

---

① 《陶庵回想录》，第 354 页。

他头发似是天生的卷发，身材颀长，仪表不俗，西装整洁，行路时手拿司的克，风度潇洒。据说他的饮食起居很为讲究，经济却不宽裕，因而使他的夫人应付为难（她，据说是唐绍仪的亲属）。他之和朱朴相熟，听说是他们的夫人是极亲密的同学。

我本不认识孙寒冰，但在朱家多次遇见之后，就一次生二次熟了，我又不管张三李四，说得来的就高谈阔论，因而他曾说我：有你哗啦哗啦，一座就热闹了。[1]

这是我读到的同龄人对于孙寒冰的描写中，最有意思的一节。过去我也看到过回忆孙寒冰的若干片断，似乎很少有对他形象的生动速写。

1940年5月27日，日本军机轰炸北碚复旦，孙寒冰不幸中弹罹难。对于孙寒冰之死，陶亢德非常痛惜：

他曾在广州旅居过，日机空袭，炸弹正中他的卧室，幸人外出，得免于难，所以大家说他大难不死必有后福。谁知后来在重庆防空洞口远望日机轰炸，弹片飞来，击中殒命！[2]

---

[1] 《陶庵回想录》，第207页。

[2] 同上。

陶亢德的痛惜，与当年北碚复旦普遍弥漫着的悲伤之情，非常合拍。

泼墨甚多的"水墨画"

在《陶庵回想录》中，陶亢德对另两个复旦教授泼墨较多，比较用力，这可能与他的自身经历有关。

第一个是吴颂皋。

吴颂皋（1899—1953），笔名翼公、冷观，江苏吴县人。1918年考入复旦大学，1923年毕业。临毕业那一年，郭任远从美国获心理学博士归国，到复旦创办心理学系，吴颂皋成为心理学系的"元老"之一。1925年，吴颂皋自费赴法国，进入巴黎大学，专攻国际政治和外交，毕业后任伦敦大学研究员。1928年回国，同年秋到复旦大学任教，讲授国际政治、国际法和中国外交问题等课程。1929年9月，吴颂皋任法学院院长兼政治学系主任。1931年九一八事变

吴颂皋（1899—1953）

爆发，在李登辉校长的指派下，吴颂皋与章益、余楠秋、孙寒冰教授一起，陪同800余名复旦学生赴南京请愿，要求一致抗日。

1932年一·二八事变后，吴颂皋一度参与创办《生活日报》，深得邹韬奋的器重。但没过多久，他就离开了《生活日报》，到南京做官去了。他先任国民政府行政院参事，再调外交部参事，后又担任了国际司司长。抗战全面爆发后，吴颂皋终于"落水"。1942年7月，他出任汪伪政府外交专门委员会主任兼司法行政部次长。1944年，任汪伪上海市政府秘书长、伪上海市保甲委员会委员长。1945年，又任汪伪司法行政部部长。

日本投降以后，吴颂皋以叛国罪被捕，陶亢德与他同一时期被捕。据陶亢德回忆，抓捕的汽车"东转西弯，终于开到了一个大铁门前"。经过检查，陶亢德被送进一间有十来个平方米的房间，"这个房间里已有一人先我在，他穿的很好西装，躺在地板上，拿呢帽枕头。门开时他坐了起来，但不开口，等到那押我进房拿走了一块手帕出去，把门砰的一声关上之后，这才和我说：'怎么你也来了？'"① 这个穿西装的人，就是吴颂皋。

对于被拘禁的吴颂皋，陶亢德有一番精彩的描述：

在"牢房"里，这位先生还是书生气十足。他跑到门

---

① 《陶庵回想录》，第270页。

前，从不到一个半尺见方的门洞大声叫喊看守，向他索还他带来而被没收的香烟。结果，当然只挨了几句骂。他对我说："真正岂有此理，我来时带来了一听三炮台，他们拿了去，不肯还我！"他又告诉我，他原来没事，照常在霞飞路上散散步喝喝咖啡。"是戴笠对佛海说叫我去谈一下。佛海也说去谈一谈了此一笔账是上策，我才去了，戴先生说先来这里转一转，从此结束这重公案。我想明天一定能出去了，只是没有烟吸很是难受。"我听了只有摇摇头苦笑一下……

吴颂皋尽管在外国多年，可迷信得厉害。他初审被判无期徒刑后，曾经说过了冬至节有喜讯，过了冬至，他的上诉被驳回，维持原判。但他又相信了立春会逢凶化吉。此人结果如何，我不清楚，但可以说是凶多吉少无疑。[1]

1946 年 8 月，吴颂皋被判处无期徒刑，后在提篮桥监狱服刑。上海解放后，吴颂皋被继续关押，直至 1953 年在狱中病死。

另一个是樊仲云。

据陶亢德回忆，自己原来和吴颂皋"不怎么熟"，但与樊仲云倒是相熟，"樊仲云我在上海时就认识了，虽然说不上是朋友。抗战后上海有一个组织叫编辑人协会，他是常务委员之一，我也

---

[1] 《陶庵回想录》，第 270、271 页。

是……"有一个时期，陶亢德还与樊仲云过从甚密，"甚至同上茶肆酒楼"。

樊仲云（1901—1990），又名琛，字德懿（德一），笔名从予等，浙江嵊县人。1917年毕业于嵊县中学。1922年，考入商务印书馆，在编译所工作，后任《东方杂志》编辑。在商务印书馆，樊仲云认识了职员萨孟珍（萨孟武之妹），后来两人结婚。他俩结婚时，只在报上刊登了一则结婚启事，即宣布同居。这在当时被称为传奇，可见樊仲云曾颇受新思潮影响。

1929年秋，樊仲云到复旦政治学系任教授，此时的政治学系主任，正是吴颂皋。据《复旦大学同学录》记载，从1929年秋到1937年春（其中1932年、1934年不见记载），樊仲云在复旦讲课，开设过"现代政治""政治知识""时事问题""国际政治""现代国际政治"等课程。1931年，樊仲云到吴淞中国公学任教，并兼任教务长，后赴日本考察。1934年回国后，他同时在复旦、暨南、光华和中央政治学校任教。

1937年全面抗战爆发后，樊仲云加入周佛海、梅思平、陶希圣等人的"低调俱乐部"，唱起了

樊仲云（1901—1990）

"抗战必亡"的调子。1938年年初，樊仲云避居香港，正在香港的陶亢德见到了他：

> 樊仲云颇有些书生气，言谈举止，都显得文弱，他妻子说话自然声音洪亮，身材比丈夫阔大，衣着朴素，可以归朴素大方或粗花大叶一类女性。①

1940年年初汪伪政府开张后，樊仲云"落水"，当上了汪伪教育部政务次长兼伪中央大学校长。3月5日，重庆国民政府明令通缉樊仲云等25名汉奸。一些爱国学者也纷纷谴责樊仲云，并宣布与之"割席"。

与樊仲云做过先后同事的曹聚仁撰文称："总而言之，从一二八到闽变前后他是主张抗日最激烈的一个'爱国好汉'。现在摇身一变，匍匐在敌人面前做奴才去，连我们做过朋友的脸都丢尽了，还有什么话可说呢！"②

1941年8月，樊仲云到沪，想拜访暨南大学某位陈姓教授，门房说陈不在，樊就留下一张名片，嘱门房转交。隔几日，他又再次到访，门房取出那张名片给他，名片上写有陈的笔迹："吾辈政治见解，无所谓同不同，我为抗战胜利期成者，抗战一日未

① 《陶庵回想录》，第208页。
② 曹聚仁：《樊仲云及其他》，《福建教育》1940年第5—6期。

收全功，我一日不愿相见。更恐抗日成功之日，我更无法见君也。"据说，"樊持此片下，怅立久始废然去……"①

还有一则轶事，说的是樊仲云去找郑振铎的遭遇：

> 一天晚上，樊逆在棋盘街转弯的弄堂口，遇见郑正在出神地翻阅旧书，樊连连拍其背脊，郑仍不理，樊又拍了几下，郑才微转其首，刮目相看，知是樊逆仲云，不作一声，立即拔步狂奔。樊逆亦不与语，只是跟踪追赶，像在四马路举行远距离赛跑似的。郑氏终于逸去，樊逆大呼懊丧不止。②

对于樊仲云"落水"后的处境，陶亢德也感同身受。他承认，自己与汪派人物同流合污过，还曾做过"丑事"，编辑过伪中央大学学报《真知学报》，"但到底是伪大学的伪学报，我不免总有些'做贼心虚'，记得有一次有一个朋友来看我，正在闲谈，忽然楼下一声'校样'，使我胆战心惊，大为慌张"。③还有一次，陶亢德接到一封匿名信，上写八个大字："卿本佳人，奈何

---

① 《陈教授与樊仲云》，《真报》1947年9月26日。
② 《郑振铎在四马路赛跑》，《中外春秋》1943年第1卷第3期。
③ 《陶庵回想录》，第214页。

从贼!"[1]

抗战胜利后，樊仲云化名"樊唯一"，潜逃香港，靠卖文糊口。从此，他消失在大众的视野中。

……

以上种种，就是陶亢德笔下的复旦教授印象。

需要说明的是，这些印象，无论是正面人物还是反面人物，都带有强烈的个人色彩。在这当中，我们可以找到某些历史人物的侧影，但并不能作为对人对事的评判标准。

写于 2022 年 9 月，修改于 2024 年 12 月

---

[1] 《陶庵回想录》，第 211 页。

邵全声，在费巩失踪前后

　　吴中杰老师在《鹿城纪事》一书中，有一段写到"邵氏父子"：邵西镐、邵全声、邵全建。邵氏父子都曾在临海回浦中学任教，吴老师在回浦中学上过学，他告诉我，"他们都是我的老师"。其中，邵西镐长子邵全声，是 1945 年"费巩教授失踪案"的关键人物。

导师来渝，学生随伺左右

　　邵全声（1921—1995），浙江临海人，1938 年毕业于台州中学，同年考进已西迁到广西宜山的浙江大学外语系。1939 年冬，日军进攻桂南，浙大迁往贵州遵义。1942 年年初，浙大学生发起反对孔祥熙贪腐的"倒孔运动"，邵全声是"为首分子"，被勒令退学，辗转进入昆明西南联大。但未满一学期，他又被列入黑名单，只好再次离开，一度到曲靖一所中学教书。后来，邵全声得到一个机会，转到重庆大公职业学校任教——就是在重庆，他卷入了"费巩教授失踪案"。

　　费巩，字香曾，时任浙大政治学教授。1945 年 3 月 5 日，他在重庆千斯门码头被国民党特务绑架，后被秘密杀害，毁尸灭迹。费巩原是复旦校友，1932 年在母校任教。1933 年秋，他应聘到浙大，一度担任注册课主任、训导长等职，深得浙大校长竺可桢的器重。1943 年起，出于种种原因，费巩萌生去意，拟转回母校。为此，复旦校长章益曾向他签发了复旦教授聘书，但他并未到任（其中缘由，可参见拙著《卿云：复旦人文历史笔记》中的《两张未赴任的复旦聘书》）。对于母校的盛情，费巩深感歉疚。1945 年年初，他向浙大请长假，决定赴复旦"授课一学期"，以回报母校。1 月 24 日，费巩从遵义来到了重庆。

邵全声在浙大读书时，费巩曾任他的导师。据吴中杰老师介绍，"这种导师制是从英国牛津大学引进的，导师要对学生的思想和学业加以全面的指导，接触甚多，所以师生间关系非常密切"。[①] 对于学生，费巩向来关爱有加。有一次，邵全声患恶性疟疾，久治不愈。邵家人正担忧之际，邵全声父亲邵西镐收到了费巩来信，说经过治疗，邵全声已康复，"别再为此

费巩（1905—1945）

---

① 吴中杰:《鹿城纪事》，复旦大学出版社，2023 年 1 月，第 59 页。

邵氏父子：邵西镐（前排中）、邵全声（后排右）、邵全建（后排左）。引自
《鹿城纪事》

挂心"，邵家人为此十分感激。邵全声离开浙大后，与导师保持着经常联系。这次费巩来渝，他感到分外亲切，课余时一直随侍左右、形影不离。费巩在日记中写道，此生"是性情中人，是我真心学生，一切乐为我效力"。

到重庆后，费巩最初住在上清寺。据复旦校友、时任监察院秘书长的程沧波回忆："当时我在监察院任职，监察院的地址也在上清寺陶园。因为地址的接近，而且费先生因为研究文官制度，常到考试院去访问及调卷研究问题。当时的考试院，是和监察院同在陶园一所大厦中，所以费先生当时几乎和我隔一两天便见面一次。"①

但是，费巩在赴北碚复旦前，却临时住到了林森路上。原来，当年去北碚，要到千斯门码头乘船渡江。因开航时间为凌晨5时，乘客必须半夜起床赶路，非常辛苦，而林森路离码头不远，较方便登船。这个临时住处，位于林森路309号，是邵全声向一位同乡同学借的小房间，有两个床铺。

码头送行，忽然不见人影

费巩动身赴北碚前一天（3月4日），到监察院向程沧波辞

---

① 程沧波：《记费巩教授》，《程沧波文存》，第124页。

行。程沧波记得："他带了一张宣纸，要求我替他写一张条幅，我立刻命人磨墨替他写了。"然后，两人坐下来聊天。其中有一段话，让程沧波记忆深刻。费巩说，民国初年，有人曾在北京向他父亲预测时局称，此后30年间，有三个关键年份：1916年、1927年、1945年。程沧波想，这三个"关键年份"预测，有两个已应验——1916年是袁世凯称帝失败，1927年是北伐成功。唯有1945年尚不可知——当时正值抗战时期，"难道便是抗战胜利结束？"……一番聊天后，费巩起身告辞，程沧波"对他致意向来不惯早起，明晨不能到码头送行……两人欣然握手而别"。①

同一天下午，费巩和邵全声一起，将行李先寄放在码头附近的屯船仓库中，该仓库管理员名叫鲍云卿，是费巩的熟人。放罢行李回来，两人路过一家灯笼店，发现有一种灯笼，折叠起来很扁、拉开来则和普通灯笼一样，顺便买了一盏。买的时候，看见柜台上放着毛笔，邵全声就在灯笼上写了一个"费"字。费巩看后，觉得字写得不够好，又自己提起笔来，修改了一些笔画。"这盏灯笼，便是以后邵全声被怀疑与其同伙相联络的信号。"

当天晚上，费巩与复旦校友陆凤仞、徐森木共进晚餐——这是费巩"最后的晚餐"。据徐森木后来回忆："当时我在信托局工作。我们陪费巩吃过夜饭后，本想送他回去，费巩说不必了。他

---

① 《程沧波文存》，第124页。

自己一个人要回林森路的临时住处去。"①晚8时许，费巩回到了林森路309号二楼，稍后就寝。

3月5日凌晨2时左右，费巩即起床漱洗，用饼干作了早点。之后，邵全声便陪着他走向千厮门码头。此时天还没亮，山城仍笼罩在黑暗中，行人稀少，路灯昏暗。在从大路转入江边小巷时，一片漆黑，费巩让邵全声取出那盏灯笼，点亮后照着走路。到达码头时，通向轮船的小浮桥木栅门尚未打开，那里已有十来个人，看上去像旅客，正等在木栅门外。费巩示意邵全声，去把寄放在屯船仓库的行李搬来。邵全声找到了鲍云卿，并请来一名搬运工，一起将行李铺盖等搬到码头。

他们到码头时，那个小浮桥木栅门已打开，但费巩却不见了。邵全声以为费巩已先上船，便走过小浮桥进入船舱。他从船头走到船尾，四处寻找，未见费巩踪影。他向别人借来一张凳子，站在凳子上高声呼唤："费先生！费先生！"没有应答。他的心怦怦直跳，一种不祥之感袭上心头。不多时，开航时间已到，"呜呜——"汽笛长鸣。邵全声眼看着"民视轮"缓缓驶离码头，开往北碚……

至此，轰动山城的"费巩失踪案"发生了！

---

① 正棠、玉如：《费巩传》，生活·读书·新知三联书店，1981年7月，第105页。

失踪证实，查问说法不一

当天下午，章益校长给程沧波打来电话，询问费巩行踪，说"中午船到北碚，他并没有到，究竟什么原因"。据程沧波回忆："当时我并不惊奇，以为他（指费巩——引者注）也许因临时事故不能成行。随即遣人到他住处去询问，回来说他今朝早已动身。当时我虽感到奇突，亦并不十分惊愕……等到晚间，复旦大学派人再来查问，费先生失踪是证实了。"①

那么，费巩失踪后，邵全声干啥去了呢？描述最详细的是正棠、玉如所著的《费巩传》：当天（3月5日）下午，邵全声致电北碚复旦问询，校办秘书回答他，费巩"已经到校"，他稍稍宽了心。过了数日，他托人将费巩的行李送去复旦，却根本找不到费巩，"原来那位秘书回答他的时候，只是看到了几位从重庆乘船来的复旦老师，估计费巩教授也同船到了。然而，她并未见过费巩。就这样，时间已经过去了一个多星期"。

而程沧波则回忆称："当天下午五时许，有一位送他的学生来看我，说费先生失踪了。我仔细查问，他说当天清晨伴了费先生到码头……但待船开行后，费先生的行李，一件未动，仍留在

---

① 《程沧波文存》，第 125 页。

码头上。他在码头上徘徊了甚久，只得把费老师的行李也带回了……我告诉他北碚来的电话，船到而费先生没有到，他也同表惊讶。"① 程沧波所述的"送他的学生"，无疑是指邵全声。从他回忆中可知，邵全声在费巩失踪的"当天下午"，就去找了程沧波，报告了费巩的失踪。

但是，邵全声本人的回忆，又与程沧波不同。他说，费巩失踪后，他去见了竺可桢校长，"竺校长除了自己直接多方营救费先生外……还要我去找当时监察院的秘书长程沧波，我也去了"。② 也就是说，邵全声去找程沧波，是按照竺可桢校长的指示。问题是，竺可桢得悉费巩失踪，是在 3 月 14 日晚上——他在当天日记里记道："晚中央组织部之于震天来，知费香曾忽于去北碚路上失踪。"因此，假如邵去见程是奉竺之命，此事绝不可能发生在 3 月 5 日"当天下午"，至少要到 3 月 14 日以后。

……以上几种说法，人物相同，时间不一，出入较大。

被控谋杀，校长倾力营救

3 月 14 日晚，正在重庆的竺可桢得知费巩失踪后，第一时间就在日记里作出判断："……疑其签字于《新华日报》之宣言

---

① 《程沧波文存》，第 125 页。
② 邵全声：《虎口脱险记——竺校长爱护学生的一个片断》。

（即郭沫若等签名发表的《文化界对时局进言》——引者注）主张各党派联席会议有关，如被特务机关闭禁，则生命殊可忧。此时政府大唱民主而竟有类似盖世太保之机构，真可叹。"

接下来几天，竺可桢与邵全声多有交集，其日记留下了忠实纪录——

3月16日，竺可桢与邵全声等"商谈费香曾失踪事"。邵全声告诉他，码头"趸船与岸有短浮桥，但水深不过二三尺，不能溺人"；竺可桢则认为，"除为特务机关所捕外无其他可能"。3月19、21日，他再找邵全声谈话，详询费巩失踪细节。

3月29日，邵全声作为费巩失踪案的嫌疑人被捕。为了掩人耳目、混淆视听，把邵全声当替罪羊，国民党特务机关对他严刑拷打，逼他承认是他将费巩推入江中淹死的。4月16日，竺可桢记道："昨布雷（指陈布雷——引者注）云，邵全声已有供辞，谓香曾常骂他……因起谋害之意。其言不可信。"

4月18日，竺可桢从重庆返回遵义。4月22日，邵全声被宣判死刑。5月17日，重庆卫戍司令部高级参谋沈醉、美国心理专家舒莱勃等三人到遵义调查费巩案，竺可桢称，"舒莱勃询香曾及邵全声二人事极详。据云香曾迄无下落，惟一线（索）为邵全声"。

邵全声被捕后，邵家动用所有社会关系，全力营救。其中，竺可桢校长倾力最甚：他的日记有二十多处提及邵全声，称"香曾如被害，殆非邵之所为，则可断定"；他曾多次与当局人士接洽，"告以邵之为人"；这一时期，他写给邵西镐的信，就有十来封之多；他还接待过邵全声胞弟邵全建的来访……另外，竺可桢还曾不顾路远，两次到狱中探望。邵全声记得，一次是在1945年"朔风已起，枯叶飘零"的时节，"我见到竺校长来看望我，真是如见亲人，心中十分激动。但限定的十分钟很快就过去了，竺校长只得回去。我凝望着他穿着棕灰色夹大衣，拿着手杖的背影，渐走渐远，转过围墙，终于看不见他了……"另一次是在1946年4月9日，"这时我在狱中被监管的情况已不像第一年那样严重，可以让竺校长听取我关于被捕前后和囚禁期间各种情况的具体叙述。竺校长露着十分关怀同情的神色，聚精会神地听我说着"。[1] 当天晚上，竺可桢在日记中写道："余首告以其父亲已有函来，渠即饮泣，余亦不能忍出泪……断定香曾非邵所杀。"

逢凶化吉，终于看见光明

在社会各界和竺可桢校长的努力下，1947年8月16日，邵全声终于接到重庆地方法院不起诉的处分书，脱险出狱。

邵全声被释放后，很快回到了家乡临海。"走进家门，祖母

---

[1] 邵全声：《虎口脱险记》。

悲喜交集，双泪直流；父亲因救儿心切，急火攻心，患上了青光眼，视力微弱；母亲则拉开抽屉给他看，里面放满了这两年半中从各个寺庙中求来的'签诗'，从上上大吉、到下下大凶，应有尽有……"①

1949 年 5 月 29 日，临海解放。作为被国民党迫害的知识分子，邵全声受到了人民政府的重视，先后担任过回浦中学董事长、台州中学校务委员，并被推选为临海县第一届人民代表会议代表兼秘书长。他连任了三届人民代表，还兼任过临海县第三届人民代表会议常务委员会副主任委员。

另外，邵全声在狱中写的诗《狱中纪怀》，也曾在当地被广泛传诵，其中一首这样写道：

朝观云彩暮观星，铁栅重重铁锁沉。

愧无良谋安四海，惟存清节慰双亲。

时凭垣壁羡飞鸟，偶踏苍苔数落英。

莫恨当前闲日月，他年冀发满征尘。

后来，邵全声又调到绍兴解放军工农速成中学任教。1957 年调入浙江省教育学院，并在杭州定居。20 世纪 80 年代初，他被

_____

① 吴中杰：《鹿城纪事》，第 62 页。

查出患有肺癌，经治疗康复后，他就重新回到了教学岗位，直到1988 年退休。1995 年 11 月，他因病去世，享年 74 岁。

据吴中杰老师回忆，有一次，他曾问邵全声的妹妹邵掬英："全声先生走红了一阵子之后，好像就愈来愈不受重视了？"掬英说："他这个人爱提意见，管不住自己的嘴巴。"对此，吴老师由衷地评论道："全声先生在国民党时期吃过大苦头，解放以后受到了重视，主人翁感就特别强，所以看到对社会事业发展不利之处，难免要多提意见。这正是书生意气，也是鲁迅所说的'隔膜'。但无论升沉变迁，被重视不被重视，全声老师总是积极地奉献……这就是老一代知识分子的爱国情怀和社会责任感。"①

写于 2024 年 2 月

---

① 吴中杰：《鹿城纪事》，第 63 页。

"回望"姚云的学籍档案

作家金宇澄的母亲姚云，1945年至1949年曾入读复旦中文系。打开尘封已久的学籍档案，那个转折时代个人成长与复旦变迁的细节，跃然纸上……

电视连续剧《繁花》热播前几天，校档案馆同事陈启明跟我说起，她查到了一份复旦学籍档案，是姚云的"学生学籍表"。姚云是《繁花》作者金宇澄先生的母亲，1945年至1949年入读复旦中文系。"她是浙江慈溪人，跟我是同乡哎！"启明欣喜地说道。

我立刻想起，前几年读金宇澄的《回望》一书，曾留意过他写母亲的若干章节。于是，连忙问启明要来档案编号，直奔档案室。姚云的学籍档案（以下简称"档案"）尘封已久，虽然纸张脆黄、字迹漫漶，但70年前那个转折时代个人成长与复旦变迁的细节，却跃然纸上，值得细品。

打开档案，首先映入眼帘的，是姚云的"国民身份证"，这应该是她在读复旦期间申领的。这身份证，看上去有点像"集体户口卡"：身份证上的"住址"为"新市区 12 保 25 甲 1 户"，当年"新市区"位于上海市东北角（今江湾五角场一带），区境含复旦大学；"户长"名字是"章益"，章益先生时任国立复旦大学校长。据金宇澄在《回望》中援引母亲的口述（本文以下引文均出自金宇澄《回望》，广西师范大学出版社，2017 年 1 月），姚云"曾名姚志新，一九二七年生于上海南市'篾竹弄'"。不知为什么，在这张身份证上，其出生年份却填着"民国 18 年"（1929 年），时间相差两年。

姚云一家早年住在提篮桥，父亲姚廉卿在那里开过一家"廉记老宝凤"银楼。1938 年年初，姚家迁往沪西大自鸣钟，地址为劳勃生路（今长寿路）308 号，另一门牌是小沙渡路（今西康路）1177 号，"父亲顶下了这幢十字路口的三层洋房，重开'廉记老宝凤'"。因此，在档案里，姚云的通讯地址一直写"小沙渡路 1177 号"；其"家长"一栏，"服务机构"写的是"老宝凤"。

1945 年秋，姚云从上海建承中学毕业，有两位同学拉她去报考圣约翰大学，"我虽然英文差，没信心，也勉强去考了，结果三人都没有被录取（此校英文要求很高）。九月十五日，考私立复旦大学，我与顾雅珍、吴凤英三人同往，我投考中国文学系，十八日考其他科目，二十日揭晓。我和吴凤英被录取了"。档案里的"复旦大学新生报名存根"显示，姚云于当年 9 月 15 日到复旦应考，报名号数为 20，报考院系是文学院中文系。"报名存

姚云穿粉底白圈旗袍的肖像，摄于大来照相馆。引自金宇澄《回望》

根"还列出了她的考试成绩,在"取"或"不取"一栏里,划去了"不取"两字,表明她已被录取。

姚云提到的"私立复旦大学",指的是当年位于上海赫德路(今常德路)上的"复旦大学上海补习部"(简称"沪校"),而不是重庆北碚的"国立复旦大学"(简称"渝校",1942年1月挂牌"国立")。1937年9月复旦被迫西迁后,李登辉老校长在上海坚持办学,于1938年2月创办了沪校,学校性质为"私立"。"私立复旦在赫德路近新闸路一幢大洋房里,门前空地甚小。有好几个系,教室内外人挤人,各系教室交换上课。"可见,1945年秋姚云入学时,是在赫德路上课的。从"报名存根"来看,其"抬头"为"复旦大学",说明当年沪校是可以用复旦大学的名义对外招生的。

在"报名存根"左上方,有用红笔注明的姚云学号:14788。这个学号也出现在姚云的"国立复旦大学学程证"上。"学程证"上的注册日期为1946年2月28日,"抬头"却写"国立复旦大学"。这表明,至少从1946年2月起,渝校的章益校长已与他的恩师、沪校校长李登辉达成了共识:沪、渝两校合并,对外统称为"国立复旦大学";渝校承认沪校学制、学籍,两校师生一视同仁。从校史上看,其时渝校师生正开始陆续复员返沪。9月,合并后的"国立复旦大学"在江湾开学。

"学程证"是姚云在沪校读大一时的上课记录,上有系主任

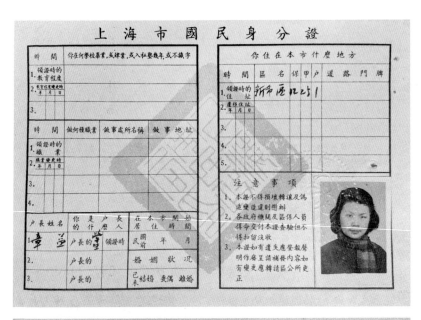

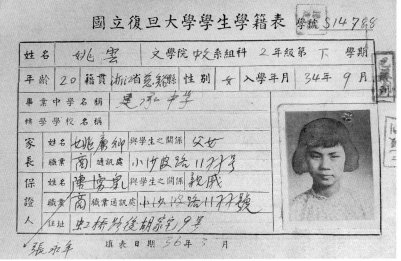

姚云的国民身分（份）证内页（上图）和学生学籍表（下图，填表日期为
1947年3月）。复旦档案馆藏

的签名"应"。"应"是应功九的缩写。据姚云回忆，她在沪校时，"中文系主任应功九和文学院长应成一是兄弟俩"。她还说，"开课第一天上英文，老师是顾仲彝。周予同先生教中国通史"。顾仲彝先生是著名戏剧家，时任沪校外文系主任；周予同先生是著名历史学家，时任沪校教授。在档案里，自大二开始（1946年9月起），姚云的"学程证"就被"国立复旦大学上课证"替代了。其时两校已合并，"上课证"大概是渝校的课程记录方式。在"上课证"上，姚云的学号前多了一个S，变成了S14788——据我所知，S是两校合并后沪校生的学号代码，Y则是渝校生的学号代码。1946年以后的档案，姚云的学号就变成了"S14788"。

两校合并后，中文系主任由陈子展先生担任。因此，"上课证"上的系主任签名已改为"陈子展"。陈子展来自渝校，姚云称他"很和善"。"上课证"似乎比"学程证"记录得更详细，不仅罗列了在江湾上课的课程，还记有任课老师的名字。据姚云回忆，"教授有李青崖、方令孺、周予同、周谷城、赵景深先生等，侧重《昭明文选》、音韵学、训诂学、哲学和中国文学史"，上课"很自由，愿意住就住，不住就回家，走读有校车，只要读满学分，没人管你"。"上课证"反映了中文系部分课程内容：有李青崖"文选及习作""戏剧小说选""声韵学"、方令孺"现代中国文学讨论"、周谷城"世界通史"和赵景深"曲选"等，也有赵宋庆"诗选"、汪旭初"文字学"、蒋天枢"《诗经》"、陈子展

"《文心雕龙》"、应功九"词选"和章靳以"文学论"等。在忆述中，姚云特别提到了章靳以先生："教授与学生有些距离，亲近随和的是章靳以先生，他讲'文学论'，态度和蔼耐心，我经常请教他。"从"上课证"上可以看出：姚云"退选"过几门课程，但章靳以的"文学论"，是她"加选"的。

1948年，物价飞涨，经济急剧下滑，"蒋经国来沪'打老虎'，规定黄金、白银和美元等必须兑换成金圆券，银楼业经手的就是黄金白银，因此引发全上海银楼关门停业"，姚云父亲的"老宝凤"也关店了。11月17日，忧心如焚的姚廉卿突发心脏病去世。姚云说："那年他六十五岁，母亲五十岁，我二十一岁。我一直握着他的手，整整一夜守在他的身边……"档案里，有一张姚云的"国立复旦大学三十七学年度春季旧生近况调查表"，填写日期似在1949年年初，在"父母存殁"一栏里，写着"父殁母存"四字；在"家长"一栏里，写着姚云母亲的名字：姚汪良贞。

1949年上半年，姚云在复旦读大四。此时，"形势动荡，上课很不正常，有时只因为老师请假，学生只能回来。到了四月初，国民党军队开进了复旦，责令学校紧急疏散，强制师生们当天三时必须撤离学校。我是事后才得到消息，请申怀琪陪我到校，想把铺盖搬回家，谁知校内已看不到人，宿舍一片狼藉，我的两条被子、床单、垫褥和枕头不翼而飞……"据校史记载，这个月（4月）的26日，为了镇压学生爱国民主运动，国民党当局派宪兵包围复旦，搜捕爱国师生。当天上午，周谷城先生在家中被捕，后被章益校长保释……在这前后，复旦风声鹤唳，校园里充满了肃杀之气。

5月下旬，上海迎来了解放。5月25日，姚云在日记里写道：

> 炮声响了一夜，天还没有大亮，就被唤醒起来，窗外、店门前都坐满了士兵。家人七嘴八舌说是国民党的败兵，心里挺紧张，倒是妈看出来，他们的军帽和军服不同，颜色也不同。正说着，楼下敲门，妈下去开，我们在门旁，知道是人民解放军，真有这样的事吗？
>
> 我的心欢喜得呆了，是感动，引起无数思绪，终于到了这么一天了。

上海解放后，姚云决定投身革命，报名参加了华东军事政治大学的"短期训练班"。"此时我已决定不再继续复旦的学业，到校开了肄业证书。"《回望》一书收入了姚云的两份证明书影印件，一份是"国立复旦大学在校证明书"，另一份是"国立复旦大学在校肄业证明书"。姚云说的"肄业证书"，指的就是后者："查学生姚云……在本校文学院中国文学系四年级第贰学期肄业，兹因证明学历，特此证明。"

这两份证明书，虽然都钤有"国立复旦大学关防"印章，却有鲜明的时代震荡特点：1949年1月开具的"在校证明书"，是格式化的印刷文本，姓名、籍贯等内容都用毛笔填入，盖章署名者是"校长章益"；而1949年7月开具的"肄业证明书"，则是油印手刻的，盖章署名者除了"校长章益"，还有"军事代表李正文"。李正文是中共隐蔽战线工作者，6月20日刚刚担任接管复旦的上海市军管会代表。两年半以后（1952年1月），他被任命为中共复旦大学首任党委书记。

不过，上述两份证明书，我在档案里均未找到存根。我把这一遗憾告诉了启明。启明说，假如有一天，我们把复旦收藏的档案与金宇澄先生保存的资料合二为一，做成一本档案小册子，那就"珠联璧合"了……好主意！我听了以后，连连叫好。

写于 2024 年 1 月 2 日

附记：本文写好后，我将此文发给金宇澄先生，请他审阅。他回复说："挺好的，我转老妈看一下，有无修订增补……"没过多久，金宇澄就发来了姚云老人的补充意见——

我读了觉得写得很详细、周到，有些事我已忘记或简写，在此补充三点：

1. 在教授中有一名蔡尚思的。

2. 陪我去校取住宿的被子等物的申怀琪是我高中同学。

3. 去学校拿证书时，陈魁荣同学让我填写参加第一届新民主主义青年团入团证书，入了团，让我继续读书，做团的工作。

记于 2024 年 1 月 4 日

接管复旦的军事代表李正文

1949 年 6 月 20 日，上海市军管会军事代表李正文来到了复旦大学，宣告了"新复旦"的诞生。谁也不会想到，这位军事代表，曾是一位出生入死的中共隐蔽战线工作者……

这一天，复旦大学锣鼓喧天，红旗招展。老校门门楼上，悬挂着"庆祝接管""欢迎军管会来领导我们"的横幅。一大早，一千多名师生员工站在校门两侧，迎接中国人民解放军上海市军事管制委员会对复旦实行接管。

上午 9 时 35 分，一辆小汽车停在校门前。车上走下几位身穿解放军军装的干部，其中一位中等个子、手提皮包的中年人，就是军管会军事代表李正文。

从文学青年到职业革命家

李正文（1908—2002），山东潍县人。幼年随父亲逃荒去东北，曾在四平、沈阳一带居住。1927 年秋，李正文在沈阳东北大学附属高中就读。那时，他是一个文学青年，曾与同班同学郭维城等组织读书会和冰花社，独自编辑、出版了《冰花》周刊，在社会上颇有影响。

由于公开宣传普罗文学（即无产阶级革命文学），《冰花》很快引起了中共满洲省委的注意。不久，地下党员王立功、杨一辰前来与李正文、郭维城联系，希望参与编辑《冰花》。从此，《冰花》即成为地下党领导下的刊物，不少稿件由中共满洲省委亲自组稿，借此传播马克思主义。例如，它曾刊登过一首长篇白话诗《笑问》，就用苍天提问"为什么"的笔法，批判旧的阶级社会，歌颂共产主义理想社会。

李正文入读东北大学后，主编《现实月刊》，继续宣传左翼文学。1931 年九一八事变爆发，他被迫流亡北平，到清华大学借读，同时加入了"左联"北方部。后来，他又从"左联"转到"社联"（社会科学家联盟）北平分盟工作，任"社联"执委兼研究部长。

在"社联"期间，李正文仍为"左联"刊物供稿。由于日语能力出众，在当年的《文学杂志》和《文艺月报》上，几乎每一期都刊有他从日本《无产阶级文学》杂志上翻译的文章。李正文还常常在"文总"（文化总同盟）的机关刊物《北方文化》上发表文章。据他回忆："本来我的文章用的是'李政'（笔名），这与'立正'谐音。因为同一本杂志上发表一个人两篇文章不合适，

1949年6月20日，军事代表李正文（前左）在章益校长陪同下进入复旦校园。舒宗侨摄

就把我的名字改为'邵茜',以便与'稍息'谐音。"①

1933年10月,经北平"社联"党团书记宋劭文介绍,李正文加入了中国共产党。

被诬为"日本间谍"

1933年下半年开始,白色恐怖日趋严重,北平"社联""左联"活动陷于瘫痪。不久,一位在共产国际情报部门工作的朋友问李正文:"是否愿意去苏联?"他当即表示:"愿意。"朋友又问:"准备做什么?"他答:"学习马列主义理论。"1934年11月,李正文乘上去苏联的轮船,辗转海参崴、伯力,并在伯力停留了约一个月,于1935年1月抵达莫斯科。

在莫斯科,李正文被送到郊区的赫姆基无线电学校,这是一所培训情报人员的秘密学校。他原本是想来学习马列理论的,对于学习情报技术,毫无思想准备。经反复交涉,校方同意为李正文专门开设列宁主义课程,同时也要他学习其他课程,包括识别日本军兵种、熟悉武器性能等知识。

1936年,李正文结业后,转到莫斯科郊外的马拉霍夫卡,住在一家专门接待外国共产党人的国际招待所,等待分配工作。先

---

① 李正文:《关于北平社联的一些活动》。

后来到这家招待所的中国人，共有六人（四男二女）。为了保密，他们相互都用俄文名字称呼，李正文的俄文名字是瓦夏；另有一位名叫吴先清的女同志，取名罗莎，她是来自上海的中共党员。

1937年夏季的一天，吴先清忽然告诉李正文，与她同住的一个叫索妮的女同志经常偷偷地写诬告信，指控他们几个人是反革命。"吴还说，她今天乘索妮不在，找到了一批诬告信原稿，叫我快看。我看后大吃一惊……"①诬告信指控李正文的部分是："①说李在十月革命庆祝酒会上不吃酒，对苏联建成不拥护。②说李对照日文看俄文，是不相信马列主义。③李有不少钱，因他节约，说他有问题。④懂日文是一条重要嫌疑。"②信中还称："瓦夏懂日文，他的母亲是日本人。他长得也像日本人，肯定是日本特务。"③李正文完全没想到，世上竟有这样不择手段来陷害别人的人，自己精通日语，竟成了罪名！他和吴先清非常气愤，当天就和索妮大吵了一架。

然而，厄运还是降临了。11月27日，李正文和另几个中国同志被苏联内务部逮捕。审讯中，审讯者逼他承认是"日本间谍"。李正文再三申辩称，当年东北学校都教日语，他的日语是在四平和沈阳的学校里学的，他母亲则是一个大字不识的中国劳

---

① 李正文：《我的前半生》。

② 《陈修良工作笔记·李正文同志的反映，1956.11.18.》。

③ 张惠卿：《李正文在苏联劳改营》，《炎黄春秋》2006年第2期。

动妇女，但对方毫不理会。1938年5月，李正文等人被送往北极圈的齐必由劳改营服役，受尽了折磨。

在劳改营，李正文始终不甘心，他接连不断地给斯大林写信，要求重新审查。终于，他的申诉信起了作用。1939年9月，有关部门正式向他宣布："撤销原判，平反释放。"其时，与他同时被捕的吴先清等中国同志，已全部冤死在劳改营，无人生还。

对日情报屡建奇功

1940年，李正文获释后回国。经过长途跋涉，他于1941年1月抵达重庆。他拿着证明材料去八路军办事处，要求与党组织接上关系。周恩来副主席的秘书徐冰告诉他："你就到共产国际工作吧！反正中共是共产国际的一个支部，我们不能同共产国际争干部。"于是，他就被派往共产国际东方部，协助地下工作者阎宝航开展工作。

1941年6月中旬，阎宝航从国民党要员那里获悉，纳粹德国将于6月20日之后的几天内进攻苏联。他将这一情报亲手交给李正文，要他立刻向周恩来报告，同时转告苏联驻华大使馆。6月22日，纳粹德国果然向苏联发起了进攻。由于事先得到情报，苏联避免了更大的损失。李正文说："这件事，阎宝航对共产国际

特别是对苏联立了大功。"①1995 年 11 月，俄罗斯政府将"伟大卫
国战争胜利五十周年"纪念奖章特别授予阎宝航、阎明诗（阎宝
航之女）和李正文，以表彰他们对于苏联卫国战争的突出贡献。

1941 年 7 月，共产国际东方部派李正文到上海，从事对日
情报工作。8 月，李正文与共产国际对日情报组织负责人尼克
莱·伊凡诺维奇接上关系。尼克莱要求他，利用自己通晓英、
日、俄三国语言的优势，尽快在上海找到掩护职业。于是，他先
后到租界工部局及日伪控制下的申报馆任职，并在上海震旦女子
文理学院担任日文教员。

不久，李正文通过好友裘维琳，发现了一个日伪重量级人物
稽显庭。此人是汪伪立法院长陈公博的舅兄，任南京日汪大头目
协调会议秘书科长。每次会议，都由他记录整理。李正文即让裘
维琳说服稽显庭，让他提供情报。稽显庭贪财，同意以情报换取
金条。就这样，李正文每周往返于沪宁之间，获得了大量的日伪
情报。这些情报，主要由李正文物色的地下交通员陈蕙瑛带回，
一份交尼克莱，另一份转交新四军。1942 年夏天，李正文与陈蕙
瑛结为夫妇。

1943 年上半年，在申报馆同事萧百新的介绍下，李正文结识
了汪伪政府参军长唐莽，即与之热络交往。有一次，唐莽透露，

---

① 李正文：《我所敬重的阎宝航同志》。

重庆有个高官的姨太太，最近不断来往于重庆和上海、南京之间，同日伪头目接触频繁。李正文立刻想到，前不久，在华懋饭店举办的一次有陈公博夫妇参加的舞会上，出现过重庆政府要员孙科的"二夫人"蓝妮的身影。他由此判断，蓝妮来沪一定与日蒋勾结的外界传闻有关，他马上将这一情况向尼克莱报告。"尼克莱十分重视，立即密报莫斯科。中共中央得知这一情况后，对蒋日伪合流阴谋给予了公开揭露，苏联政府也正式通过外交途径向蒋介石提出蓝妮有通敌嫌疑。事件曝光，舆论大哗，蒋介石政府急忙撤销了对日妥协的试探和接触。"[1]

"段公馆"内外的策反

1945年3月，李正文派陈蕙瑛到解放区，请求退出苏联情报组织，将自己的组织关系转回中共。中共华中局城工部部长刘长胜接待了陈蕙瑛，答应派人着手处理。8月，日本投降。中共上海局负责人张执一向李正文正式宣布，接受他回归中共。

根据张执一指示，李正文参与领导了上海的爱国民主运动。他利用大学教授身份，加入了上海各大学教授民主联谊会（简称"大教联"），并成为"大教联"的领导骨干。他还在《展望》杂

---

[1] 李海丘：《青史英豪 谍战传奇——父亲李正文的抗战故事》。

志担任编委。《展望》由陈仁炳负责登记，王元化主持编务，名义上由民盟主办，实际上各重要栏目均由中共地下党员负责。1948年起，中共上海局成立策反委员会，张执一任书记，李正文是三名委员之一（另两名是王锡珍、田云樵），分工联系国民党军官起义。

李正文联系的一名国民党重要人物，是军务局第四科少将科长段伯宇。段伯宇是1938年入党的共产党员，因失去组织联系，便报考了陆军大学。他的许多同学毕业后，都在党政要害部门任职。这些人中，有国防部预备干部局代理局长贾亦斌、伞兵第三团上校团长刘农畯、九十六军参谋长宋健人、重型工兵第四团上校团长王海峤和江苏省保安总队总队长齐国楷等。他们同情共产党，对国民党的腐败深恶痛绝，段伯宇将他们介绍给了李正文。在李正文的策反下，刘农畯的伞兵第三团、贾亦斌的干部训练团第一总队、王海峤的工兵第四团、齐国楷的江苏保安总队等先后起义，受到解放区军民的热烈欢迎。

段伯宇的弟弟段仲宇，是淞沪港口司令部少将副司令。受哥哥影响，段仲宇早有弃暗投明的设想，李正文跟他联系，后来还介绍他秘密加入了中国共产党。段仲宇的寓所在宝山路1号（人称"段公馆"），这是一幢碉堡式小楼，警卫严密。哥哥段伯宇到上海养病，就住在段仲宇家里。很快，"段公馆"就成为策反委员会的一个秘密联络点，李正文成了这里的常客。据段伯宇晚年回忆："李正文非常认真负责，他几乎每天到宝山路 1 号我的住处联系工作。"①

1948 年 12 月起，中共秘密电台被破坏的消息接连传来。一次，李正文因有重要情报，准备送至秘密电台发报。陈蕙瑛拦住丈夫，称自己目标小，可以先去打探。她打扮成太太模样，前往电台所在的小楼察看，发现二楼窗口的信号花盆可疑——果然，电台已被敌人破坏！她赶紧回家，告诉了李正文。李正文立刻决定，将备用电台紧急转移。他找到段仲宇，请求帮忙。段仲宇冒着生命危险，穿上国民党少将制服，亲自为李正文开汽车，闯过戒备森严的北四川路桥，将备用电台从虹口送到复兴中路 485 弄 11 号策委会机关。几天后，为了更加安全，段仲宇又将电台转移到"段公馆"，放在自己卧室的床底下。

1949 年 4 月，为了摆脱国民党特务的追踪，李正文奉命撤离上海，转移到解放区。一个多月后，他随解放大军南下。5 月 27 日，上海解放。不久，李正文即被任命为市军管会高教处副处长，负责高校的接管和整顿。

……

1949 年 6 月 20 日上午，李正文以军事代表身份来到复旦时，立刻就被兴高采烈的师生们包围。在"你是灯塔"的歌声中，章

---

① 段伯宇：《隐蔽在总统府地下战线》。

1985年5月，李正文（右二）与苏步青（右三）、谢希德（左一）、谷超豪（右一）等在复旦校庆80周年纪念酒会上。复旦档案馆藏

益校长迎上前去，与李正文等人亲切握手，并陪同他们进入校长室，进行文件交接。

10 时 10 分，接管典礼在登辉堂（今相辉堂）隆重举行。章益校长首先致辞："今天是复旦四十四年以来最光荣的日子，从今天起，这个大学归还给人民了！"李正文在讲话中说："复旦具有光荣的历史，是民主先进马相伯先生首创的。在民主运动中，复旦是大江以南民主教授最多的一个大学，一向起着积极的推动作用。我代表军管会向民主教授致敬，向参加反美反蒋、反饥饿、反迫害、护校复校的同学致敬！"

他们的发言，点燃了师生们的高涨情绪。登辉堂里，多次响起经久不息的掌声和欢呼声。当天，《新民报》记者以热情洋溢的笔调写道："狂欢，狂欢，全复旦人都狂欢""复旦等待接管有一个多星期了，天天盼望着，前天得到了消息，全校沉浸在狂热的欢欣中""在登辉堂，一千八百多个复旦人紧密地结合在一起，几十响礼炮，使一千八百多颗欢欣鼓舞的心也随着跳跃……"此情此景，被新闻系教授舒宗侨一一摄入照相机镜头。

李正文到来的这一天，正式宣告了"新复旦"的诞生。

两年半以后（1952 年 1 月），李正文被任命为中共复旦大学党委书记，成为复旦历史上第一任校党委书记。

写于 2022 年 11 月

巴金《随想录》中的"复旦"

2024 年 11 月 25 日是巴金先生诞辰 120 周年纪念日。各种媒体（包括自媒体）都在写巴金、忆巴金。我倒是觉得，纪念作家最好的方式，就是读他的作品。于是，就重读了一遍他的《随想录》。读着读着，我忽发奇想，巴金在《随想录》里，究竟是如何写复旦的呢？

作为一个复旦校史记录者和研究者，这一次，我做了个有心人，试图寻找《随想录》中与复旦有关的段落。经过梳理，还真让我找到了一些。

《随想录》书影

下面，就让我按时间顺序，引用该书中记录复旦与复旦人的几条（巴金《随想录》，生活·读书·新知三联出版社，1987 年 9 月。以下本文凡引自该书，仅标书中标题和页码）——

巴金提到复旦较早的年份，是 1931 年，那是他与作家靳以先生的相遇：

> 一九三一年我第一次在上海看见他，他还在复旦大学念书，在同一期的《小说月报》上发表了我们两人的短篇小说……一九三八年下半年他到重庆，开始在复旦大学授课。他进了教育界，却不曾放弃文艺工作。①

靳以是复旦老校友。他 1927 年入读复旦预科，1928 年升入商科（后改为商学院），1929 年在国际贸易学系就读，1932 年毕业。1938 年以后，两次到北碚复旦中文系任教。新中国成立以后，靳以历任复旦中文系教授、校工会首任主席。直到 1953 年，他才正式离开复旦，担任上海市作家协会副主席。

1931 年，巴金在上海初识靳以。这是因为，他的短篇小说《爱的摧残》和靳以的短篇小说《变》，于上年年底同时刊登在郑振铎编辑的《小说月报》第 21 卷第 12 号上，两篇正好排印在一起。于是，这一期的《小说月报》，就成为他俩相识的媒介。从此以后，两人成为挚友。

1936 年，巴金在上海与靳以共同主编了《文学季刊》。1956

---

① 《靳以逝世二十周年》，第 162 页。

年，靳以筹备《收获》杂志创刊工作。1957年《收获》正式创刊，靳以邀请巴金共同担任主编。不幸的是，1959年，靳以英年早逝。1979年，在靳以逝世20周年之际，巴金写了《靳以逝世二十周年》一文，怀念靳以。

巴金另一次提到复旦，是怀念马宗融先生。马宗融是著名的翻译家、作家。1929年，巴金在上海索非的家里遇见他，两人一见如故。1935年秋，马宗融到复旦中文系任教，教授"现代文艺思潮"等课程。复旦西迁重庆北碚后，他于1938年冬再到复旦任教，租住在黄桷树一个农户家里。两年后，巴金也来到重庆，住在沙坪坝。

> 我去北碚复旦大学看望朋友，在马大哥的家里我们谈到夜深，恨不得把将近三年的事情一晚上谈光。他似乎老了许多，也不像过去那样爱书了，但还是那么热情，那么健谈，讲话没有保留，没有顾忌……①

在巴金的回忆中，马宗融很有正义感，性格刚烈。有一次，一位思想进步的朋友被复旦解聘，正好一个相熟的教授到马家串门，就讲了那位朋友的不少坏话。马宗融越听越不耐烦："你污

---

① 《怀念马宗融大哥》，第421页。

蔑我的朋友就是污蔑我！我不要听！你出去！出去！"把那个教授赶走了。

1948 年，江湾复旦学生参加反饥饿游行，复旦校方纵容军警到校抓人，马宗融在校务会议上慷慨直言，拍案怒斥，后被校方解聘。巴金说，这是他的本色，"为了维护真理，顾不得个人安危！"不久，马宗融到国立台湾大学任教，因不满现实，积郁成疾后返沪。1949 年 4 月 10 日，他在上海病逝。

提到北碚复旦，巴金还怀念过方令孺教授。方令孺是诗人、散文家，1943 年起，她也在中文系任教，巴金是通过靳以认识她的。靳以到重庆后，认识了方令孺，"很快地像极熟的朋友一样"。① 方令孺在家排行第九，一般熟人都称她"九姑"，靳以也这么称呼她。她比巴金大八岁，所以巴金称她"大姐"。

　　我看见她不用说是在靳以的家里，他们同在复旦大学教书，都住在重庆北碚的夏坝。我同她交谈不多，只是觉得她是一个容易接近的知识分子。②

巴金说，他跟方令孺真正相熟，是在 1949 年以后，"一九五一年我和靳以还有令孺大姐三个人参加了老根据地访问团华东分

① 《靳以选集》第 5 卷，四川人民出版社，1983 年 4 月，第 327 页。
② 《怀念方令孺大姐》，第 349、350 页。

团，一起去过沂蒙山区。后来我们又到苏北的扬州和盐城，这样我和她就熟起来了……这以后我也习惯像靳以那样用'九姑'称呼她了"①。

那时，方令孺一直在复旦任教。大概在 1958 年，上级要调她到杭州，担任浙江省文联主席。

> ……她自己下不了决心。我当面问她，她说复旦大学她有不少熟人，在杭州除了女儿女婿外，单位里都是生人，前任文联主席又是犯了错误给撤职的。换一个新环境她有些害怕。我相信她会去杭州，用不着我给她打气，我也不曾到复旦宿舍去看她。②

果然，方令孺最后服从了组织安排，去杭州任职。巴金说，1959 年，他与萧珊去新安江参观，在那里同方令孺相聚，这"真像见到亲人一样"。后来，一连几年，巴金、萧珊夫妇每次去杭州，方令孺总会到杭州车站迎接，"过四五天仍然是她在月台上挥手送我们回上海"。

……

以上几次提到复旦，巴金都有美好的记忆。还有一次，他虽

---

① 《怀念方令孺大姐》，第 350 页。
② 同上，第 351 页。

然没有提到复旦，但记述了 1950 年与复旦历史系教授周予同先生的一次相见，也是满怀深情：

当时开明总店已经迁往北京，在福州路的留守处我只见到熟悉的周予同教授，好像他在主持那里的工作。他是著名的学者、受尊敬的民主人士和"社会名流"。后来我和他还常在会场上见面。他是一个矮胖子，我看见他那大而圆的脸上和蔼的笑容，总感到十分亲切。这位对中国封建文化下苦功钻研过的经学家，又是五四时期冲进赵家楼的新文化战士。不知道因为什么，"文革"开始他就给"抛"了出来，作为头一批"反动学术权威"点名批判。①

在《随想录》中，巴金最后提到的复旦，就是在"文革"初期了。在《赵丹同志》一文中，巴金回忆起了"文革"中的"难友"赵丹先生：

一九六七年九月十八日我给复旦大学中文系学生揪到江湾，住了将近一个月，住在学生宿舍六号楼，准备在二十六日开批斗会。会期前一两天，晚饭后我照例在门前散步，一

---

① 《我与开明》，第 798 页。

今日六号楼。当年这里是历史系和新闻系男生宿舍。读史老张摄

个学生来找我闲聊。他说是姓李，没有参加我的专案组，态度友好。他最近参加了一次批斗赵丹的会，他同赵丹谈过话。赵丹毫不在乎，只是香烟抽得不少，而且抽坏烟，赵丹说，没有钱，只能抽劳动牌。大学生笑着说："他究竟是赵丹啊。"①

巴金所说的六号楼，原是复旦历史系与新闻系的男生宿舍楼。我读书的时候就住在六号楼。现在，六号楼仍在，前些年一度挂牌"任重书院"，今为"相辉学堂"。每一次有校友要来参观校园，我总会陪他们到六号楼看看。因为这幢楼，"文革"时期曾关过巴金先生，"将近一个月"。

关于那次在江湾复旦，巴金还有一段被押往南京西路上的上海杂技场批斗的回忆：

我第一次接受全市"革命群众"批斗的时候，两个参加我的专案组的复旦大学学生把我从江湾（当时我给揪到复旦大学去了）押赴斗场，进场前其中一个再三警告我：不准在台上替自己辩护，而且对强加给我的任何罪名都必须承认。我本来就很紧张，现在又背上这样一个包袱，只想做出好的

①《赵丹同志》，第295页。

表现，又怕承认了罪名将来洗刷不清。埋着头给拖进斗场，我头昏眼花，思想混乱，一片"打倒巴金"的喊声叫人胆战心惊。①

由此可见，"文革"初期的复旦，对于巴金来说，就是一场噩梦。

写于 2024 年 11 月 25 日，修改于 12 月 3 日

---

① 《解剖自己》，第 467 页。

夏志清到访复旦前后

　　1983 年 6 月 29 日，夏志清到访复旦。这次复旦之行，时间很短，贾植芳先生在日记中记道，"由上午九时到十一时半，既未留影，也未赏饭"。这究竟是为什么呢？

首次回国，有点曲折

　　2024 年 4 月，我读到一篇文章，题目是《钱锺书、梅益与夏志清一九八三的归来》①。文章说，1983 年 6 月，著名美籍华裔学者、哥伦比亚大学教授夏志清先生到中国访问，这是他自 1947 年年底赴美后的第一次回国，也是他唯一一次回国。然而，夏志清这次回国，并非轻而易举。

夏志清（1921—2013）

---

① 严平：《钱锺书、梅益与夏志清一九八三的归来》，《随笔》2024 年第 2 期。

1983 年春，夏志清要去韩国开会，他致函钱锺书先生，说他有意顺道归国访问。就在 4 年前，钱锺书随中国社会科学院学术代表团访美，在哥大见到了夏志清，两人有过两天的促膝长谈。后来，他们又有信函往还，交情不浅。

听闻夏志清准备来访，钱锺书即告知了社科院秘书长、翻译家梅益先生。此后，梅就有关事宜与夏进行了沟通，对他来华持欢迎态度。钱锺书和梅益都是学者，他们觉得，在国内改革开放后，夏志清主动提出来访，应该顺理成章。然而，事情进行得并不顺利。

5 月初，梅益接到丁玲电话："你怎么邀请夏志清？他是反共的，这会破坏社会科学院的声誉！"还有些人要求梅益撤回邀请。撤回邀请？那太被动了！梅益遂向与钱锺书私交很好的胡乔木院长请示。经过商量，拟定了一个接待原则："只帮助夏和他的一些熟人见面，不请夏讲演，不开座谈会，在上海则完全是他私人的活动。"在当时的氛围中，这个接待原则，远比"撤回邀请"要明智得多。

1983 年 6 月 20 日晚，夏志清抵达北京。第二天，他受到了隆重接待。在夏志清与钱锺书、梅益等交谈时，大家都谈到了夏的代表作《中国现代小说史》。钱锺书说，小说史还不成熟，对有些作家的评价要客观些。梅益说，国内很多人对他的著作不满，认为态度片面，不客观。夏志清倒是态度坦然，说，那是年轻时写的，是不大客观，要修改。几天后，夏志清又拜望了多位未曾谋面的老友和作家，如李赋宁、吴组缃、沈从文、张天翼、端木蕻良、吴晓铃和萧乾等。

6月28日，夏志清从北京抵达上海。第二天，他就访问了复旦大学。在《钱锺书、梅益与夏志清一九八三的归来》一文中，作者这样写道：

> 在上海的日子，夏志清前往复旦大学与贾植芳等几位教授座谈。参加的人不多，谈后没有合影也没有留饭，后来有人回忆说当时的氛围有些紧张，大家也不知该谈些什么，夏似乎浑然不觉，他还是一副大大咧咧的做派，在与贾植芳握手时脱口而出："贾先生是胡风派!"贾未立即回答，有陪同人员说："他曾经被认为是。"夏于是便点头重复这句话。随后，夏问起胡风的现状："听说病得不行了?"贾植芳说："大概病得比较重。"他听出了贾的山西口音，问是哪个县，随即说起自己太太也是山西人……一时说得高兴。当人们问及他归国的感受时，他说起在北京同张天翼、沈从文等人的会面，认为钱锺书的学问和人品是他最佩服的，是学贯中西古今的"大学人"……

到访复旦，谈得不多

夏志清在复旦还谈了什么呢？我对此很好奇。于是，去查了1983 年 6 月 29 日贾植芳先生的日记，他这样记道：

> 半阴雨，九时到物理楼外宾接待室等候夏志清教授（Prof Hsia T. C），他准时由文研所人员陪同到了，一块接见他的有陆、吴、王三位，外事组人员，照料了一下就不见了。
>
> 由于此人政治思想观点反动，接见规格放低了，由上午九时到十一时半，既未留影，也未赏饭。
>
> 谈了许多文学事务，他问："周扬讲话还有人听吗？"他敬佩钱锺书，当他看到我写的名字时，大吃一惊说："贾植芳，你是胡风派吗？了不起的人物。"这后一句话显然是从他的反动立场说的。这时吴中杰插话说："夏先生，你的书里把贾先生的名字写错了。"陆士清忙不迭地说："贾先生曾被划为……"他说起胡风说："他现在病危。"这显然是他在北京时听说的，又问起路翎，提起《财主底儿女们》，这时陆说："夏先生时间大概差不多了，我们参观一下图书馆吧。"他想把话题扯开，众人起身，气氛转过来了，陆紧靠

着他，谈说不已。在图书馆转了一圈后，陆说："我和夏先生坐车子校园转转，你们回去吧!"于是会见结束，我们三个走了回来。①

应该说，对于夏志清的访问，贾植芳记得十分生动（需要指出的是，贾植芳在日记中称"此人政治思想观点反动"，那是囿于当年流行的共识，并非他的个人偏见）。但是，我对有关访问细节仍不解渴，马上电话采访了吴中杰老师。他的记忆与贾植芳的日记大同小异。他告诉我："夏志清来访，是学校安排，让我们中文系接待的。"贾植芳日记里写的"陆、吴、王三位"，就是当年陪同贾先生参与接待的中文系教师陆士清、吴中杰和王继权。

吴中杰老师说："夏志清到复旦那天一早，先去第二宿舍，看望了王继权的岳母。据说那位老太太与夏志清家好像是亲戚。"第二宿舍是复旦教工宿舍，位于国年路。离开二舍后，夏志清才到了物理楼外宾接待室。当年物理

贾植芳（1905—2008）

---

① 贾植芳:《早春三年日记》，大象出版社，2005年4月，第179页。

复旦物理楼是当年复旦最豪华的楼宇，经常用于接待国内外贵宾的来访。读
史老张摄

楼是复旦最豪华的楼宇，也是接待重要贵宾的地方。1981 年 10 月 21 日，法国总统吉斯卡尔·德斯坦访问复旦——这是复旦校史上第一次外国国家元首到访，苏步青校长就是在物理楼会见他的。可见，对于夏志清到访，复旦还是很重视的。

那么，夏志清来访时，他与贾植芳等究竟还谈了什么呢？吴中杰说，实际上谈得还真不多，"本来定好的议题，是就中国现代文学展开对话。但这个议题根本没有展开"。夏志清向来大大咧咧，一开始还误把"贾植芳"当成了"冀汸"。冀汸是复旦校友、著名诗人，当年在杭州工作，他也曾被打成"胡风分子"而蒙受冤屈。吴中杰听后，马上纠正夏志清说："他不是冀汸，他叫贾植芳。"夏志清一听，恍然大悟："噢，你姓贾，是贾植芳啊！胡风派的，很有名的呀！"贾植芳幽默地说："我们贾家最有名的人物，是贾宝玉！"

后来，他们谈了一些有关"胡风派"的情况。接下来，就是贾植芳所记述的，陆士清老师"把话题扯开"了："夏先生时间大概差不多了，我们参观一下图书馆吧。"于是，"众人起身，气氛转过来了，陆紧靠着他，谈说不已"。后来，他们陪着夏志清兜了一圈校图书馆（今理科图书馆），陆士清说："我和夏先生坐车子校园转转，你们回去吧！"贾先生的描述，写得真实、客观。对于这次会见，吴中杰深表遗憾："我记得我就说了一句纠正的话，其他想好的文学对话，被打断了，没能继续下去……"夏志清的访问，就这么结束了。

2000 年，中文系陈思和教授访问哥大，王德威教授在一家中国餐馆请客。据陈思和回忆："夏先生夫妇也到场了，西装革履，风度翩翩，谈笑中我又提起他在复旦的访问，他转开话题不接着说下去，只是礼貌性地问了一下贾先生的身体是否健康。"①

根据上述贾植芳的日记和陈思和的叙述，我一度认为，复旦这次接待夏志清，"既未留影，也未赏饭"，确如贾先生所说，"规格放低了"。为此，我写了一篇小文，刊在我的微信公众号上。我在文末感慨道："看来，对于这次复旦之行，夏志清要么印象不深、早已淡忘；要么是勾起了他更深切的记忆：有点苦涩、有点难堪。"

一个电话，别样视角

10 月 25 日上午，我去袁成英楼，有事找老友周桂发。闲谈中，阿发告诉我，前些日子，他遇见了陆士清老师，谈起我写的那篇小文，陆老师颇有异议，"他说，当年复旦接待夏志清，规格并没有放低，也没有怠慢他。再说，夏先生对于访问复旦，印象还不错……"

---

① 陈思和：《假如中国现代小说也有伟大传统》。

阿发一语，惊醒了我。陆士清也是夏志清访问复旦的当事人，我写那篇小文前，理应也问一问他。但是，当时之所以没问，一是我跟他不熟，也没有他的联系方式；二是他年事已高，听说前一阵身体也不好，就没好意思打扰他。阿发说，陆老师现在康复出院了，精神不错，讲话中气很足。我说，那我就跟他打个电话吧。

　　于是，我在阿发办公室，立刻拨通了陆士清老师的电话。电话那头，他跟我讲了夏志清复旦之行的来龙去脉：

　　　　夏志清先生那次来沪，并不是要正式访问复旦，复旦也不是正式接待他。当年学校正式接待外宾，一般有两种形式，一是由市外事办或侨务部门事先知会学校；另一种是外宾主动向学校申请，由校外办同意邀请。而夏先生则不属于上述两种情况。那他为什么来上海呢？主要是来看望他的妹妹（我的印象是亲妹）。他妹妹我喊她老夏，她是我们现代文学教研室同事王继权的太太。

　　　　夏先生来复旦前几天，王继权跟我说起此事。我问：要不要学校出面接待一下？他说：那太好了！我跟外办同志比较熟，就向他们报告了，并建议请贾先生和吴中杰一起接待。我问王继权：要不要招待午饭？他说他太太亲备家宴，难得团聚一次，就不麻烦学校了。于是，就有了这样一次接待。

王继权家住复旦第二宿舍，从二舍到物理楼顶多 500 米，是我和王继权一起陪夏先生走过去的……后来在物理楼座谈，时间不长，本想多涉及些现代文学，但未能如愿。夏先生对胡风事件比较感兴趣，问了不少；但贾先生却不大愿意多讲，可能当时这问题还有点敏感，就没有深谈下去。会见结束后，学校派了一辆车，让夏先生在校园里转了一圈，最后把他送回二舍赴家宴，我们就散了。

你写的文章，给人的印象是，复旦怠慢了夏先生，其实不是这样，校方把接待地点放在物理楼，本身就是对贵宾的礼遇。应该说，对于他的非正式访问，复旦是尽了礼数的。记得夏先生离沪后，王继权还告诉我，夏先生说，这次来上海与家人团聚，同时见识了复旦，蛮好。几年前，我到美国，与周励一起拜访了夏夫人王洞，提到这次复旦之行，她也是这么说的……

陆士清老师的话，打开了夏志清之行的另一视角。从他的角度来看，复旦那次接待，规格并未"放低"，夏志清也没有感到不满。至于我那篇公号小文，结尾称夏志清要么"有点苦涩、有点难堪"，确实是有点武断了。

写于 2024 年 4 月 15 日，修改于 10 月 26 日

陈仁炳的"课堂礼物"

　　陈仁炳先生的上课风采，深深地刻在我们心间。他对我们的期许，崇高、缥缈而遥不可及，虽然我穷尽一生也达不到，但它却像一束光，时刻在我们头上闪耀。

　　前几天，重读我的大学日记（1978—1982）。这些日记，有不少是流水账，幼稚、肤浅；但也有一些文字，今天看来已成史料。例如，有关陈仁炳先生上课风采的记录，就有点价值。

　　陈仁炳（1909—1990），湖北武昌人。1932年毕业于沪江大学，后赴美留学，获密执安（密西根）大学博士学位。上海解放前，任圣约翰大学教授。他是中共地下党支持的"上海大学教授联谊会"（简称"大教联"）成员，曾参与创办民盟《展望》杂志，活跃于反蒋战线。新中国成立后，曾任民盟中央委员、上海市政协副秘书长、民盟上海市委副主任委员

青年陈仁炳，摄于1929年

兼秘书长。1953年，他从圣约翰转到复旦，任历史系教授。1957年，被划为"右派"。改革开放后复出，恢复了教授待遇（后又享受离休待遇），但他的"右派"定性始终未获改正，为当年未被改正的五个"大右派"（另四位是章伯钧、罗隆基、储安平和彭文应）之一。

他重登讲台的那一天

1981年起，陈仁炳重登讲台，在历史系开设"世界史英文名著选读"课程，我们是他的第一批学生。近年来，我读过不少回忆陈仁炳的文章。但是，有关他上课风采的忆述，好像并不多见。我的师弟徐有威有一篇文章提到，陈仁炳有一次上课，"讲了一个非常冷僻的成语'唾面自干'，同时仔细地介绍了这一成语故事的出典"。[①] 这大概是最接近陈仁炳上课风采的记忆。

不过，前几年我倒是写过一文，记述过陈仁炳的上课细节，不妨节录于此：

上课那一天，大家期盼的陈仁炳终于来了。他戴深色近视眼镜，眉宇间透着几分忧郁，穿一件灰制服，背微弓，但

---

① 徐有威：《未获改正的右派陈仁炳之晚年》。

气度不凡。进教室后，他并没有像其他教师那样登上讲台，而是移走讲台，搬过椅子，在一张课桌前坐下——在所有任课老师中，他是唯一坐着授课的人。坐下以后，他的脚就伸了出来，"嘿，你看陈先生的皮鞋！"一位同学眼尖，对我轻声叫道。我抬眼望去，陈仁炳脚上穿着一双棕色牛皮鞋。当年，市面上流行的是猪皮鞋，低档、黑色，没有光泽，价格为七块六毛五（被戏称为"765"鞋）；但他那双鞋，样式虽旧，却油光锃亮，一看就是舶来品。[①]

作为传奇人物，陈仁炳赫赫有名，他重登讲台开课，同学们自然议论纷纷。因此，才会有"上课那一天"对他外貌的审视。那位"眼尖"的同学，是陈潮。他毕业以后，考取了陈绛先生的研究生，后留校任国际文化交流学院教授。

这次重读日记，我才确定，陈仁炳重登讲台"上课那一天"，是 1981 年 2 月 23 日：

下午，由陈仁炳老师上了"世界史英文名著选读"课，陈是一个曾活跃于民主党派阵线上的积极分子，后被划为"右派"。选读课他 18 年前就开了，十年浩劫中，他的藏书

① 《峰峦如聚：远观历史系老先生》，载拙著《相辉：一个人的复旦叙事》，第 229、230 页。

荡然无存，现在他为我们编的课本是新近才编成的。[①]

日记中提到的陈仁炳"18 年前就开了"选读课，意思是 1963 年前就开了课。为什么我没写 24 年前（1957 年前）呢？难道陈仁炳 1957 年成为"大右派"后，依然还在开课？因为时间久远，我已不记得我为什么会写"18 年前"，但可以肯定的是，"18 年前"应该不是笔误，而是陈仁炳上课时的原话。

另外，日记中提到的陈仁炳"新近才编成"的课本，是 16 开本，新闻纸油印，厚厚一册。里面选录的都是世界近现代史上的英文名篇，涵盖历史、文学和哲学等方面，如美国《独立宣言》、罗斯福《炉边谈话》和马丁·路德·金《我有一个梦》，等等。

他上课的语调和口气

陈仁炳熟谙英语和英美文学。他在晚年，会经常指正某些报刊的翻译错误（我记得很清楚，他曾就《民主与法制》杂志的刊名英译提出过不同意见）。据说，他的邻居王元化先生 1987 年到斯德哥尔摩大学演讲，演讲词的英文翻译也得到过他的帮助。但是，他为我们上课时，却很少谈英语语法和用词，谈得最多的，

---

① 1981 年 2 月 23 日笔者日记。

是英文名篇背后的历史故事和文学典故。这一点，同学们都特别喜欢。陈潮同学至今记得，有一次课上，陈仁炳用英语提问："谁读过狄更斯的《大卫·科波菲尔》?"同学们或是没听懂，或是没读过，面面相觑，无言以对。这时，最后一排有人举手，大家回头望去，是一名金发碧眼的留学生。接着，便是陈仁炳用流利的英语与留学生的对话……

很多人以为，因为长期受到不公正待遇，陈仁炳在上课时，一定会借古讽今、牢骚满腹。然而，他究竟发过什么牢骚，我却怎么也想不起来。在我的日记里，有一则记述倒是出乎意外。有一次，陈仁炳讲述玛志尼的名篇《致意大利青年》，其中提到这些名句："爱你的家庭；爱你的生活伴侣；爱那些准备为你分享快乐、分担痛苦的人；爱那些亲近你、你也亲近之的死者。爱你的国家，她是你的名字，你的光荣，你在各民族当中的标志。用你的思想、意图和热血给她吧……"对此，我这样记道：

> 今天下午英语课时，陈老师在上到 19 世纪中叶意大利著名爱国志士玛志尼的 *To the Young Men of Italy* 时，感慨地进行了一番爱国主义教育。并联系方志敏烈士《可爱的中国》一文，谈了热爱祖国的意义。①

---

① 1981 年 4 月 13 日笔者日记。

上述记录表明，陈仁炳讲述玛志尼名篇的这堂课，用今天的话来说，给人以"满满的正能量"。

所谓"正能量"，从来就不必语调高亢、激情昂扬。对于陈仁炳上课的语调，我过去曾这样描述过："一如他的旧皮鞋，喑哑迟缓间，不乏亮色与光彩。记得有一次，他谈到英语语气词，忽然话锋一转，说40年代初，他在重庆曾听过郭沫若先生一次关于屈原的演讲，郭老说，今天的'兮'字，屈原时代读作'呀'（音'啊'），例如'长太息以掩涕兮'，就是'我又叹息又流泪呀'……"①

当年，我年少无知，对于他那种喑哑的语调、婉转的口气，并不能完全理解。在日记里，我还用"有气无力"一词来形容：

　　陈仁炳老师也许是一个失意者。他在上英语课的时候时常是有气无力的，但当他言及他三十年代赴美留学的经历，他的眼里闪出激动的光芒。说话的声音也变得洪亮了，他说他是多么兴奋地在收音机里倾听罗斯福和胡佛的竞选演说，又是多么好奇地对美国朋友的家庭的"民主"感兴趣……现在，陈老师已近"古稀"之年，仍是一个不很得意的人，当

---

① 《相辉：一个人的复旦叙事》，第230页。

然对过去的岁月要显出无限的眷恋之情了。①

应该指出，陈仁炳重登讲台时，不是"已近'古稀'之年"，而是72岁，早已"人过古稀"——他是当年年龄最大的历史系任课教师。他的眼里，为什么会"闪出激动的光芒"？他的声音，为什么会"变得洪亮"？这是因为，他回首往事，讲到了他的青年时代。

青年陈仁炳多才多艺，既是翻译家，也是演说家；既当过教授，也当过演员。赴美留学期间，他给胡适写过信，阐述过他对中日关系的看法；抗战时期，他曾担任武汉合唱团的领队。合唱团中有一位团员，后来成为蜚声中外的歌唱家，她就是周小燕。1938年，陈仁炳曾率领合唱团到东南亚义演，宣传抗日主张。他还与著名演员项堃等一起，主演过话剧《雷雨》(他扮演周朴园，项堃扮演周萍)。郁达夫看了演出后，曾高度夸奖称，"没有一个不是做到了恰到好处，个个都有百分之九十九的成功"。②另外，陈仁炳还会作词作曲，据史料记载，他一度任教的上海市立师专，其校歌就是他创作的。还有人回忆，解放战争时期，为了反抗国民党的独裁统治，他曾仿照《义勇军进行曲》的曲调，改作过一首《自由胜利进行曲》。

① 1981年6月1日笔者日记。
② 郁达夫：《〈雷雨〉的演出》。

1938年，陈仁炳（右一）作为领队，曾率领武汉合唱团赴东南亚举行抗日救亡义演。这是武汉合唱团的合影。刊于《东方画刊》1939年第1卷第10期

他的"告别词"和"礼物"

那么，陈仁炳在上课时，除了"回首往事"，是否还"触及当下"？有没有针砭过时弊？好像也是有的。例如，有一次，他忽然谈起了"稿酬"问题：

> 前天，陈仁炳老师在上课的时候，提到了稿酬问题。为了表示他的不满，尽管他一再说"我们不举具体事例"啦，但最终还是说："比如《李自成》这部小说的写作稿费，够得上我们的'姚同志'享受一辈子了……"陈先生的说话口气中不无讽刺之意，可见，学术界许多人对姚雪垠是不很满意的。①

这里，有一个历史背景：当年白桦的《苦恋》正受到批判，姚雪垠曾对白桦有所批评。那么，陈仁炳上课时忽然提到姚雪垠，是就事论事地评论姚雪垠的"写作稿费"呢？还是他触景生情地站在白桦一边？不得而知。

然而，尽管"触及当下"，陈仁炳却很少谈自己的不幸。我记得唯一的一次，是在 1981 年 12 月 31 日。那一次，是他为我

---

① 1981 年 12 月 19 日笔者日记。

们上选读课的最后一课，也是 1977 级同学的毕业前夕（1977 级与我们合班上课，即将毕业。据我日记记载，1977 级的分配方案公布日是 1982 年 1 月 4 日）。

在这最后一课上，陈仁炳对我们说了一段"告别词"，我在日记里这样写道：

  陈先生对全班学生作了勉励，说每个人每年能写出一篇两千字到五千字的作品，不要急于发表，而要不断加工，如此坚持五十年，那么，这一定是不得了的事，"我希望在座的人中能出现 Russel（罗素）、Macaulay（麦考莱）、茅盾、巴金，甚至鲁迅这样的名家"。当回忆到自己的不幸时，他感慨万千，说自从 1957 年以来，"我'鬼混至今'，无所作为"。谈到这些，陈先生哽咽了，于是他如泣如诉地说了这么一桩事：1931 年九一八事变发生后，他当时所在的沪江大学为了纪念这个"国哀"的日子，举行了降国旗的仪式，陈作为学生会干部发表了演说，以后又整理成文发表在某报上，十年浩劫抄家时，居然没有抄走这篇文章的剪报，现在，毕业班的同学要走了，他愿意把它印出来分赠大家，作为一个小小的礼物……①

————————

① 1981 年 12 月 31 日笔者日记。

上面的"告别词"里，"我'鬼混至今'，无所作为"一句，大概是陈仁炳唯一一次在课堂上诉说自己的不幸。这番话，是他在勉励学生的前提下说的，与其说是牢骚，倒不如说是他的自我解剖。哽咽的语气中，充满了他对未来的某种期盼。

今天，为了写作本文，我翻箱倒柜，想找出"世界史英文名著选读"课本和陈仁炳"印出来分赠大家"的那份剪报，却找来找去也没找到……他的"小小的礼物"，早已被我遗失了。

然而，他的上课风采，却深深地刻在我们心间。他对我们的期许，崇高、缥缈而遥不可及，虽然我穷尽一生也达不到，但它却像一束光，时刻在我们头上闪耀。

这束光，就是陈仁炳先生留给我们的最好的"课堂礼物"。

写于 2024 年 6 月 21 日

苏步青校长向我走来

在苏步青先生诞辰 120 周年前夕,《苏步青画传》正式出版。手捧《画传》,我的记忆之门,豁然打开。

1978 年,苏先生以 76 岁高龄出任复旦大学校长。也就在那一年,我考进了复旦历史系。那年开学有点晚,据我的日记记载,10 月 10 日上午 8 时,开学典礼在大礼堂(即登辉堂)举行,"我坐在第五排"。主席台上,坐着一长串校领导,苏先生和校党委第一书记夏征农先生坐在中间。除了苏、夏两先生,其他领导我都不认识。记得好像是夏先生主持典礼,苏先生发表讲话;上台发言的,还有一位新生代表李骏同学,他是当年数学竞赛第一名——他们在会上讲了些

《苏步青画传》书影

什么，我早已忘记了。但是，苏先生那带有浓重浙江口音的普通话，还是让我记住了片言只语。多年以后，我在一次校史课上，曾模仿过苏先生的"浙普"："同学们，你们要记记牢，现在，你们已经是中华人民共和国的大学生了……"校友们听后，都夸我学得很像。

开学典礼后，我就经常在校园里见到苏先生。有时，他夹着棕色皮包或几本厚厚的书，走过校图书馆（今理科图书馆）西侧，直奔那幢简朴的办公小楼；有时，他在"南京路"（今光华大道）上昂首疾行，偶尔会在学生墙报前驻足……我好生奇怪，苏先生是一校之长，又上了年纪，为什么独自一人行走校园（连个秘书也不带），还健步如飞？更引人注目的是，他的衣着很特别。那时，西装尚未流行，男士通常穿涤卡中山装，蓝灰色，皱皱巴巴。但苏先生的中山装，是黑色、烟灰色或米色的，面料上乘、质地挺括，配上他胸前的"复旦大学"红色校徽，在阳光下一闪一闪，真是气度非凡——果然，我在这本《画传》中发现，1984年前的苏先生，在国内正式场合总是穿着中山装，连接待法国总统德斯坦，也不例外。

苏先生是数学大家，在国内外享有崇高威望；他的风度，更是令我敬仰。作为无名小辈，我每次见到他，都怯生生地躲在一旁，默默远观，从不敢上前叫一声"苏校长"。前几天，看作家莫言先生的微信公众号，一名学生家长给莫言留言称："因为莫老师，孩子义无反顾选择就读北师大文学院，我问他，见过莫老师吗？他说在校园偶遇过三次，但每次都不敢打招呼，然后就擦身而过了……"这孩子，特别像当年的我。因为羞怯，直至今天，我还有两个疑问，跟苏先生有关，却没找到答案——

一次，我从100号楼（当时的历史系办公楼）回六号楼宿舍，路过第一教学楼，在门口台阶上，见苏先生操着一口流利日语，正跟一位日本老人侃侃而谈。他们说了什么，我一句也听不懂。不知谁说了一句，那位老人，就是松下幸之助先生。松下幸之助是日本的"经营之神"，邓小平副总理1978年访日时，曾特地参访过松下公司。就在那次偶遇苏先生后不久，第一教学楼三楼被改造成了电化教室。里面的设备，很多铭牌上写着"National"（松下牌）……前几天，我一拿到《画传》，就急切地翻阅，想寻找到苏先生接待松下幸之助的照片。很遗憾，我并没能找到。那么，那位与苏先生交谈的日本老人，真的是松下幸之助吗？还是别人说错了？或是我记错了？我不能确定。

还有一次，是我毕业前夕，苏先生参加我们班的毕业合影。那天是1982年5月7日，我在当天日记里记道："今天下午，我们全班和全系任课教师举行毕业合影。苏步青校长、盛华书记以及周谷城教授等都应邀参加了。苏校长在临拍照之前，笑着说道：'这是有史以来的第一次。'"我清楚地记得，那天盛华书记先到，苏先生晚到了一会儿，一来就说了上述这句话。那么，为什么要说是"有史以来的第一次"？是说他从未参加过毕业班合影？还是说他从未参加过文科或历史系毕业班的合影？甚或是说他作为校长，第一次参加学生毕业合影？我当时离苏先生不远，却不敢追问。

其实，苏先生是很容易接近的人。几年前，我采访过复旦话剧团几位老校友，他们告诉我：1962年，复旦版话剧《红岩》要在大礼堂演出，因为礼堂台口浅、顶棚低，难以置景，同学们只得自己敲敲打打，动手改造。时任副校长的苏先生问明情况，就请来木工师傅帮助改造。"更重要的是，苏先生还特批给剧组3000元经费……这在当年，可是一笔巨款啊！"剧团负责人于成鲲感慨道。另一位学生演员回忆，按照剧情，剧中的地下党市委书记李敬原需要穿一件呢大衣，当年呢大衣是贵重物品，大家都很穷，买不起，于是就想向经常穿呢大衣的苏先生商借，"没想到，苏老二话不说，立刻就答应了……"谈起往事，老校友们至今激动不已。

除了平易近人、善解人意，苏先生也很幽默风趣。最有名的，是他本人的自嘲："我的名字，叫'苏步青'；我教过的学生很多，叫'数不清'。"还有，就是他出过一个著名对句的上联。1956年春节，教师团拜会在新落成的工会礼堂举行，苏先生忽发奇想，以两位名教授的名字出句，并要求座中教师同样以名教授名字对之："陈望道、卢于道，头头是道。"这时，哲学系教授严北溟先生站起身，对答道："张孟闻、曹亨闻，默默无闻。"顿时，工会礼堂里气氛热烈。这个对句，嵌着陈望道校长和生物系卢于道、张孟闻教授以及新闻系曹亨闻教授的名字。苏先生的诙谐出句，为那个年代的知识分子氛围，带来了难得的轻松和惬意。

……

今天想来，我当年的羞怯，纯属庸人自扰。假如我跟苏先生打招呼，或向他斗胆提问，相信他一定会热情作答、也不至于让我迄今难以释怀。2018 年 1977、1978 级校友返校期间，我见过一位经济系校友向校档案馆捐赠的苏先生字幅。原来，他毕业前夕在校园里遇见苏先生，即请题字。苏先生不仅没有回绝，还认认真真地书写了几句话，予以勉励——唉，我当时，怎么就没有想到呢？

……现在，《苏步青画传》在我面前展开，阳光洒满窗台。摩挲着一页页铜版纸，凝视着一幅幅摄影画面，恍惚间，《画传》中的苏先生，一脸慈祥，正亲切地向我走来。

写于 2022 年 9 月 10 日

金冲及与"老何"

金冲及先生是著名的历史学家，他曾先后在复旦大学、文物出版社、中共中央文献研究室任职。1984年起，他任中共中央文献研究室副主任、常务副主任。2024年11月14日，惊悉金先生于当日去世，我随即提笔，写下此文。

金冲及是复旦的老校友。1930年，他出生于江苏青浦（今上海青浦）。1947年，考进国立复旦大学史地系。几个月后，他加入了中国共产党，成为复旦学生地下党成员之一。

在《经历：金冲及自述》一书中，金冲及曾提到过一件事：1948年春，在他秘密入党之际，曾有一位神秘的联系人"老何"来到他家。那么，这位"老何"是谁呢？

一张"处分单"

1947年12月，同济大学学生发起了"救饥救寒运动"，幕后的领导者是同济学生地下党，总支书记是乔石同志。因同济离复旦近，这一运动得到了复旦学生的响应。至 1948 年 1 月，"救饥救寒运动"迅速发展成为反抗国民党统治的"一·二九运动"（又称"同济事件"）。

金冲及积极参加了这一运动，后被复旦校方记大过处分。在复旦档案馆的学籍档案里，至今保存着他受处分的那份"学生功过通知单"：

> 径启者，兹有史地系 B64 号学生金冲及，因参加同济事件出借校章他人佩带事，业经照章记大过乙次。
>
> 相应通知，即希詧照存查为荷。此致教务处。
>
> 国立复旦大学训导处启　2 月 21 日

2011 年 6 月，金冲及回母校复旦出席建党 90 周年座谈会。座谈会开始前，他向身边人员讲述了这次处分的由来："……我们被国民党军警围住，十几个人一组，要我们拿出学生证或者学校徽章，以示甄别排查社会闲杂分子。我看到我旁边的一名女生没有带证件和徽章，于是就把我的徽章摘下偷偷递给她，想帮助她蒙混过关。然而，当年的复旦徽章上刻有学号，我的学号是 B64。后来查到我时，学生证上的学号也是 B64。这下'穿帮'了，于是，我被学校记了一次大过处分。"[1]

---

[1] 周桂发：《金冲及的一张"处分单"》，"读史老张"微信公众号，2024 年 11 月 16 日。

据金冲及回忆，从此以后，他更加痛恨国民党的腐败和专制，迫切向往共产党。那么，共产党在哪里呢？

家里来了"老何"

1948 年春夏之交的一天，金冲及的同班同学卓佳玮跟他说：我们是不是一起尽力去找共产党？如果你找到了，你就告诉我；我找到了，我就告诉你。

卓佳玮是以非党员的口气说这番话的。其实，这位毕业于南京中央大学实验中学的女生，早已入党，是中共南京市委上海联络站成员。她说的话，既是一种试探，也未暴露身份。

过了一段时间，卓佳玮又说：有人要我们两人入党，你看我们要不要参加？金冲及立即表示同意。于是，卓佳玮就要他写一份自传。自传交上去以后，卓佳玮告诉他，组织上已经批准了。星期日，会有一个人到他家里来。

到了那天，果然有一个戴眼镜的男人来到金家。据金冲及回忆："他大约比我大六七岁，在那时看起来比我年长得多，说是姓何，是卓佳玮要他找我的。"[①] 过去，金冲及从未见过这个人。看上去，这个"老何"也不像是复旦人，但又不好问他名字和情

---

① 《经历：金冲及自述》，生活·读书·新知三联书店，2023 年 3 月，第 40 页。

2011年6月29日下午，金冲及在复旦光华楼翻阅《复旦履痕》。左起：朱维铮、周桂发、金冲及、金光耀、林尚立、章清。刘畅摄

况。"老何"说，他以后会定期到他家来，主要是帮助他学习。

巧的是，不久，另一位同班同学邱慎初也来找金冲及，说要发展他入党。因为邱是自己的好友，金冲及就告诉他，自己已入党了。邱慎初大吃一惊：是谁介绍的？金说是卓佳玮。隔了几天，邱慎初很紧张地告诉他：组织上说，党内没有这个人！金冲及一下子慌了，急忙问：那怎么办？邱慎初说：你再写一份自传给我。不久，邱告诉他：组织上已批准你入党了。

就这样，金冲及经历了两次"入党"的过程。几天后，新闻系学生、地下党员江浓来找金冲及接头。金冲及问：我之前加入的那个组织是怎么回事？江浓说：那可能是"托派"，不过不要紧，组织上对你是了解的。你继续同他们保持联系，注意进一步观察。

这些情况，"老何"根本不知道，他仍然隔三差五来金家，帮助金冲及分析当时政治形势、学习党的方针政策。金冲及"观察"来"观察"去，也没发现"老何"有啥不正常的地方。8月，金冲及受国民党"特种刑事法庭"的通缉，按组织要求，他必须藏匿起来。江浓来找他谈话，金冲及问：对那个组织怎么办？江浓说："甩了吧。"[1] 后来，金冲及就再也没同"老何"联系。

---

[1] 《经历：金冲及自述》，第44页。

"老何"的谜底揭开

这个谜底，直到上海解放后才揭开。

原来，这位"老何"，是中共南京市委上海联络站的负责人，直接受南京市委书记陈修良领导。而邱慎初、江浓等，则属于中共上海市委系统。当年因白色恐怖，两者都是单线联系，互不交集。

"老何"真名贺崇寅（1923—2003），江苏南京人。他早年就读于中华职业学校，1940年加入中国共产党，那时他才17岁。1948年春，"老何"跟金冲及联系时，实际年龄也才25岁。但是，那年的"老何"已是老资格的中共地下交通员了。怪不得在金冲及眼里，"老何"看起来"年长很多"，说明他非常老练、沉稳。

上海解放后，贺崇寅先后在上海市总工会、市委办公厅工作。1957年，他任上海科技出版社党组书记、副社长兼副总编辑，成为资深出版人。1983年，贺崇寅受汪道涵市长委托，创办上海翻译出版公司，以"引进国外信息，服务四化建设"为己任，出版了一系列介绍国外先进科技的报刊，如《上海译报》《上海科技翻译》《创业者》等，是翻译出版界的领军人物。

上海翻译出版公司，就是上海远东出版社的前身。1994年，我到远东社短暂工作。刚到那里，我就觉得远东社与众不同、藏龙卧虎：出版社的牌匾，是由汪道涵市长亲笔题写的；出版社的编辑，有事时会跟市领导写信。一位同事因家庭困难给市领导写信，不久就解决了难题。还有不少同事，是"名人之后"或名人亲属。随便一说，谁谁的父亲、谁谁的丈夫就是某位耳熟能详的名人大家……

最有意思的是，出版社同事还常常提起"老贺"。这个"老贺"，就是曾担任过远东社社长、总编辑的贺崇寅。那时，贺崇寅刚刚离休，社里流传着不少他的逸闻和轶事。其中一点，就是他与江泽民同志联系密切。有人说，他们曾是一个党支部的成员。

后来我查史料得知，解放战争时期，不少南京地下党成员的身份暴露，市委书记陈修良将部分党员送往上海避险。其中一位地下党员名叫厉恩虞，曾经领导过南京的爱国学生运动。陈修良将厉的组织关系交给了贺崇寅，贺将他安排在江泽民的姨妈家中隐蔽。

江泽民的姨妈家位于武进路（近河南北路），房屋前后是一条大弄堂，四通八达，且离北火车站近，便于转移。当年，江泽民是交通大学学生地下党，也曾在此暂避一个月，并与厉恩虞朝夕相处。半个世纪以后，江泽民曾深情地回忆厉恩虞："……1948年11月，他撤退回苏北根据地，我到车站为他送行。到根据地后，他改名陈震东。"[①] 在与厉恩虞交往的同时，江泽民还经常在

---

① 上海交通大学编著：《江泽民和他的母校上海交通大学》，上海人民出版社，2006年3月，第52页。

金冲及（右）与贺崇寅。照片刊于《经历：金冲及自述》

姨妈家见到贺崇寅。当时他不知贺的名字，只知道他叫"老徐"。"老徐"经常为厉恩虞带来进步书籍，江泽民几乎每本必读。

20世纪90年代中期，贺崇寅到北京看望江泽民。金冲及在贺的住处见到他时问他：为什么当年南京市委要在上海设立联络站？贺崇寅说，当年南京的党员转到上海避难，市委恐怕连累上海党组织，遂在上海设立了联络站，仍由南京市委领导。陈修良告诫贺崇寅：联络站的任务是保存实力，而不是开展群众工作，这一点你要特别注意。

这样，金冲及才明白，为什么"老何"每次来他家，只是帮助他学习形势和理论，"从来不谈具体工作"，也从未有过组织生活。而他加入上海市委系统的组织后，江浓就召集他开过党小组会。会议的地点，是离复旦不远的叶家花园，"那里人很少，坐在草地上就像聊天那样，并不引人注意"。

后来有一次，金冲及在北京见了江泽民，向他提起贺崇寅，说本来只知他的名字叫"老何"。江泽民说：那时，我只知道他叫"老徐"。①

写于2024年11月14日

---

① 《经历：金冲及自述》，第44页。

第四编　师友记

还有多少人记得邓廷爵老师

今天，还有多少人，会记述一位已去世三十多年、不那么"著名"的副教授呢？……不管怎样，我曾经写过他。

上午在复旦档案馆，见到一位前来办理捐赠手续的老师。她叫徐鸿玉，是邓廷爵先生的女儿。徐老师说，她早就知道我，虽未曾谋面，但一进门，就认出我来了。

实际上，我也早就知道她。不久前，我就听傅德华老师说起过，说徐老师向历史系捐赠了她父亲的大量文件、资料和手稿等，足足有几大包。这些资料，内容之浩繁、收藏之完整，"实在令人震惊"。

邓廷爵（1922—1991），四川璧山人。1950 年毕业于复旦历史系。邓老师是中国古代史研究专家，也是我的史学引路人。我们的"中国通史"课中，最早的"先秦史"就是他教的。在他指导下，我们当年几乎都能背诵几句"称彼兕觥，万寿无疆"之类的词句，还能辨认几个甲骨文字。

邓老师曾经担任过我们的班主任，经常到我们寝室来嘘寒问暖，我曾在《那些年，他们还不是教授》一文中，描述过他：

> 他瘦弱、矮小，说一口四川普通话，性格沉稳，话不多。因已谢顶，看上去很苍老，在我们眼里，他是一位"年迈的老先生"——有一次，他坐在别人自行车的后座上到校上课，一位同学看见后很担心：老先生年纪大了，万一摔倒可怎么了得？其实，谁也没猜到，邓老师当年才五十来岁。

邓老师的资格很老。他是来自北碚复旦的学生，师从过曾在历史系任教的顾颉刚先生，这在当年历史系里，简直凤毛麟角。据《顾颉刚日记》记载，1946 年 10 月 30 日，"复旦学生来上课，自一时半至四时，为讲地理沿革史大概及《山海经》"。11 月 18 日，"为复旦学生十一人讲《禹贡》三小时"。顾颉刚记下的为数不多的学生名字中，均有"邓廷爵"。与邓老师一起被记下名字的，还有陶松云和胡绳武老师，他们后来都留校任教。不过，邓老师很谦虚，他从未对我们说过，他是"顾颉刚弟子"！

邓老师虽然低调，却一生坎坷。抗战结束后复旦返沪，他因故休学两年，后在一所中学任教。这一时期，不知什么原因，他参加过三青团一个外围组织。从此，他就背上了沉重的历史包袱。1949 年后，尽管他一直崇尚进步、紧跟时代、积极靠拢党组织，却始终无法卸下这个包袱。历次运动，他都受牵连。

十年内乱中，邓老师虽够不上"反动学术权威"资格，却被指为"反动分子"的"喽啰"，跟着"反动学术权威"们陪斗。有一次批斗会，一直被斗到深更半夜，才被造反派放回；还有一次，那个历史地理所的造反派，上去就打他。粉碎"四人帮"以后，对方向他赔礼道歉，邓老师用四川话说："过去的事情，就算喽！"家里的孩子们都想，这怎么就能"算喽"呢?

邓老师做学问非常努力，他认为，"板凳须坐十年冷"，论文要一篇一篇写，慢慢考证。例如，他在《〈战国策〉集注会考》一书中，曾写满了批注和评语，合起来应该就是一篇论文。在历史系，他还常做一些琐碎工作，却从不埋怨。徐老师说，改革开放后，学校里要发放工会会员证，父亲居然在家里做起了粘贴照片、填写会员姓名的工作。孩子们都问他，难道系里没人做这个事了吗? 邓老师不响。

后来，邓老师接任我们的班主任，他依然非常勤勉、认真。在邓老师的笔记本里，粘贴着我们每个人的姓名、学号，对于每个同学的情况，他都仔细记下。例如，"五月二十二日，年级同学××、×××与留学生办公室工作人员发生冲突。二十三日对（向）×××了解情况并做思想工作，嘱其听候学校行政正确处理……"云云。还有，他特地记下了几名"比较有兴趣写作的同学"的名字……

因此，我对邓老师，一直充满崇敬和感激之情。

1953 年 4 月，复旦历史系部分师生到苏州吴官遗址考察，摄于苏州狮子林。
左起：沈勤庐、胡厚宣、顾颉刚、邓廷爵。徐鸿玉提供

然而，现在历史系的很多师生，并不知道他。因为他算不上通常意义上的"名教授"——邓老师教我们的时候，是年纪最大的讲师，我们背地里都称他"老讲师"；直到他去世时，他的职称，还只是"副教授"！

　　现在有很多人，都会回忆名教授；还有很多人，会非常自豪地记述"我的朋友胡适之"。但是，还有多少人，会记述一位已去世三十多年、不那么"著名"的副教授呢？

　　不管怎样，我曾经写过邓廷爵老师——对此，我很自豪。

写于 2024 年 7 月 2 日

"新来的班主任"许道勋老师

　　我虽然不能算他的好学生，但我不会忘记，他的热情、认真和宽人严己，曾经给予我这个精神贫瘠的学生以多么丰厚的滋养！今天，只要一提到许道勋老师，他对我的勉励和表扬、他那"咯咯咯"的爽朗笑声，就会在我耳畔响起。

　　2024 年 12 月 10 日，参加复旦大学历史系百年系史编委会会议。在讨论纪念文集时，大家一致认为，无论是为人师表也好，还是学术成就也好，已故的许道勋老师都值得在纪念文集中留下一页。据此，有几位师友鼓励我说，你可以写一写许道勋老师。理由是：许老师当过我们的班主任；我曾在《那些年，他们还不是教授》一文^①中写到过他。

　　许道勋（1939—2000），浙江温州人。1962 年毕业于复旦大学历史系，同年考取研究生，师从周予同先生。1965 年毕业留校，历任助教、讲师、副教授、教授及博士生导师，曾任中国古代史

---

　　①　刊于《文汇报》笔会副刊，2021 年 7 月 17 日。

教研室主任。许老师待人真诚、治学严谨，是著名的隋唐史、经学史研究专家，在史学界享有盛誉。

我日记里的他

说来惭愧，虽然许老师当过我们班主任，也为我们上过中国古代史的课，但我并不算他的"嫡系"学生。我 1978 年考进历史系时，还是一个文艺青年，最初的兴趣不在历史，而在文学。大三以后，虽然摸到一点历史学门道，兴奋点也不在他研究的领域，而是在中国近现代史。不过，许老师似乎"有教无类"，从来也没嫌弃过我。

许老师是 1981 年年初担任我们班主任的。2 月 19 日，我在日记里记道：

> 正整理寝室时，许道勋老师来了，他是新来的班主任，许老师给我的印象是：和气而健谈，而且总是笑呵呵的。说话时，不时写几个字来阐明他的语意。他说的有关记笔记、写札记等，对我启发很大。

这段日记，载有以下信息：

1. 许老师是"新来的班主任"。我们班最早的班主任是李孔怀老师。1980年年初他调任复旦分校后，邓廷爵老师接替了他。1981年2月，邓老师因病卸任，许老师担任了班主任，直至我们第二年毕业，时间约为一年半。

2. 我写许老师"总是笑呵呵的"，是因为"笑"是他的标配。许老师逢人便笑，笑声富有个性。背地里，我们给他起了个绰号："开口笑"。据说在1980级学生的课堂上，只要许老师一来上课，就会有一名调皮的学生带头，学着他的笑声"咯咯咯"地大笑起来……许老师不明所以，被逗笑了。于是，全班同学一起跟着他，大笑不已。

3. 他"说话时，不时写几个字来阐明他的语意"，这是因为许老师是温州人，讲话带有浓重的地方口音。比如，他说"周先生"，读音却是"究先生"。他怕学生听不懂，所以常会用写字来阐明语意。

在我的日记里，许老师出现的频率很高。例如，1981年10月27日："遇许道勋老师，他问：'你毕业论文准备写什么？'我答：'现在还没定，不过总是偏重于中国近现代史方面的。'他笑呵呵地连声说'好好好'，便与我告辞了。"1982年2月9日："许道勋老师今天力劝我考研究生，我很矛盾，心如乱麻，他让我明天答复他。"2月17日："许道勋老师把我的上次那篇文章还给了我，说：'你的文笔蛮流畅的，你要是现在不准备报考研究生，以后也可以考嘛！'我笑了笑，没有作答。"6月16日："许道勋老师对我说：'你这次论文写得不错，李华兴老师好像对你很赞赏，以后你也可以搞搞这方面的东西。'"

……这就是我日记里的许老师，他好像永远在勉励我、表扬我。

"学术拍档"的他

即便如此，我对许老师却知之甚少。我对他的印象，永远停留在表面：人瘦小，个子不高，常穿一件藏青色涤卡中山装，戴一副棕色圆框眼镜。那时的眼镜质量差、镜片厚，那一圈圈镜片边缘，证明他近视度数不低……除此之外，就是他那有魅力的笑声了。

后来我听说，20世纪70年代初，毛泽东主席作出指示，请一些专家注释部分古籍，印成大字本，供中央领导人阅读，许老师就是大字本的注释者之一。我毕业以后，他与赵克尧老师合著了《唐太宗传》《唐玄宗传》，先后由人民出版社出版，均获得社科图书奖，让人眼睛一亮。这两本书至今仍是唐史研究的重要范本。

说到赵克尧老师，我在这里也不妨介绍一下。他比许老师大两岁，他们是温州同乡，还是研究生同学。赵老师为我们开过唐代史课，讲话中气足，声音洪亮。他的讲课，表情生动，细节精彩，故事性很强。金光耀同学至今记得，赵老师某次讲某官吏杀人，首级滚落、血溅四方。听得他汗毛倒竖，惊出一身冷汗……

许道勋老师为人低调，除了他的标准像，很少能找到他的工作照。左图为从他的学生卡上截取的照片。右图是赵克尧老师学生卡上的照片。复旦档案馆藏

不知为什么，赵老师上课时，眼睛从不直视同学——不是对着天花板，就是朝向窗外。课间休息，同学们照例要问东问西，他好像也不怎么回答。后来，辅导员傅淑贤老师委婉地转达了赵老师的意见，说是他课间需要休息——大家却隐隐觉得，赵老师经过"文革"后，有点"怕"学生。

这位看上去略有点腼腆的赵老师，却是许老师的好拍档。在复旦历史系，合作研究具有优良传统。例如，金冲及先生和胡绳武先生就是一对成功合作的典范。20 世纪 50 年代起，金、胡两先生就开始合作编写《中国近代史》大纲，后来又合作撰写了《论清末的立宪运动》《从辛亥革命到五四运动》《辛亥革命史稿》等论著。金冲及先生晚年曾动情地回忆称，他和老胡长期相处、共同研究，"时间一长，对许多重要问题都逐渐形成共同的看法，而且不断深化"，"从来没有发生过矛盾"。[1] 后来，他俩先后调往北京，依然关系紧密。

70 年代末开始，历史系又涌现出好几对学术拍档。其中最值得称道的当属许老师和赵老师。他们从学生时代起，就在《光明日报》上合作发表过文章。从此以后，互相切磋学术成了他们"共同的习惯"。[2] 多年以后，他们开始合作研究唐代史，可谓珠联璧合，屡出成果。《唐太宗传》《唐玄宗传》(前者赵老师署名在

---

① 金冲及：《合作数十年的老大哥胡绳武》，《经历：金冲及自述》，第 185 页。
② 赵克尧、许道勋：《唐太宗传》后记，人民出版社，1984 年 10 月。

前、许老师在后；后者许老师署名在前，赵老师在后）等专著，就是他们成功合作的智慧结晶。据说，一位台湾大学教授在读了《唐玄宗传》后，对书中的详实考证尤为叹服。

"第一流人才"的他

其实，许老师最初的研究范畴，是中国经学史。他当年师从周予同先生，专业就是经学史。20世纪60年代后，"经学"被批为封建糟粕，说它代表封建统治者的意识形态，许老师迫不得已，才转而研究起了唐代史。到我们读书时，已是拨乱反正之际，他终于放开手脚，开起了"中国经学史"选修课。

我因志不在此，并没有选修过"中国经学史"。但我记得，我去听过许老师上的第一堂课。一上来，许老师就发出他那招牌式的"咯咯咯"笑声："今天这个课呢，主要内容，都是周（予同）先生的，我呢，只不过是照搬周先生的东西……"这个开场白，谦虚而又坦率。

后来，我在读朱维铮老师为《周予同经学史论著选集》写的"增订版前言"时，惊讶地发现，周先生的"中国经学史"，"文革"前曾由一位助手协助整理讲义。待"文革"结束，那位助手却称，讲义已在运动初期被抄走。"那是一九八○年的事，周先生在病中闻讯后愤怒可知。"朱老师称，"原稿虽已埋没，笔记尚在人间。我当年的笔记，已不知去向，但许道勋先生的听课笔记，仍然保存完整。"

朱老师提到的"听课笔记"，就是许老师所说的"周先生的东西"。这份笔记，由许老师亲自整理成《中国经学史讲义》，共20个章节，分上、中、下三编。上编为"导论"，主要阐述研究经学史的目的与方法、经学史参考书目、经学的学派和分期等；中编为"经学史诸专题"，包括孔子与墨子、孟子与荀子、董仲舒与刘歆、玄学与儒学、汉学与宋学、清学以及康有为与章太炎等专题；下编为"经典研究"，涵盖《易》《书》《诗》《春秋》《论语》《孟子》《大学》《中庸》《孝经》《尔雅》等经典著作。这份听课笔记是研究中国经学史和周予同经学思想的重要文献，也是许老师潜心攻读经学史的历史记录。

对于这份笔记，朱老师评价很高，并把它收入了他编的《周予同经学史论著选集》：

> 许道勋先生于一九六二年成为周先生的中国经学史研究生，所记周先生的课堂讲授内容甚为详尽。在周先生去世后，许先生即用很多时间整理这份笔记。他得知曾听过周先生最后一次讲授的刘修明先生，也保存了笔记，即借以校核。今存《中国经学史讲义》，便是以他的笔记为主，参照刘修明的笔记，整理而成的……许先生十分忠于先师遗说，

凡笔记所录，均只字不改，同时加了若干注释。^①

　　1992 年年底，许老师接受《中华文化通志》编委会的任务，担任其中《经学志》部分的撰写。1993 年 1 月，许老师与《通志》编委会签订了首份编撰协议。然而，几个月后，在学校定期的教师体检中，许老师被查出肝脏有病变。当时，他完全可以就此推掉撰写任务。但是，"他想到这是一个庞大的集体项目，这么多作者经过遴选刚刚产生，临阵换将会给编委会带来麻烦。而更麻烦的是，当时编委会不一定就能找得到合适的替代人选……"^② 于是决定坚持下来，并邀请正在哲学系攻读博士的青年教师徐洪兴与他合作撰写。

　　徐洪兴老师告诉我，当年他和许老师同住在复旦凉城五区 23 号楼，许老师住六楼，他住底楼。当许老师邀请他合作时，他既感动又为难。为难的是，自己对经学史充其量只能说"初识门径"，"离登堂入室尚远"。但是，许老师的谦逊、热情和奖掖后学的长者之风，让他愉快地答应了下来。在合作撰写的过程中，许老师的病情时好时坏。"全书的写作细纲，就是我们在他病房里讨论，然后由我回家誊写清楚，再到病房去讨论，再回家誊写

① 朱维铮：《周予同经学史论著选集》增订版前言。
② 徐洪兴：《中国经学史》后记。

清楚，这样反反复复了许多次才最终定下来的。"①就这样，前后花了三年时间，他们终于完成了《经学志》(后改名为《中国经学史》，单独出版)。徐洪兴说，当全书最后一页定稿完成时，许老师如释重负，"那种先难后获的愉悦之情，真是难以言表"。

2000年年初，许老师的身体每况愈下。到了3月7日，终告不治，溘然长逝，享年61岁。此时，朱维铮老师正在香港中文大学任客座教授，他立刻发出唁电，对许老师的去世深表哀悼："我有幸与许先生同师，共治中国经学史，深知许先生在中国的经学史和隋唐史等研究领域，都属于第一流人才。"朱老师识人无数，议事论人向来入木三分，他称许老师为"第一流人才"，可谓一语中的、恰如其分。

......

许道勋老师去世已经20多年了。我虽然不能算他的好学生(似乎也没啥资格写他)，但我不会忘记，他的热情、认真和宽人严己，曾经给予我这个精神贫瘠的学生以多么丰厚的滋养！今天，只要一提到许老师，他对我的勉励和表扬、他那"咯咯咯"的爽朗笑声，就会在我耳畔响起。

写于2024年12月18日

---

① 徐洪兴：《中国经学史》后记。

曹景行的"影子"

2022 年 2 月 11 日，曹景行因病去世。作为同班同学，我很伤感，"君今不幸离人世，班有疑难可问谁？"

1978 年，我 18 岁，他们大都 30 岁出头。

我和他们说话，常常不在一个频道。说得幼稚些，有人就笑：哈！到底是小孩子！装得老成些，又有人问：哼！你看过几本书？

他们，就是我的同班同学：1966、1967、1968 届的高中毕业生，俗称"老三届"。十年前，他们就该上大学，因众所周知的原因，却"鸠占鹊巢"，与我们应届高中毕业生挤在一个"跑道"。而我们应届生，反倒成了配角。

我高中毕业后考进复旦历史系。班里有 50 余位同学，五分之一是应届生，五分之四是历届生。在历届生中，"老三届"就占了十多位。"老三届"年龄大、资格老，阅历丰富，几乎垄断了班干部职位，掌握着班级话语权。与他们相比，我们应届生是可怜的"少数派"，势单力薄，虽心有不甘，却又十分无奈。因此，对于"老三届"，没有比用"老家伙"来称呼他们更"提气"、更"解恨"的了。

我最先认识的"老家伙"，是曹景行。记得当年一位外地同学，几乎从不称呼"曹景行"，当面就以"老家伙"名之。老曹不以为忤，还呵呵地笑……老曹来自黄山茶林场，当过农机厂厂长。同学四年，他与我两度分在六号楼同一个寝室。入学时，他是我的上铺；毕业前，他又与我同屋。

刚进复旦不久，大家闲聊，话题天南海北。不知是谁，聊到了电影译制片，聊到了配音演员，同样来自黄山茶林场的金光耀指着老曹："他就是曹雷的弟弟。"啊？我吃了一惊。光耀又补充道："他爸爸是曹聚仁。"曹聚仁是谁？我不认识……反正，从那时起，我就知道老曹出自名人家庭，跟我们有点不一样。没想到，后来他自己也成了名人。

我以前曾多次写过老曹。他是"老三届"的标杆，也是我们的班长。在寝室里，我们几乎"惟公马首是瞻"：他看什么书，我们也囫囵吞枣地读；他喜欢什么电影，我们也一定买票去看；他爱好交响乐，我们也跟着收录机欣赏……关于这一切，本文暂不展开。我这里想说的是，当年寝室熄灯以后，他是"卧谈会"的主角。有许多观点（包括"鬼点子"），都是他在"卧谈会"上率先提出的。

那时校园里流行出墙报或黑板报——卢新华的小说《伤痕》，就是先贴在中文系墙上，最终变成"伤痕文学"开山之作的。我们班也出过墙报和黑板报，墙报贴在第一教学楼二楼的教室里，

1982年夏，曹景行（前排右）参加上海市三好学生夏令营，与部分同学合
影。蔡金莲提供

名称好像是《青年交响乐》；黑板报在"南京路"（今光华大道），名叫《百花园》。《百花园》创刊时，我们寝室（223房间）开了一个专栏，以"卧谈会"为主题，取名"223夜话"。这个专栏名就是老曹起的。

1978年11月，中文系学生成立了文学社团"春笋社"，在社会上引起轰动。某报报道称，"春笋社"的成立，得到了夏征农书记和苏步青校长的同意。据此，"223夜话"发表一篇小品文，题为《夏书记、苏校长与宪法》，文章指出，公民结社，乃是宪法赋予的权利。某报用书记和校长"同意"结社这个词，缺乏严肃性，应该用"赞赏"一词，才更贴切。

有一次，中文系黑板报上，发表了一组"大学生情诗"，分别为《远怀》《姑娘呀，热情些》和《在舞会上》。这组诗，大胆、热烈，令看官荷尔蒙飙升，引起了校园热议。一时间，在"南京路"上，各系黑板报纷纷展开笔战，反对者有之，赞成者也有之，好不热闹。这时，"223夜话"刊出一篇《为公乎？为婆乎？》，以晋惠帝问蛙鸣"为官乎？为私乎？"为题材，呼吁笔战降温，"可以休矣"。同时，针对中文系"姑娘，你主动些，热情些，大胆些"的诗句，以及新闻系"赵老太爷曰：不准跳舞"的点评，我们又写了一篇《阿Q轶事》，以幽默的语句，讽刺了双方笔战者。文章刊出后，黑板报前人头攒动。我仔细观察了男女学生的反应，大多忍俊不禁、掩面而笑……回到寝室，跟老曹讲起，大家偷着乐，一天心情大好。

还有一次，学校要推选宝山县人大代表，中文系、新闻系和哲学系的几名学生纷纷宣布参加竞选。新闻系学生与我们同住六号楼，我们223房间对面，就是盥洗室。那时正好盥洗室下水道堵塞，水漫金山……于是，盥洗室门口贴出了两张吸引人的纸条，一张是写给新闻系那位竞选者的："×××公民：本楼选民恭请您解决水道阻塞之积弊。十张选票。"另一张是竞选者的回复："如若当选，我一定向学校后勤部门反映情况，并愿与诸君共同搞好本楼卫生工作。×××"大家读后，哑然失笑。

最搞笑的一次，是系学生会让每个寝室做"百科知识竞赛题"。在填充题上，大家故意填了不少莫名其妙的词，如西德总理是"邦斯舅舅"，第一个女数学家是"妲己"，创造魔方的人是"匈奴人"，"海水看上去呈蓝色"是由于"有了'蓝色多瑙河'的缘故"，等等。大家边填边笑，乐得直不起腰来。我想，要是阅卷人一看，不把他气得半死才怪呢！

……

以上往事，背后都有老曹的影子。他既是班长，也是"军师"，更是"老三届"的优秀代表。

2022年2月11日，老曹因病去世。作为同班同学，我很伤感，"君今不幸离人世，班有疑难可问谁？"

写于2024年7月14日

郭太风"送礼"

今天想来，老郭的真诚、质朴，他的侠骨柔肠，是送给我们应届生最珍贵的"礼品"。

我们班级里另一位"老家伙"，是郭太风。在我的印象中，老郭总是眉头紧锁、目光深邃，手上夹着烟，嘴里吐出一圈又一圈烟雾……

邹振环同学曾这样描写老郭："他脸色黝黑，有一种古人的'豪侠'之气；有同学说他脸上有一层'烟云'，因为他是班上一支出名的'老枪'，但他却笑着说自己原来并不黑，是因为长期在建筑工地扛大包晒黑的。"①

关于老郭的形象，我想起一

郭太风（1947—2006）

---

① 邹振环：《侠骨柔肠的"老郭"》。

段往事。1995 年，市档案馆在宁波举行学术研讨会，档案馆的马长林、邢建榕同学邀请部分青年学者与会，我们班级的胡礼忠同学和时在中国纺织大学（今东华大学）任教的老郭等被列入了受邀名单，我也忝列其中。在天童寺附近，遇一算命先生，老郭让他看相。算命先生一口宁波话，说："侬的面相像柴爿，命硬，一定是生儿子！"大家知道算命先生胡诌（其实老郭只有一个女儿），没有点穿。不过，他说老郭的脸像"柴爿"，倒是神似。好在老郭常戴一副眼镜，还了他几分书生本色。

老郭不和我住同一寝室，我原先与他接触不多。听说他会武功，臂力过人，加上他像黑脸包公，不苟言笑，我们应届生都有点怕他。我跟他正面接触，是 1980 年 4 月去南京考古实习。一天，我们几个在朝天宫一家面馆吃面，为了省钱，各自只点了一碗光面，没点浇头。老郭说："你们年轻，可不要学我，只知道吃光面。我经济困难，还得省点钱给老婆买东西呢！"大家一听，都乐了：这老郭，倒是一个顾家的男人！

有一次，团支书陈潮同学为《青年交响乐》墙报征稿，我写了一篇小小说《权力》交差。《权力》描写某工宣队长欺下媚上的丑态，原型是我读中学时的一名工宣队长。这是我"公开发表"的唯一一篇虚构类作品。《权力》贴出后，一位"老家伙"连连摇头："你把我们工人师傅写得太不堪了，我不敢苟同。"这时，一旁的老郭却说："哼，'不敢苟（狗）同'，还有'不敢猫同'哩!"看得出,他明显站在我一边。

从此,我就与老郭热络起来,经常到他寝室里听他讲故事,尤其爱听他谈恋爱经历和工厂往事。这些故事既悲情四溢,又委婉动人……这才发现,老郭虽然神色严峻、好打抱不平,却感情细腻,内心充满柔情。老郭写的字,细小、娟秀,跟他外表格格不入。但只要跟他深度交往就能体会到,其实"字如其人"有点道理。正因为如此,我们应届生都喜欢他、亲近他。

大三那年,校学生会换届,老郭经过竞聘,居然当上了校学生会生活部长。"郭部长"常利用职务之便,为我们应届生谋福利。最大的"福利",就是每次校大礼堂举行交响音乐会,他都让我们做纠察。"纠察"是个肥差,负责检票之余,还能免费欣赏交响乐,另有几毛钱津贴,谁不乐意?

当上生活部长后,老郭常要"执行公务"。某日,他去女生寝室检查卫生。因他历来不修边幅,衣服前襟有一滩饭渍,已干硬发白,他也没在意。当他走进物理系一个"市文明寝室"时,女生们见他衣服上的饭渍,当场挤眉弄眼、叽叽喳喳,几乎笑岔了气。"郭部长"很没面子,讪讪地回来……一讲起此事,我们立刻群起而嘲之:"老郭呀,你坍了我们历史系的台!"

和其他"老三届"一样,老郭也带薪读书。他有一辆旧自行车,是他比我们应届生略显"阔气"的标志。有一次周末回家,他骑着那辆"老坦克"去买酱菜,回家时却忘了骑回,第二天想

1995 年，郭太风与大学同班同学在宁波。左起：马长林、邢建榕、郭太风、胡礼忠、作者

起，再到酱菜店门口寻找，哪还有"老坦克"影子？当年一辆自行车，相当于老郭几个月工资，"老坦克"没了，他只好自认晦气。有同学又笑他："老郭，你好糊涂啊！去跳黄浦算了！"他头一偏："值得吗？一生中的磨难多的是！就为这辆'老坦克'而一蹶不振吗？"

大学毕业以后，老郭仍与应届生交往频密。可以说，他是与我们走得最近的"老家伙"之一。我从复旦调任报社编辑后，他并不因我离开学术圈从此疏远我，反倒成了我的作者。1998年高考季前夕，《申江服务导报》要推出"七月往事"版面，我向他索稿，他一口答应。后来，他的那篇《那年高考，我跳了黄浦江》，获得报社同事一致好评。老郭还经常独自一人，到应届生工作的单位串门。顾嘉福同学曾主编过一本《老电话》文集，约他写稿。一天，老郭骑着自行车，斜挎着一个黑色旧包，到嘉福单位送稿。嘉福不在，他就把装稿件的信封放在了门房间。嘉福一回来，那门房赶紧报告："刚刚有个专门送货的老师傅，送来这封信……"嘉福一看，正色道："瞎讲！人家可是堂堂的东华大学教授！"门房闻言，目瞪口呆。

嘉福还告诉过我一件趣事：有一次，老郭托嘉福办一件重要私事，嘉福尽心尽责，终于帮他办成了。老郭在电话里千恩万谢，说一定要登门道谢。嘉福婉言道："你住得那么远，就不必来了，心意我领了。"老郭说："这哪能行？"那一天，他骑着自行车，从沪西一路骑到沪东，大汗淋漓，赶到嘉福家……临别时，老郭小心翼翼，从包里取出一件礼品递给嘉福。那礼品，用报纸包得严严实实。等老郭一走，嘉福打开一看，是一块巧克力！大概因为长途骑行，巧克力已微微发软，开始烊化……嘉福想，这老郭，一点也没沾染世俗习气，还是那么可爱，那么淳朴！

一晃，老郭英年早逝，已有十多个年头了！今天想来，他的真诚、质朴，他的侠骨柔肠，是送给我们应届生最珍贵的"礼品"。

写于 2024 年 7 月 16 日

"证人"老陈

几十年来，每当我情绪急躁时，一想到老陈，就会提醒自己：唉唉，慢一点，从容不迫，娓娓道来……

老陈是 1967 届初中生，也是我们班级的"老家伙"，我与他也住过同一寝室（六号楼 227 房间）。

他来自厦门，下过乡、插过队，生活俭朴，穿着随意。夏天，他穿着圆领老头衫上课；冬天，则裹一件薄棉袄，纽扣特别大，还总敞着衣襟，好像永远不怕冷。我至今想不起来，他有没有穿过皮鞋和跑鞋。经常见到的，是他动作缓慢，趿着拖鞋或凉鞋，踢踢踏踏的样子。

有一次，我们去参观徐家汇教堂。回校途中，走进淮海路一家新华书店。那时书店都不开架，隔着柜台，老陈要一位女营业员取书，对方瞥了他一身穷酸打扮，根本没搭理。当年大学生是"天之骄子"，我们戴着校徽外出，常会吸引羡慕的目光。那天，老陈显然没戴校徽。大概在那位女营业员眼里，他像个"乡下土包子"，哪里会是"天之骄子"？

其实，老陈家境很好，出身于书香门第。他父亲是菲律宾归侨，当过厦门市文联主席。有一次，我亲眼见到老陈收到几本邮寄来的杂志，上面刊有他父亲的文艺评论文章，说是嘱他转交给上海的老友黄佐临先生……但老陈谦虚，似乎很少提及他的父亲。

老陈爱好文学。查我1980年11月10日的日记，曾写过这么一条：老陈"正准备以一补锅匠的一角五分钱的风波为素材，创作一篇短篇小说"。这"补锅匠"是谁？"一角五分钱的风波"又是怎么回事？我一点也不记得了。但老陈当年打算写小说，却是事实。

其实，老陈写小说，是有生活积累的。他告诉我，当年在农村插队时，吃了上顿没下顿，"有几次，我几乎饿得要逃跑，就像'越狱'"……

1981年4月14日，我在日记里这样记道——

（老陈）晚上吃饭时，对我讲了他在农村插队时发生的一件事情：

"我们那儿有一个老船工，在湍急的河中行舟有丰富的经验。可是，在一次山洪暴发时，他却被淹死了。

"这个船工我也认识，有时我到他的小屋里去聊天，他很客气，时常沏一壶清茶来招待我们。

"那天，山洪下来了，真吓人哪！我当时才十七八岁，在河岸边看着那洪水发狂似的奔腾、咆哮。平时，那老船工很有把握驾驭洪水，而那天好像老天要可怜的老头儿死一样，他一撑篙，篙断了；再一拉小的桨，桨也断了。这时，老船工的竹筏像脱缰的野马，顺潮流冲去。老头知道自己要死了，非常镇定——我不知道这时他心里是怎样想的。岸上许多人都跟着呼唤他，追着他，老头挥挥手，像是招呼人们不必追他了，又像是在告别人生……惨呀！他就被大自然无情地吞没了。"

　　老陈说到这里，停顿了一下，话锋又一转："唉，大自然是无情的，可有的人的人性也是无情的。那老头儿的尸首后来在下游浮起来了，可他的儿子却不去收尸，反而要求'顶替'老子的工作……"

　　老陈这段叙述，不用艺术加工，就是一篇催人泪下的小说！可是，他后来究竟写过小说没有？不得而知。

　　老陈性格沉稳、善良，是一个很自得其乐的人。例如，他很想跳舞，学校中央饭厅举办舞会，他每回必到。但是，他从不加入舞者行列，而是站在一旁，默默地欣赏。有时，老陈会怂恿我们几个应届生："年轻人，上去跳呀！"仿佛他自己是一位长者。还有，在舞会现场，他对舞者从不评论。一回到寝室，却又津津乐道：哪位女生腰细，舞姿像吴清华；哪位男生腿粗，动作像南霸天……偶尔，他还会在我们的狂笑声中，学跳几步，扭腰歪臀、憨态可掬。

老陈也很风趣。虽然说话慢条斯理，却幽默感十足。每每三言两语，冷不丁就会令人捧腹。例如有一次"卧谈会"，提到青年男女交往，他大谈"循环交往"原则："当她要找给你钱的时候，如果应该找给你六分钱，你可能会得到一毛钱纸币，那你以后再还给她五分硬币，她再给你个二分硬币……如此下去，从数学意义上来讲，就是循环往复。"他强调："只有'循环交往'，男女间才会擦出火花，爱情才会永恒嘛。"老陈这一"学说"，让我们开心了好几天。

还有一次，大家谈起了样板戏造型。有的以《智取威虎山》为例，有的以《红灯记》为例。只有老陈，谈的是《沙家浜》。他慢悠悠地说道："《沙家浜》嘛，确实是一出好戏，可是，为什么要设计'十八个伤病员'呢？这好像有点封建意识！"众人问："何以说设计'十八个伤病员'是封建意识？"他答："你看呀，'十八个伤病员'，不就是庙宇里的'十八罗汉'嘛！"

1981 年 11 月某一天，我们班两位同学因琐事争执，同学甲情绪失控，操起一把刀，要追击同学乙，后者落荒而逃。老陈见状，趁同学甲大吵大嚷之际，将那把刀藏匿了起来……此事后来闹上了法庭，老陈自然成了证人。庭审时，法官要他详述"夺刀"细节。老陈不紧不慢地说:"我可没有'夺刀'啦! 我又不是佐罗,会闪大刀的……"话音刚落,旁听席里一片哄笑。对此,公诉人大为不满,说老陈扰乱法庭秩序,要追究他的责任,还好遭到了律师的当场反驳。

几天后,法院通知校保卫部:证人老陈在法庭作证时态度暧昧、吞吞吐吐,必须立刻去法院作出解释。然而,班级辅导员傅淑贤老师却为老陈挡驾:"老陈嘛,脾气向来如此。说话慢吞吞,怎么能说是'吞吞吐吐'呢?"最终,此事不了了之。

毕业以后,老陈从未与学校有过联系,我也没有再见过他。几十年来,每当我情绪急躁时,一想到老陈,就会提醒自己:唉唉,慢一点,从容不迫,娓娓道来……

昨天,因为写了本文,我通过胡礼忠同学,兜兜转转,总算联系上了他。我将文章发给他,请他指正。他读后,回复道:"人生如梦,一樽还酹江月。将文中我的全名改为'老陈'较好。"唉唉,老陈就是这样,心如止水,与世无争,从来不会让人为难!

写于 2024 年 7 月 19 日

买书记

　　我买书藏书，从来也没赶上过老曹，就像骑自行车的想追"兰博基尼"，再气喘吁吁、奋力拼搏，也要败下阵来……每念及此，难免沮丧。

　　大学同窗顾嘉福，不抽烟不喝酒，最大嗜好是买书。有一次，我们陪同历史系教授张广智老师到访他的崇明别墅，一进门，书卷气就扑面而来：哈！这哪是住宅呀，简直就是小型图书馆！张广智老师是世界史研究大家，他仔细察看了嘉福收藏的世界史类图书："嗯，这些书，连我们历史系资料室都没有！"我也喜欢买书，但与嘉福比起来，无论是数量还是品类，都要被甩几条马路。

　　记得我最早零星买书，是在读小学时。我家附近的双阳路上开过一家小书亭。一开间门面、三尺柜台，柜台后常年坐着一位老营业员，满口宁波官话。每次新书一到，"老宁波"就会把书名写在门口黑板上。那一次，听说连环画《保尔·柯察金》到货了，我怀揣母亲给的零花钱，直奔书亭。先看黑板，没见书名，便盯着柜台后面的书架仔细寻找，终于找到了，忙请"老宁波"取出。付款时，我怯生生地问："老伯伯，这本书为什么不写在黑板上呢？""老宁波"白了我一眼："格是活要靠斗锣嗰（宁波话：那是还要敲大锣哩）！"他的揶揄之言，让我记忆犹新。

我真正"批量"买书，始于读复旦以后。我和嘉福都是应届生，历届生曹景行与我们同住一个寝室。老曹是班长，也是买书的"带头大哥"。他是带薪入学的，每月有四十几块工资，买起书来，毫不吝啬。每个周日晚返校，他就会拎来一大网线袋新书。

与老曹一比，我们望尘莫及，但耳濡目染、近朱者赤，他立的"标杆"，我和嘉福都努力追赶过。他买《世界史纲》，我们跟着买；他买《基督山伯爵》，我们也跟着买；他每天通读《资治通鉴》，我们一咬牙，也买来一套通读……今天想来，《资治通鉴》是我当年买的最"奢侈"的书，一共花费三十块钱，那是我三个月的饭钱！老曹闻之，鼓励我："嗨，你到了我这个年龄，藏书一定和我一样多！"然而，我买书藏书，从来也没赶上过老曹，就像骑自行车的想追"兰博基尼"，再气喘吁吁、奋力拼搏，也要败下阵来……每念及此，难免沮丧。倒是嘉福，自那时起，买书风驰电掣、藏书锲而不舍，一路狂飙，后来终于可与老曹并驾齐驱了！

经常有人问，你们买的书，都读过吗？这倒未必。拥有数万册藏书的嘉福说:"我当然不可能统统通读,但是,我买的每本书,大体内容都了然于胸。我知道,哪些书要先读,哪些书可以将来读;哪些书要精读,哪些书可以做工具。"对此,我颇以为然。我的习惯是,一买到书,就先读前言后记。前几天,我与中文系教授吴中杰老师聊天,他说赵景深先生当年在北新书局编书时,每天要看大量书稿,看不过来怎么办呢?就采取两种方法:对于鲁迅、郭沫若和茅盾等名家书稿,收到后他不看稿子就发排,最后只看看校样;对于外来投稿,他先看开头和结尾,感觉不错,再看全文,没有苗头的,干脆扔进字纸篓。赵先生总结说,这叫"红烧头尾"……这样看来,我之"先读前言后记",是不是也算"红烧头尾"呢?

近年来,我买书已相当克制。过去是家徒四壁,现在是四壁皆书,家里已难以多放一个书橱了。前一阵看到网传,说是一位爱书长者去世后,留下大量图书等待处理,背脊不禁冷汗直冒……

唉,今天,是买书,还是不买书?这是一个问题。

写于 2023 年 4 月

复旦"新校歌"逸事

今天,已很少会有人提起,在复旦老校歌被束之高阁的日子里,复旦校园曾传唱过一首"新校歌"。"新校歌"的作者,是当年两位在校生:词作者是唐中,曲作者是李南书。

说起复旦校歌,耳畔就会响起"复旦复旦旦复旦"的旋律……那是刘大白作词、丰子恺作曲的老校歌,也是迄今为止最优秀的中文校歌。对此,金光耀教授曾有过高度评价:"就中国校歌而言,要说复旦第一,恐怕没有其他高校敢来一争高下。"据我判断,这首创作于 1926 年的老校歌,很可能就诞生在复旦 300 号(原址位于今蔡冠深人文馆)那幢飞檐翘角的房子里。我甚至认为,复旦的昵称"旦旦",就源于这首老校歌。

然而,今天已很少会有人提起,在老校歌被束之高阁的日子里,复旦校园曾传唱过一首"新校歌"。"新校歌"的作者,是当年两位在校生:词作者是生物系 1985 级学生唐中,曲作者是历史系 1987 届文博干部专修班学生李南书。

一个多月前,唐中打电话给我,说她经过千辛万苦,终于在成都找到了李南书校友，说起"新校歌"往事，他们都感慨万千。我当即决定，约唐中到申报馆见面，听她原原本本地讲述"新校歌"的来龙去脉。

词、曲作者均"一气呵成"

1987年3月16日，《复旦》校报刊出《我校决定征集新校歌》一文。该文称："为进一步推动我校精神文明建设，促进良好校风学风形成，凝聚复旦人的精神，鼓舞全校师生员工向第一流大学迈进，特向师生员工和广大校友征集新校歌……希望全校师生员工和广大校友，把征集新校歌活动化作爱校、建校的动力，踊跃投稿。"

那时，唐中刚从新闻系转回生物系不久，课程紧张，每天晚上忙于复习、预习功课，起先并未把征集新校歌放在心上。但是，"毕竟受过复旦新闻系浸润一场，内心深处的写作火焰并未熄灭，还在某些个夜晚咝咝冒着热气……"她说。4月15日晚，唐中从教学楼回到十二号楼女生宿舍，室友们已经入睡，四周静谧，月色皎洁。"不知为什么，月光总会激发我的灵感"，忽然想起征歌一事，她就摊开纸和笔，一口气写下了一首诗，名为《复旦的光华》。全诗共三段，其中第一段是这样的：

同一个太阳，

同一条黄浦江，

同一个卿云亭，

同一座相辉堂。

同一个黎明，

我们走到了一起。

从此，

心中回荡着同一个声响。

日月光华，

旦复旦兮，

龙的故乡，

震旦远扬。

……

第二天（16日），唐中即封上信封，将诗歌投进了校门口的征集信箱。当天晚上，她在日记里记道："周四，晴朗微热的天。昨晚试着写了首校歌，中午丢进了红红的校歌征集的口。"

5月的一天，唐中偶然路过校门口，见不少学生围着布告栏指指点点，走近一看，橱窗里张贴着十首应征"新校歌"歌词，其中一首，就是自己的《复旦的光华》。橱窗里的简介称，本次征集校歌活动，共收到应征歌词若干首，经过初审，现将入围歌词张榜公布，并向校内外人士征集谱曲……唐中心头一热，没想到，自己随手写的歌词，竟然上榜了！

李南书也是在布告栏前读到入围歌词的。他是来自四川南充的进修生，这个学期是他在复旦的最后一个学期。那天，他去文科大楼上课，路过校门口，正好看到张贴着的入围歌词。"我一眼就看中了《复旦的光华》，这首诗层层递进、朗朗上口，意境和空间感都有了，节奏也有了，非常适合谱曲。"李南书回忆道。此时，离征集谱曲截止期只有一周时间了，他立刻拿出小本子，把它抄录下来。下午上课时，思绪开了小差，就开始谱写旋律。他对唐中说，自己"几乎一气呵成"，完成了谱曲。经过几天唱酌、修改，他将曲谱工工整整地誊抄了一遍，在截稿那天送到了学生工作部办公室。

我问唐中，作为一位文博进修生，李南书为什么会作曲呢？唐中说，李南书出身于干部家庭，父母亲较重视对孩子能力的培养。他从小喜欢音乐艺术，在到复旦进修前，就完成了多门音乐专业理论的研修，"李南书不仅会作曲，还会弹钢琴、拉小提琴和二胡，甚至会弹奏贝斯、吹箫、吹长号，几乎是个音乐多面手！"

"集体创作"的由来

7月上旬，已临近放暑假了，唐中和李南书分别接到通知，说是某天下午，相辉堂将举行"新校歌征集活动演唱会"，由校合唱团演唱入围"新校歌"，并当场进行投票推选，以最后确定"新校歌"。谈到这一节，唐中说，她和李南书的记忆发生了偏差。她记得，那天演唱的是三首入围歌曲——"三选一"，并且，"也就在那天，我好像见到过李南书。有人曾指着他说，这就是历史系那位为你歌词谱曲的作者……"但是，李南书却坚称，他在演唱会现场听的是十首入围歌曲——"十选三"，所以，他不认为自己和唐中参加的是同一场演唱会。李南书还说，就在演唱会结束当晚，他就登上了西去的列车——那天，正好是他毕业离校的日子。

1988年1月2日出版的《复旦》校报在头版刊出《复旦大学新校歌问世》报道。报道称，"历时九个月的'复旦大学新校歌征集活动'日前告一段落。经群众推选，专家评议，领导研究，现初步选定《复旦的光华》为暂定校歌"。不久，唐中就接到通知，让她去学生工作部一趟。在那里，一位X老师热情地接待了她，"记得他个子高高的，戴一副黑框眼镜，好像刚留校任教不久……"X老师取出一大盒古典音乐磁带和一份获奖证书递给唐中："恭喜你！你荣获了征集新校歌一等奖。"唐中接过奖品，心里高兴。待要转身离开时，她听见X老师补充道："噢，对了，忘了告诉你，我们对歌词作了改动，采用了《复旦的光华》第二段的内容。"

唐中原来写的第二段歌词是这样的：

你是复旦人，

我是复旦人，

我们重新拥有一个新的故乡。

民族的崛起，

人民的富强，

今后，

就担负在你我身上。

求实奋发，

团结向上，

光大复旦，

我之荣尚。

后来改动后的"新校歌"歌词，变成了这样：

你是复旦人，

我是复旦人，

我们共同拥有新的理想。

民族的崛起，

人民的富强，

未来的历史重任

在我们肩上。

刻苦严谨，

求实创新，

努力前程，

为国栋梁，

文明健康，

团结奋发，

复旦复旦，

日月辉煌。

　　唐中想起，几个月前在相辉堂试唱时，《复旦的光华》歌词并未作什么改动（这次遇见李南书，李南书也确定，他谱曲的开头一句就是"同一个太阳"）。一听到 X 老师关于修改歌词的提醒，她毫无思想准备，有点急了："这怎么行？这一改动，校歌不变成'标语口号'了吗？诗歌总得讲个'赋比兴'吧？"X 老师看了她一眼，说："这个……假如你不同意的话，那我们署名就只能用'集体创作'了。"唐中心中不悦，扭头而去。

　　与此同时，正在成都的李南书也收到了奖品和获奖证书。得知自己谱的曲子得了一等奖，并被暂定为"新校歌"，他感到欣喜。然而，后来他不知在什么地方得到了"新校歌"歌单，却让他十分纳闷：原来的三段歌词怎么变成只有中间一段了呢？而且一段歌词要连唱三遍！更让他不开心的是，"新校歌"曲谱除了前奏，几乎未作什么改动，"百分之九十五用了我的旋律"，为什么署名却是"集体创作"呢？直到这一次成都晤面，唐中说了那个"扭头而去"的细节，才让李南书恍然大悟。

"新校歌"终被替代

1988年5月复旦83周年校庆前夕，《复旦的光华》正式被确定为"新校歌"。5月23日出版的《复旦》校报，在头版显眼位置刊出了"新校歌"曲谱（未署名），并报道称，"校庆期间，校

1988年5月23日，《复旦》校报刊出了新校歌确定的消息，同时刊登了曲谱

广播台将播放这首新校歌，在校庆大型活动中，也将广为传唱"，"以后学校的重要庆典活动中，也将唱这首校歌"。确实，这首"新校歌"后来在复旦使用了十多年，但是，它并未广为流传。有人说，"新校歌"歌词过于口号化，缺乏个性，放在其他学校，也可以成为"××校歌"。唐中说："当年，有人曾当着别人的面夸我：这就是复旦'新校歌'的作者！我会感到浑身不自在：呵呵，这是不是在讽刺我？"

2005年复旦百年校庆前夕，经师生评议，复旦决定恢复吟唱刘大白作词、丰子恺作曲的老校歌。决定一公布，立刻受到各界赞誉。丰子恺女儿丰一吟曾作《为复旦校歌欢呼》一文，表达了校外人士的心声。从此，"复旦复旦旦复旦"的旋律，在校园里澎湃响起。

现在看来，创作于1926年的老校歌确实深刻、古雅、有底蕴，深得人心。但是，唐中作词、李南书作曲的"新校歌"，却从一个侧面反映了20世纪80年代的开放风气。据报道，当年复旦收到"新校歌"应征稿154件，其中成歌作品57件，曲3支，其余均为歌词。在来稿者中，有崭露头角的校园诗人，有白发苍苍的老校友，还有颇有名望的音乐家。最后，复旦选择了两位名不见经传的在校生的作品，足见当年复旦校园的包容、自由与宽松。

"每一片飘落的树叶，都刻着大树的基因。"今天，当我们吟

2023 年 9 月，"新校歌"作者唐中（左）与李南书相逢于成都。李明摄

唱"复旦复旦旦复旦，巍巍学府文章焕"的老校歌时，千万不要忘记，在复旦校史上，曾有一首"你是复旦人，我是复旦人"的"新校歌"，留下过一抹青春的印迹。

写于 2023 年 10 月，修改于 11 月 16 日

"错名"的尴尬

翻开复旦校史，被写错名字、叫错名字的名人，比比皆是。"错名"的发生，原因各不相同，有的是排版误植，有的是口传讹报……但无论如何，不可像我那样，两次"蹚入同一条河流"。

几个月前，我的一本小书出版。一拿到样书，就先给几位对本书写作有过直接帮助的朋友寄书，曹峥就是其中之一。曹峥是外文系校友，曾为小书提供过一张复旦外文剧社演员的合影。我在扉页上题名钤印后，即交快递寄去。两天后，曹峥发来微信："书收到了，谢谢！可是，老兄把我的名字题写错了——山字旁的'峥'写成了金字旁的'铮'。"啊？我忙向他道歉："不好意思……实在对不起！"他却调侃道："没事，不是反犬旁就行！"

哪里想到，无独有偶、糗事成双。过不多久，我托人给另一朋友王瑜明送书，又收到了瑜明的微信："张老师，你把我的'瑜'写成'喻'啦！"啊啊？这一次，我真的要打脸自己了："唉，人老眼花了……"瑜明宽慰我："哈哈没事，反正张老师还会出新书的。"她和曹峥一样大度，并未责怪我，但我实在难以宽宥自己：我，这算是两次"蹚入同一条河流"吗？

历史上，"错名"的事常有发生——人们"蹚入同一条河流"，应该也有 n 次了。例如，夏丏尊就常被写成"夏丐尊"，施蛰存则被误写为"施蜇存"，马振骋被念成了"马振聘"……翻开复旦校史，被写错名字的名人，也比比皆是。例如，复旦校内有一幢最古老的建筑，名叫"奕住堂"，但它常被写成"奕柱堂"，连若干年前校史馆门口设立的纪念勒石，也刻着"奕柱堂"三字。实际上，奕住堂是由华侨实业家黄奕住捐资建造的，但黄奕住的名字，经常被误写为"黄奕柱"，这才是错版"奕柱堂"的由来。

还有，原复旦外文系法语教授蒋碧微，也常被人误写为"蒋碧薇"。几天前，电视里播放的一部介绍徐悲鸿的人文纪录片，也这样写。其实，蒋碧微原名棠珍，字书楣。"碧微"的名字，还是 1917 年她与徐悲鸿星夜私奔、东渡扶桑时起的。她在回忆录里曾这样写道："那一夜，我戴上了那只刻着'碧微'两字的水晶戒指，从此我的名字也改成了'碧微'。"

另外，曾任复旦党委副书记、副校长的陈传纲，他的名字也有多种写法。陈传纲于 1930 年入读复旦预科，次年考取新闻系。我从复旦档案馆的《复旦大学同学录》中查到，他那时入学所用的名字，一直是"陈传钢"。他还以"陈传钢"署名，在 1930 年《复旦五日刊》上发表过《校歌？》一文，这是研究复旦校歌的史料之一。然而，1949 年后，他的名字变成了"陈传纲"。是他改名了？还是因被人写错、以讹传讹，后来索性顺其自然、将错就错？我一直没弄明白。

至于被叫错名字的复旦名人，那就更多了。复旦中文系教授黄润苏老师曾回忆，抗战期间，她和她的丈夫、后来成为著名化学家的刘铸晋都在北碚复旦读书。有一次做早操，军事教官陈昺德点名，点到刘铸晋时，喊道："刘祷普！"没人应答。他又喊："请你们看看谁是刘祷普？"大家说，没这个人呀！后来才知道，这是陈昺德把"铸"念成了"祷"、把"晋"念成了"普"……不过，这还算是一个小插曲。更离谱的是，有一次，蒋介石召集文化界人士开会，拿起下属呈上的名册就点名，当点到大学问家、复旦外文系主任全增嘏的名字时，他大喊一声："全增蝦（虾）！"全场真的一吓——这，才是闹了一个大笑话。

"错名"的发生，原因各不相同。有的是排版误植，有的是口传讹报；更有甚者，是有意为之。据说，当年夏丏尊对写错自己的名字，就特别乐意。夏丏尊原名铸，字勉旃。辛亥革命后，不少地方政客、士绅热衷于竞选议员，闹得乌烟瘴气，他很反感，就把"勉旃"改为"丏尊"。"丏"字很容易被写成"丐"，假如有人要他投票，十之八九会登记写错，写错名字的票就是废票，夏丏尊自然"乐在其中"。

不过，大多数被"错名"者，心情总不会像夏丏尊那样。十多年前，我就收到过一张"错版"聘书。某次会上，主办方笑吟吟地向我颁发某职聘书，我翻开一看，我的名字被写颠倒了！在一片热烈的掌声中，我不想扫人家的兴，没有吱声，但内心却不免失落和尴尬。所以，题写别人名字，理当仔细、严谨，切不可像我那样，一犯再犯，两次"蹚入同一条河流"。

写于 2022 年 12 月 11 日

阿宝老师

前几天晚上刷朋友圈，看到复旦历史地理研究所发的讣告：郑宝恒先生辞世，享年82岁。阿宝老师走了？这消息，来得突然，令人意外。

阿宝老师是史地所的退休教师。他不是"名教授"，2001年退休时，职称还是副研究员；他也没当过硕导、博导，只给本科生上过课，所以没有"专属学生"；他好像也没什么专著，最辉煌的学术成果，是参加过谭其骧先生主编的《中国历史地图集》的编绘工作。听余子道先生说，他还参与撰写过《横沙岛史话》……

然而，阿宝老师却在校园里很出名。无论是机关、院系，还是图书馆、档案馆、工会和退管会……凡认识他的男女老少，都亲热地称他"阿宝老师"。阿宝老师待人和气，热情、开心，像个"老顽童"。两年前，退管会主任周桂发拍了一张拎布袋的赵东元院士照片，蹿红网络，赵院士遂有"布袋院士"之称。其实，阿发也给阿宝老师起过外号——"布袋老师第二"。因为，阿宝老师也经常拎着布袋，在校园里踽踽独行。

阿宝老师的布袋里装了啥？若干年前，他的布袋里曾装着校史资料，捐赠给了档案馆；他也拎着布袋，在集邮协会和书画展上亮相，布袋里装满珍贵邮品和书法、美术作品；阿宝老师还喜欢收藏，一遇旧物，"见好就收"，放进布袋，带回家欣赏、把玩。近年来，每到年终岁末，阿宝老师就会用钢笔绘制生肖图，用A4纸打印成贺年片，厚厚一叠，装在布袋里，分送给迎面走来、叫他"阿宝老师"的师生们。

我原本并不认识阿宝老师。那些年，内子在校工会工作，有时回家，会带回几件钢笔誊抄复印件，其中，有《诗经》《唐诗》《宋词》摘录，有《世界遗产名录表》《中国历代王朝简介》《南海诸岛示意图》，还有生肖画、五牛图……一笔一画，字迹清秀，构图灵动。这是谁绘制的？阿宝老师。内子有心，将它们一一收集起来。有一张2023年贺年片的右下角，最吸引我，那是著名历史学家章巽先生题赠"宝恒仁弟"的诗《偶成》："平生羞带折腰心，鱼爱江湖鸟爱林。自解寂寥吟短句，春兰秋菊即知音。"……我就是从这些作品中，知道了阿宝老师。

2023年5月，我第一次跟阿宝老师通电话，想约他做一次校史访谈。在这之前，有人曾提醒我，阿宝老师有点啰嗦，一讲开来就没个完，你要有心理准备。我说，不怕！一接电话，他就说，哦哦，我知道你！我跟他约访谈时间。他说，最近比较忙，

2017 年 11 月 18 日下午，阿宝老师参加上医建校 90 周年校庆后，来到东安路 360 号邮局寄首日封时留影。周桂发摄

正在看历史系的系史材料，等忙完这一阵，一定跟我好好聊。我说，没关系，等您有空再聊，您也不要太累。刚想挂电话，电话那头却意犹未尽。于是，电话约访变成了电话访谈……这通电话，持续了约四十分钟。

回想起来，这还真是一次线上校史访谈。例如，阿宝老师说，1957年，苏联最高苏维埃主席团主席伏罗希洛夫访华期间，虽没有到访复旦，却向复旦赠送过图书。赠书仪式在校工会礼堂（今靳以剧场）举行，陈望道校长和苏联驻沪总领事出席。望老的翻译是外文系教授黄平（黄有恒）。黄平担任过李大钊的英文翻译，参与领导过广州起义，也出席过在莫斯科召开的中共六大，1932年被捕后叛变。上海解放后，黄平被安排在复旦任教；他说，丁聪的夫人沈峻曾是北大学生，后来因故隐姓埋名，到复旦外文系读书。这一切，都是由李庆云同志秘密操办的；他还说，在大礼堂（今相辉堂）放电影，是望老的倡议。周六由学生会组织、周日由工会组织，电影票价为5分和8分，他曾收藏过大礼堂的电影票根；他又说，燕园的"小桥流水"，现在看看没啥，当年可是水深流急，曾有一位女生跌落桥下，溺水身亡。她的名字，好像姓吕……另外，他还表扬了我写的《消逝在国权路上的来喜饭店》一文，并补充道，当年周谷城先生曾亲口对他说："来喜饭店不错，'童叟无欺'，这个'叟'，就是我！"电话里，阿宝老师絮絮叨叨，细密绵长。他的记忆，就像一个塞满宝

阿宝老师制作的 2023 年贺年片。右下角为著名历史学家章巽先生题赠阿宝老师的诗《偶成》:"平生羞带折腰心,鱼爱江湖鸟爱林。自解寂寥吟短句,春兰秋菊即知音。"

贝的魔盒，一打开盖子，就有珍珠玛瑙滚落下来，大大小小，撒了一地……唉唉，"校史"就在身边，而我们却常嫌"啰嗦"。

那次电话以后，我又约阿宝老师某日访谈。不巧，那日他正好要与余子道、傅德华先生碰头讨论系史，我又无功而返。他抱歉地说，我欠你的访谈，记着呢！再后来，天气热了，我自己手头又另有任务，也就没空再约他。几个星期前，一位档案馆同事告诉我说，前几天在路上遇见阿宝老师了，他怎么瘦了？会不会病了？我说，不会吧？他身体可好呢，他在电话里曾说过，新冠疫情期间，他还没"阳"过！忽然想起，对，他还欠我一次访谈呢。

哪想到，没过几天，就传来了讣闻。去世前几天，阿宝老师不知从哪里捡来一只小闹钟，放在家里。听他夫人说，那小闹钟很奇怪，总是莫名其妙地会鸣响起来，阿宝老师左右拨弄，不得要领……几天以后，他自己的生命时钟，却戛然而止。据说，他本人好像没啥痛苦，吃过午饭，躺在床上，无疾而终。

那天晚上，我在朋友圈中感慨："阿宝老师走了，带走了他的热心肠，以及满肚子的复旦故事。"一位朋友跟帖道："还有他的钢笔画、钢笔年历。"

是的，又到了年终岁末，今后人们再也收不到阿宝老师的钢笔贺年片了。

写于 2023 年 12 月 12 日

癸卯师友纪事

癸卯年间，我曾与多位复旦师友交往。复盘若干，颇有所得。师友细节点滴，汇聚成河，皆为校史。遂记之。

2023年早春，新冠初愈。3月27日晚，我打电话问候吴中杰老师。吴老师是中文系教授，其所著的《复旦往事》和《海上学人》，是经世书局的常销书，也是新进复旦学子的必读书目。几年前，我与他在金融读书会上相遇，一见如故。吴老师说，疫情期间，他没有"阳"，算是安然度过。又说，明天他要到复旦办事。我说："那我开车来接您吧。"

第二天一早，我驾车去接吴老师。一上车，他就赠我一部新著《鹿城纪事》。这是他写家乡临海的散文集，其中有几篇文章，我后来读之颇有启发。例如，他写他家庭"国共各半"的《河水分流》，就很有意思，他父亲和二叔在国民党军队当兵，小姑和小叔是中共地下党。吴老师原名"吴中极"，这名字是父亲的长官郑洞国起的。据说他出生的那天晚上，郑洞国夜观天象，中极星最明亮，就以"中极"为他起名，希望他将来有出息。后来等吴老师长大，郑洞国已是败军之将，"连这个名字都成为反动性的象征"，所以就改名为"吴中杰"。还有一篇写临海"一门三位名师"的《邵氏父子》，让我惊讶地发现，其中的邵全声，是费巩教授失踪案的当事人，这激发了我探寻背后细节的动力……

我一边开车，一边听吴老师说，《鹿城纪事》出版时，略有微澜：起初，某外省出版社答应出版，书稿已排好，封面设计已完成，结果竟未通过终审。理由是，部分内容欠妥。到底是怎么"欠妥"，人家也不详说。最终，他索回书稿，改由复旦大学出版社出版……我心想，这一幕，怎么和当年吴老师的《复旦往事》出版波折如出一辙呢？

大概是提及了出版的事情，吴老师又谈到了戴厚英的《人啊，人》。他说，20世纪80年代初，《人啊，人》出版后，坊间曾一片叫好。后来，忽又被批为"自由化"。个别本来叫好的人，也开始祭起批判的大旗了。对此，戴厚英非常生气。某人曾是批判者之一，有一次去拜访戴厚英，戴一开门，见是他，立刻把门关上……

正说话间，车已到校。

4月6日，去上海外国语大学，参加《孔子学院》杂志"专家咨询会"。我忝列"专家"，是应张广智老师的热情邀约。一起出席的，还有我的同班同学邢建榕、作家薛舒和编辑史立丽等。

张老师是耿淡如先生弟子、历史系教授，曾为我们开过"世界上古史""西方史学史"课程。那时，正值中共十一届六中全会通过《关于建国以来党的若干历史问题的决议》之际。张老师说："我上课的章节，也学着《决议》的条目，分门别类，可以让诸位牢记……"这句话，我至今记忆犹新。当年他为我们开课时，才四十出头，经常出入六号楼学生宿舍，与我们打成一片。记得有一天中午，我从六号楼下楼，到中央食堂去吃饭，在楼梯拐角处，见张老师正拿着搪瓷饭碗，与同学老陈窃窃私语。待我餐毕归来，他俩还站在那里……我至今没搞明白，那天他们在讨论什么？到底吃饭了没有？

近年来，张老师虽年届耄耋，仍笔耕不辍。他也是我写复旦的策勉者，曾亲自为《相辉：一个人的复旦叙事》一书写序。他也写过复旦，在《这座老教学楼老了吗》《四平科技公园琐记》《耿师轶事》《不悔今生》等文章中，都曾提到过我。有一次，张老师微信我称，某篇文章发表时，他写的"复旦校史专家读史老张"，被编辑改成了"复旦校友读史老张"，他深感不解："他们也不征求我的意见。"我发了一个"偷笑"表情："看来我还不能算专家。"很快，他回了一个表情——"尴尬"。

这次咨询会，结识了《孔子学院》编辑黄蕾，她是张广智老师的博士生，待人诚恳。会前，我与她互加了微信。

过了几天，我读到历史系教授邹振环《记叔叔逸麟老师二三事》一文，遂在朋友圈转发："有幸与振环兄同住过一个寝室，但从未听他谈过'我的叔叔邹逸麟'。振环兄的故事，待我以后写……"黄蕾读后，马上跟帖道："下次和您说说我们被邹老师'轰'出教室的故事。"

嗯？还有这个"故事"？我当然不想错过，忙给黄蕾打电话，追问细节。黄蕾说，她读博时，听说振环有一堂文献课，讲得很好，"都说邹老师很严格，不轻易给高分，我们都不敢选他的课，但他讲得精彩，就觉得有必要去听一听……"我忽然记起，当年我们对待朱维铮老师的课，也有这种感觉。黄蕾说，那天振环上课时，学生们蜂拥而至，教室里人头济济。他觉得蹊跷，大声说："选我课的人请举手！"举手者不多，振环很不高兴，对没有举手的人说："没选我的课，你们来干什么？"于是，黄蕾们只好灰溜溜地走了。

听完黄蕾叙述，我哈哈大笑："这符合振环的个性！"我知道，振环为人正派，一向直来直去、疾恶如仇。记得我与他同寝室时，某个冬日，天寒地冻，一位东北同学怕冷，裹着军大衣、关紧门窗，却在室内抽烟，搞得烟雾缭绕，大家不好意思提出，只有振环挺身上前，大声劝阻……我对黄蕾说："下次碰到振环，我要问一问他。"她笑道："没准他早就忘记了，会反问：你说的是哪一次啊？"

后来，我请部分同班同学到旦苑餐厅聚会。席间，我追问振环上述细节，他果然摇摇头："好像没有呀！"

4月15日，应世界经济系1985级校友祁汉群邀请，我参加金融读书会。读书会题目，是"传统中国统一的历史路径"，由历史系教授姚大力开讲。会前，我将吴老师的《鹿城纪事》一书转交给汉群。汉群是读书会主持人，稳重、谦和、好读书，与我探讨过复旦校史。拙著《卿云：复旦人文历史笔记》出版后，他曾数次购买，嘱我签名，说要分赠友人，令我十分感念。

读书会后，我在某公众号上，读到《大学期间的那些讲座》一文，记叙在复旦举办过的几个讲座，作者正是汉群。文中称，某一天，系里请来×教授来开讲座。×是当时政治经济学的最大牌教授，"这从迎送规格上就可以看出来，张薰华教授自己骑着自行车就来了"，×教授是"我们班王东班长通过校办安排轿车接送的"。×教授讲座的题目，是"在苏东形势下谈社会主义的优越性"，"那是在1990年，所以教室里坐得满满的"。×教授先破题说，严格马克思意义上的社会主义从未出现过，因为马克思认为，社会主义是建立在资本主义高度发展基础上的。×教授引申道："如果没有出现过，怎么能说社会主义没有优越性呢？这是逻辑自洽的，孩子没有出生，怎么能说孩子丑呢？"话锋一转，×教授谈起了新中国的成就……汉群写道："我很迟钝，感觉跟不上教授的思路，怎么没出生的孩子又长得那么漂亮呢？"接着，×教授又以瑞士产电动剃须刀举例说，说明书上写，顾客要检验剃须刀是否适合自己，至少得花三个月。"'你看，'教授抬高声音说，'检验一把剃须刀都要三个月，检验一种社会制度至少要五十年吧?!'略一思索，教授改口道：'一百五十年吧！'"

我以为，汉群写的"那些讲座"，栩栩如生，完全可入校史。

5月22日，与石建邦同去七宝镇，拜访沈渭滨先生夫人汤先华老师。建邦是文博系 1985 级学生，听过沈先生生前开的讲座，对他仰慕已久。这一次拜访，是建邦的心愿之旅。

建邦是《新民晚报》首席编辑吴南瑶介绍我认识的。一天，南瑶告诉我，建邦购买了《相辉：一个人的复旦叙事》一书，"他是你的系友"。在南瑶的引荐下，我终于在申活馆见到了他。建邦是艺术评论家、策展人，他文笔好、出手快，文史掌故、艺林八卦，他写得酣畅淋漓，我读之目迷神醉。从此，我们多有往来。

建邦写过的两则掌故，与复旦有关，发人深思：20 世纪 50 年代初，外文系伍蠡甫教授想调任市文管会，专事书画工作，"结果有一天，复旦外文系来了两个干部，当面把伍蠡甫臭骂了一顿，'严肃批评'了一番，这件事情也就不了了之。吓得他再也不敢动这个脑筋。复旦人事干部的彪悍泼辣可见一斑"；另有一次，上海博物馆汪庆正副馆长为建邦他们上课时说，上海解放初，实业家荣德生先生曾提出，愿将所藏字画文物捐赠给国家，有关部门很重视。"当文物专家前去接收的时候，'字画文物堆满一间教室那么多'……但大家却惊讶地发现，那些字画文物没有一件是真的！"原来，当年荣德生有钱，却不识文物，"画贩子掮客天天送货上门，他来者不拒，照单全收……多的时候，据说那些'字画文物'，是一担一担挑进荣府的……"

"没有一件是真的！"建邦清楚地记得汪先生的这句话——那是他读大四时，地点在第四教学楼一楼教室。

6月27日下午，在江湾校区图书馆，与李天纲、华彪、马天若、霍四通和周晔等一起，参加"国家之光、人类之瑞——马相伯思想品思会"。天纲是历史系1979级校友、哲学系教授，他为人温厚、思想敏锐，大家背后都称他是"复旦才子"。据说今天流行的"外滩源""徐家汇源""虹口源"等，这个"源"的概念，就出自天纲。

我与天纲在大学读书时就认识，记得我曾到过他们的寝室，还与他们班同学一起玩过足球。大学毕业后，我们各自奔忙，往来不多。拙著《卿云：复旦人文历史笔记》出版前，我请天纲作序，他欣然命笔——一出手，就是5000多字，令人拍案叫绝。记得在这篇序中，天纲特别提到了我们共同的老师陈仁炳先生：

"像陈仁炳先生这样的前辈的事迹非常值得读,他们是后人治学的一面镜子,放在那里,对自己的学业、专业和职业都会给予启示。"他的提醒,发人深省。

作为朱维铮老师的弟子,天纲曾编校过《马相伯集》,对马相伯有精深研究。在这次品思会上,他说,马相伯毁家兴学,创办了震旦与复旦,自己却"述而不作",没留下多少文字,"幸亏马相伯是一位演说家,这才让他留下了不少演讲稿。当年报纸评论称:'潘月樵唱戏像演讲,马相伯演讲像唱戏。'意思是,海派名角潘月樵演戏时,喜欢喊革命口号;而马相伯演讲时,却绘声绘色、诙谐有趣……"

天纲的这一叙述,让"马相伯风采"赫然再现。

10月12日,到江湾校区高分子楼,拜访中科院院士、高分子系教授江明老师。前些日子,我读到江老师的文章《敬礼,亨利·雷士德先生》,说他1989年曾获得雷士德基金(Henry Lester Trust)资助,赴英访学。当时,他并不知道雷士德是谁。最近才发现,这个亨利·雷士德,就是百年前上海滩的著名英国地产商、慈善家——他将遗产全部捐献给了上海,并设立了助学中国学生的基金。受雷士德基金资助的人,被称为Lester Boy或Lester Girl……由此,我与江老师加了微信,并有了这次拜访。

交谈中,江老师鼓励我说,希望多关注理科老师,"他们也

2023 年 10 月 12 日，作者拜访江明院士（右）。姚琳通摄

有不少精彩故事，一般不会自己写，若干年后，就将全部消失了"。几天后，江老师给我发来微信说：读你的《卿云：复旦人文历史笔记》，书中写到的复旦周边，很有意思，我给你补充一段国定路轶事吧！1958年"大跃进"，复旦参照苏联标准，推行"劳动卫国制"，其中一项，是要求学生体育成绩全达标，比如男子100米，必须跑进14秒……"这个标准，难度很大，我和许多同学都达不到（往往是14秒3或14秒2）。这时，有人出主意说，要么到国定路桥上去测验吧！那时，国定路很荒凉，就一座小桥，孤零零的，我们就站在小桥最高处起跑，利用斜坡向下冲刺……结果，大家都跑进了14秒！"

12月6日，历史系退休教师郑宝恒先生去世。郑宝恒不是名教授，是复旦的"小人物"，但他在校园里很出名，人称"阿宝老师"。他的离开，令所有认识他的人感到突然。为此，我写了《阿宝老师》一文，刊登在《新民晚报·夜光杯》上。文章结尾，我感慨道："又到了年终岁末，今后人们再也收不到阿宝老师的钢笔贺年片了。"

12月24日，秦绍德老师读到了《阿宝老师》。秦老师曾任《解放日报》总编辑、复旦党委书记，退休后与我们时有往来。我写复旦的文章发表后，秦老师常常与我互动，并作点评。例如，对于《政民路与复旦后门》，他曾说，百年校庆前后，政民路上又有新故事：肺科医院差一点并给复旦，建筑机械厂地块建起了北区学生公寓，北区食堂原址是建筑机械厂食堂……"你可写《政民路与复旦后门（续篇）》"；对于《卿云楼外的传说》，他指出，20世纪90年代，留学生楼曾改名为"正大培训中心"，2005年年初，旁边又盖起新楼，起名"卿云楼"，"名字是我起的"；对于《消逝在国权路上的来喜饭店》，他补充道，来喜饭店是平房，"面积不大，确实干净，价格实惠"，"我们穷学生吃阳春面，一碗8分钱，已经算改善伙食啦！"

这一次，对于《阿宝老师》一文，秦老师的留言是：

> 从你文中得知阿宝老师去世的消息，心里咯噔一下。我每年都会收到阿宝老师手制的贺年卡。一般他都亲自送上门，我很过意不去。他有时在我那里聊一会。他人和善，热爱复旦。我们谈得来。我在1966年就认识他，源于他抄写的大字报字真好，一丝不苟，独具一格。今年上半年没见到他，我还想上门拜访他，可是老是没行动，结果没机会见他了。心里有点伤感。他的贺年卡我一直保存着。我会一直记得他的。

这段留言，情真意切，令人动容。

写于2024年3月

沉潜荣华

张荣华教授去世后，历史系筹备编辑他的纪念文集。主编之一的钱益民兄向我约稿，希望我写些纪念文字。我犹犹豫豫地说，我想一想……想了几天，不知如何下笔，终究没写。

前几天，李春博兄赠我一册新出版的《沉潜集——张荣华教授学术暨纪念文集》。拿在手上，沉甸甸的。

二十多年前，我和荣华兄既是系友，也是邻居；他女儿辰辰，与我女儿托儿所、幼儿园同班；他和前妻江萍老师，比我和内子大几岁，我们都是上海人，又都是大学老师……相同的年龄、职业和家庭结构，让我们两家往来密切。照理说，我应该写出很多他的故事，但我搜索枯肠，竟想不起多少细节来。

第一次见到荣华兄，是在复旦凉城五区。我和内子带女儿去他家。是他开的门。他搓着手，腼腆地笑着，显得局促、紧张，目光并不直视我们。一般来说，与你讲话时，眼睛不看着你，要么自傲，要么自卑。荣华兄显然不是前者。

实际上，应该自卑的是我。我的毕业论文，写的是康有为的《大同书》，指导教师是李华兴教授。李老师对我很器重，不仅给了我"优"，且多次嘱我考他的研究生（那是他首次招收研究生），他希望我将来成为中国思想文化史的研究者。可惜，当年的我，曾是"应届生"，被压抑了太久，觉得毕业以后，应该像"历届生"那样，先有经历，再长学问。最后，我辜负了李老师的期许，至今想来，追悔莫及。而荣华兄毕业于复旦分校，正是李老师招收的研究生。现在，时空交错，我和他面对面，就站在他家的门口。

这时，从里屋走出了江萍老师。江萍与荣华兄性格相反，为人热情，大气、友善。她亲切地招呼我们进屋，一扫我进门前的尴尬……从此，因为都不坐班，家里又都没老人带孩子，我们经常一起，送孩子上托儿所。常常是，我和内子一起去送，江萍则是单独一人送。那时，托儿所在复旦，一大早，我们等在133路公交车站。我抱着女儿，江萍抱着辰辰。倷张荣华呢？伊天天开夜车、写东西，还勒了（在）睏觉……每当此时，我就越发自惭形秽：唉唉，荣华兄做学问，真是拼命啊！

两个孩子升入凉城的幼儿园后，离家很近。放学了，假如江萍还在学校上课，我们就会先把辰辰接回我家。幼儿园老师都知道：嗯，辰辰跟帆帆是一家的！稍晚些时候，荣华兄会匆匆赶来。他常常三步并作两步，爬上四楼的我家，气喘吁吁。有时，他会不忘提着小锅，里面装着一只炖鸽，热气腾腾。离开时，他一把抱起辰辰，歉意地说声再见，噔噔噔地下楼，回家。

后来，荣华兄和江萍老师分手了。江萍带着辰辰，搬离了凉城。这让我和内子感到惋惜、分外失落。再后来，我家也搬离了凉城，就很少再见到荣华兄了。我有时想，即便他见到我，也可能会有意避开我。因为，他的谦卑、他的不响，全系闻名。据他的学生史立丽回忆，有一次，她和同学在曦园晨读，看到他远远走来，正准备上前打招呼，他瞥见后，却绕道而去。还有一次，在文科大楼，历史系同事吴佳新和他同乘一部电梯。电梯轿厢很大，可站立20人，但里面只有他俩。行到一半，电梯坏了。当年没有手机，佳新兄忙着敲门喊人，他却只抱怨了几句，自顾自地来回走动。佳新兄说，伊跟我在电梯里，等了近一个钟头，居然一句闲话也勿讲，好像勿认得我一样！

……再次得到荣华兄的音讯，是在他退休前。听说他病了，内子代表校工会，到光华楼去探望他。那天，荣华兄心情很好。对于自己的病情，他并没说什么，却拿出一本画册给内子看，说，这是辰辰创作的画。那些年，辰辰已在美国留学，成绩卓著，前途无量。回家以后，内子欣喜地说：原来辰辰跟我女儿一样，也是学艺术的！我问：张荣华现在还是一个人生活吗？内子说：觯（这）哪能好意思问！

2023年2月20日，荣华兄猝然去世。消息传来，令人震惊。在遗体告别仪式上，我又见到了多年未见的江萍老师，也见到了

张荣华和他的女儿辰辰。江萍提供

亭亭玉立的辰辰。我打开手机屏幕，让她们看辰辰和我女儿的童年合影……回首往事，唏嘘不已。

今天，荣华兄的学问，和人们对他的思念，都浓缩在《沉潜集》里。终于，他的沉潜，见了天光；他的不响，有了永久的回响。

写于 2024 年 3 月 29 日

他叫我"姐夫"

我终于明白,训芳读我的复旦笔记,为什么会"热泪盈眶",不是因为我写得好,而是他深爱着他的老师、他的同学,深爱着复旦大学。

2024年4月24日上午,历史系举行1980级同学毕业四十周年返校活动,德高望重的余子道、姜义华和李孔怀等老师,不顾年老体弱,欣然与会;张广智老师当场赋诗一首:"天光云影四十载,学步邯郸梦犹在。此行阅尽曦园美,卿云龙舞共徘徊。"师生们欢聚光华楼,其乐融融。作为系友,我躬逢其盛,也很开心。

那天晚上,1980级同学在新场镇举行宴会,畅叙友情。晚宴结束后,参与活动筹备的内子欣喜地告诉我:"班里有个外地同学,他说是你的'粉丝'。他一直在打听,'读史老张'是谁……他说:'直到今晚才知道,原来是我的姐夫!'"

内子说的"外地同学",名叫周训芳,湖南沅江人,1980年入读复旦历史系。毕业后又回到复旦,攻读法学硕士,师从董茂云教授，后在中南林业科技大学生态学学科获得理学博士学位。现为中南林业科技大学法学院二级教授、林业法研究所所长。他与我，以前并不相识，专业也不交集，怎么会是我的"粉丝"呢？我感到好奇。

第二天上午，我在上博东馆，见到了训芳。他紧握我的手，叫我"姐夫"："我们终于见面了！"我将拙著《相辉》和《卿云》签名本送给他，他很高兴。他说，这些年，他常读我写的复旦笔记，非常喜欢，"尤其《远观历史系老先生》和《那些年，他们还不是教授》两篇，我读过很多遍，每次都会读得热泪盈眶"。

训芳为什么会"热泪盈眶"呢？

通过他断断续续的讲述，我的眼前，浮现出一个少年形象，影影绰绰、若隐若现——

训芳刚考上复旦时，年仅15岁，是历史系1980级年龄最小的两个同学之一。他生长在洞庭湖边，一家七口，就靠父母种地养活。因家境贫困、一无所有，到他上大学时，他父母将家里唯一一床破棉絮一剪为二——这半床棉絮，就成了他到上海的行李。台湾诗人痖弦曾说，带到异地的棉被，就是"家的象征"。①对训芳来说，那半床棉絮，也是他的"家"。听说上海冬天很冷（那时没有空调），临走时，母亲又将一件女式红毛衣塞给他，这

① 《痖弦回忆录》，痖弦口述，辛上邪记录整理，江苏凤凰文艺出版社，2019年7月，第9页。

2024 年 4 月 24 日，在复旦历史系 1980 级同学返校活动上的几位老教师。前排左起：李孔怀、余子道、张广智。读史老张摄

是母亲结婚时穿的嫁衣……就这样，他带着全家的希望，来到上海求学。

幸运的是，训芳一到复旦，仿佛就进入了一个温暖的家庭。他和另一位来自河南的同龄特困生楚同学，受到了老师、同学无微不至的关怀。班主任袁樾方、杨正泰老师，辅导员王庆余老师，班长沈振辉同学等，经常把他俩带在身边。大家都知道，一定要照顾好这两个未成年的"苦孩子"。

寒冬来临，"苦孩子"穿上了由苏步青校长特批、从部队采购来的换季军棉衣。训芳说："我记得那军棉衣，十块钱一件，当年不算个小数目。"穿上了军棉衣，再加上母亲的红毛衣、同学送的卫衣，他感到很暖和。而楚同学呢？却连毛衣也没有。刺骨寒风中，仅套着军棉衣的楚同学常常紧咬双唇，瑟瑟发抖。这时，姜鸣同学买来了绒线，交给内子，请女同学们帮着织毛衣。"我过去从未织过毛衣，硬是边学边织。"内子说，那时课业紧张，她常在晚上边看书边织毛衣，"寝室里的女生，没事就会拿起棒针，织上几针……"就这样，楚同学穿上了女同学们共同织成的第一件成品毛衣。假期来临，训芳没钱买车票回家，袁老师就让他当上了宿管（那时没有宿管阿姨），一天 8 小时，每小时一毛钱。"结果，老师却算我一天工作 24 小时，这样，我干十天，就可得 24 块。"训芳感慨道，"这 24 块钱，相当于我一个多月的生活费！"

2024 年 4 月 25 日，周训芳（左）与作者在上海博物馆东馆合影。沈振辉摄

今天同学相聚，谈起这些温暖往事，两个当年的"苦孩子"，都情不自禁地感激班里的哥哥、姐姐们。训芳说："袁樾方老师已于前几年去世，我特别想念他。"

……

"为什么我的眼里常含泪水？因为我对这土地爱得深沉。"我终于明白，训芳读我的复旦笔记，为什么会"热泪盈眶"。不是因为我写得好，而是他深爱着他的老师、他的同学，深爱着复旦大学。

那天晚上，我与内子一起，与训芳在地铁上告别。作为国内著名的环境与资源保护法学专家，他经常要到全国各地巡回讲学。接下来，他又要奔赴南京、淄博和拉萨等地去讲学了。"我这个'苦孩子'有今天，一切源于母校。我会一辈子感恩复旦，感恩上海。"他的话，说出了复旦学子的心声。

写于 2024 年 4 月 26 日

那个"摇蒲扇"的金光耀教授

金光耀教授荣休了。

2024 年 8 月 31 日，在光华楼 2001 室，复旦历史系举行了"20 世纪的中国"学术座谈会暨金光耀教授荣休仪式。

我受邀与会，非常荣幸。一是因为光耀是我的大学同班同学，同窗四年，友谊四十载，同学荣休，我与有荣焉；二是因为我是复旦校史的记录者和研究者，在我看来，复旦的一草一木、一粥一饭，皆能入校史。"教授荣休"，当然更值得记录，何况光耀是我的同班同学！

趁此机会，写几句感言。

"摇蒲扇的人"

1978 年 10 月，我考进复旦历史系。我们班 51 位同学中，历届中学毕业生占五分之四，有 41 人；应届高中毕业生占五分之一，仅 10 人。光耀是历届生，他和曹景行一样，来自黄山茶林场，阅历丰富；而我是应届生，属于班里的"小字辈"。

刚入学时，我和光耀、老曹等分在同一个寝室。记得那一天下午，在寝室里刚整理好铺位，以老曹为代表的历届生，上下五千年、东西南北中，就开始闲聊。光耀嗓门大、语速快，与大家聊得很嗨。我和顾嘉福两个应届生，却面面相觑，怯生生地望着他们。嘉福悄悄把我拉到一边："哎呀，伊拉历届生哪能晓得噶许多事体……立勒（在）伊拉面前，阿拉就像'白痴'一样！"

终于，他们的话题转到了电影。我暗忖，现在，我可以插话了……在那个特殊年代，很多书刊被禁、被烧，但在我表哥那里，却珍藏着全套的《上影画报》。我就是从这些画报上，知道了不少电影故事，自以为了若指掌。哪想到，我刚开口，就被光耀抢过话头，他用手一指老曹："喏，伊额阿姐是曹雷！"

唉！鲁班门前，大刀还没甩出，就被光耀折断了！

其实，光耀是个很随和的人。他不像某些历届生，会在我们应届生面前摆老资格。混熟以后，我们与他很合得来。光耀是带薪读书的，在我眼里，他是"阔佬"。有一次，他请我们看故事片《舞台姐妹》，地点就在那个破破烂烂的五角场放映站。那晚电影结束，已是深夜，学校东门已关，我们只能翻越国定路围墙回校。到寝室后，倒头便睡。那一夜，大家都睡得很香。谁知第二天一早醒来，才发现寝室里财物被盗……

当年，我的形象思维不错，常在脑海里给同学"画像"。例

2024 年 8 月 31 日，在金光耀荣休仪式上，学生向他赠送书法作品。读史老
张摄

如，有一位东北同学，总说上海的冬天比他们那里还冷，喜欢裹着军大衣，戴着"雷锋帽"，佝头缩颈，我暗称他是《林海雪原》里的"栾平"；有一位山东同学，一到冬天两耳就生冻疮，他戴着一副棉耳套，耷拉着脑袋，非常好玩，我嘲笑他是威虎厅中的"八大金刚"……那么，我"画"过光耀吗？嘿嘿，还真"画"过——"一个喜欢摇蒲扇的人"！

那时，学校没有电扇，更没空调，一到黄梅天，又闷又热。光耀人高马大，容易出汗，在寝室里自修或去教室听课，他就像"生煤炉"，随手带一把硕大的蒲扇，哗哒哗哒，一阵猛扇。当年揭批"四人帮"，说张春桥是"摇鹅毛扇的人"，阴险狡诈。我就跟光耀开玩笑，说他也是"摇鹅毛扇的人"。穿着圆领老头衫的他听了以后，摇着那把大蒲扇，幽幽地哼了一声："我这是蒲扇，不是鹅毛扇！"

名教授的"老底"

光耀现在出名了，桃李满天下。昨天与会的他的学生就有四五十人，其中有教授、副教授，还有局长、董事长，我揭光耀的"老底"，说他穿圆领老头衫、喜欢"摇蒲扇"，听上去有损他的形象，其实不然。

读复旦校史，当年几乎每一位"名教授"，都有"老底"——

例如，曹聚仁先生，喜欢穿一身蓝布褂，常被人误以为是复旦的"门房"；费巩先生，喜欢口衔雪茄，穿长袍、套马夹，人称"马夹教授"；伍蠡甫先生，喜欢留长鬓角、冬天戴一顶俄罗斯式高帽，学生冠其绰号为"伍蠡诺夫"；孙寒冰先生，喜欢用热水把他的"天然卷"头发烫平；洪深先生，喜欢在大热天挂一条白毛巾在脖颈上，就像田里的老农民；刘大白先生，喜欢乱穿鞋，经常是左鞋穿右脚、右鞋套左脚；谢六逸先生，喜欢穿长衫，连踢足球也穿，被誉为"穿长衫的守门员"……

还有，拿发型来讲，陈望道先生留过"披肩发"——这一点，现在几乎没人知道；赵宋庆先生整天光着脑袋，乍一看，以为他是到校讲经的和尚（据说50年代起他又留起了长发）；汪馥泉先生则几乎长年不理发，经常"披头散发"。有一次，学生们实在忍不住，就在汪馥泉上课前，用粉笔在黑板上写道："汪先生，您该剃头了……"

然而，上述"老底"，丝毫遮不住这些名教授的光彩。我甚至认为，假如他们当年没有"老底"，大概也配不上"复旦名教授"的头衔吧？

再也没见过他"摇蒲扇"

话再说回来，大学毕业以后，光耀先分配在市化工局党校，后考上了余子道先生的研究生，又先后赴英美进修、访学，做了博士、当了教授，成了中外关系史专家……在此期间，我跟光耀做过不同院系的同事、当过同一宿舍的邻居，虽然工作不同，却有过多次交集。

印象最深的一次，是在 2000 年。那年夏天，我在光耀的陪同下，到锦江饭店采访美国"百人会"文化协会总裁杨雪兰。"百人会"是由贝聿铭、马友友等发起创办的旨在促进中美两国民间交流的华人精英组织，杨雪兰是其积极的推动者。杨雪兰的父亲杨光泩是抗日先烈，母亲严幼韵是复旦校友，继父顾维钧是民国外交家……她的故事，后来被我写成《一生的"外交家"之梦》《杨雪兰：我的父亲母亲》等文章，刊登在 2000 年 8 月 9 日的《申江服务导报》上，《申》报遂成为国内最早介绍杨雪兰及其家族的报纸之一。可以说，我接触复旦校史、知晓"复旦校花"、了解"84 号小姐"严幼韵，就是自此开始。

还有一次交集，是在 2023 年夏天。在重庆南路大隐精舍，光耀邀我担任嘉宾，参加《以公理争强权：顾维钧传》一书分享会。该书是光耀写的人物传记，2022 年年初由社科文献出版社出版后，即成为学术类畅销书，仅一年不到，该书就已四次重印，并获得国家图书馆"文津图书奖"，非常了不起。在那次分享会上，我介绍了顾维钧与复旦的渊源，光耀则描述了顾维钧的外交风格："不用激烈的言词怒斥对手，而是用法律来阐明立场；即

2000年夏，作者在锦江饭店采访杨雪兰时与杨雪兰、金光耀等合影。左起：金光耀、黄静洁（谭盾夫人）、杨雪兰、作者、江乔勇（摄影记者）

使当面辩驳，也不出恶言。"光耀概括说，外交家不是军人，其职责不是掀桌子，而是寻求妥协。"妥协并不等于投降。不然，要外交家干什么？"他的概括，引起了与会读者的强烈共鸣。

总之，大学毕业以后，我和光耀来来往往、交集不断……遗憾的是，一直交集到昨天的荣休仪式，我却再也没见过他"摇蒲扇"。

"孤勇者"也会赢

在我的记忆中，那些年，我与光耀每交集一次，他的形象就会"光耀"一次（就像昨天那样）。例如，有一天，我应光耀邀请，参加一个中外人士交流酒会，酒会的主人，正是杨雪兰。那天天气炎热，我从报社下了班，穿着短袖衬衫就赶去了。一到那里，猛然发现，来宾们都穿着正装，女士风鬟雾鬓、男士西装革履。光耀呢？他穿着一身深灰色西装，风度翩翩、光彩照人。再看看自己，穿着随意、松松垮垮，恨不得钻进地缝里！光耀倒是淡然："没关系，记者都是这样的！"这话对我而言，前一句是安慰，后一句是讽刺。

那一晚，光耀还被杨雪兰请上讲台，用英语致辞。我站在台下，痴痴地望着他，神思迷离：嗨，这个光耀，还是当年那个穿着老头衫、摇着大蒲扇、一字一句啃"许国璋英语"的老同学吗？

近些年来，光耀"断臂转型"（这个词，是昨天金大陆先生说的，我是第一次听到），开始专攻当代中国史。这一领域，我过去曾涉猎过，但知难而退，当了"逃兵"。而他却像一个孤勇者，不顾荆棘丛生，毅然披挂上阵、激流勇进，体现了一个历史学家的良知和担当。有一次，嘉福去听他的当代史讲座，回来后兴奋地跟我打电话："光耀这家伙，讲得太好了！"

昨天的荣休仪式上，光耀就"中国近代史学科在复旦大学的起步与发展（1952—1982）"，侃侃而谈。他的这个报告，既是向历史系的中国近现代史研究前辈致敬，也是为自己卸鞍伏枥后的事业加油……虽前路漫漫，道阻且长，但光耀却自信满满。记得哈珀·李《杀死一只知更鸟》里有一句名言："一个人很少能赢，但也总有赢的时候。"我相信，光耀也会赢。

前些日子，不大作诗的光耀写了一首七十自寿诗，"授课须吟复旦歌，著书但秉董狐笔"，以作自勉。昨天又有学生回忆，与金老师相聚，酒到酣处，师生会情不自禁地唱起"复旦校歌"："学术独立，思想自由，政罗教网无羁绊……"此情此景，让我忽然醒悟，这一切，难道不是光耀在对历史系同学以及后来者"摇蒲扇"吗？哗哒哗哒，势不大力不沉，却清风徐来、凉意阵阵。在这漫长而又闷热、让人焦躁的夏日里，它令人心底沉着、头脑清凉。

　　……昨天的会上，我又开始默默地望着他。那一刻，我不再迷茫：嗯，这个光耀，还是当年那个"摇蒲扇的人"！

写于 2024 年 9 月 1 日

附录

本书人物纪事年表（1905—1949）

1905 年

9 月

1 日，上海突遭台风袭击，宝山县境（含吴淞镇）受灾严重。复旦公学原定的开学日期被迫延期。

14 日，复旦公学在吴淞镇提督行辕开学。马相伯任监督（校长），暂居吴淞镇。叶仲裕被推为学长（学生会主席）。

秋

陈寅恪插班入读复旦公学。

1906 年

1 月

李登辉到复旦公学任总教习（教务长）。

夏

叶仲裕赴南京、扬州等地，募得 2 万元巨款。

1907 年

1 月

马相伯东渡日本，严复继任监督（校长）。

5 月

光绪帝准奏，从下半年开始，清政府每月拨官费约 1400 两，作为复旦办学经费。

1908 年

2 月

竺可桢入读复旦公学。

1909 年

6 月

叶仲裕投江自沉。

夏

陈寅恪离开复旦公学，赴欧美留学。

11 月

15 日，复旦师生召开追悼会，悼念叶仲裕逝世。

1910 年

2 月

马相伯重回复旦任监督（校长）。

1911 年

10 月

10 日，武昌起义爆发。

11 月

吴淞校舍被光复军占领。复旦办学官费被终止，学校一度
停办。

19 日，南洋大学堂学生军占领徐家汇李公祠。

1912 年

1 月

孙中山临时大总统批准将徐家汇李公祠作为复旦公学校舍。

3 月

于右任等 42 人联名上书孙中山，请拨经费助复旦复校。孙
中山拨款 1 万元，作为复旦复校经费。

9 月

复旦在徐家汇李公祠复校。

1913 年

3 月

1 日，李登辉任校长。

1916 年

6 月

沪江大学学生徐志摩在沪江校报《天籁》上发表《渔樵问答》。

1917 年

6 月

罗家伦等 42 人从复旦公学中学部毕业。

9 月

复旦公学改名为"复旦大学"。

1918 年

1 月

23 日，为筹建复旦新校园，李登辉赴南洋募捐。

6 月

李登辉筹得华侨资助的 15 万元款项后回国，即在江湾购地 70 亩，请美国建筑设计师墨菲设计校园。

1919 年

5 月

4 日，北京爆发五四运动。

6 日，邵力子到复旦，发动师生声援五四运动。

1920 年

6 月

江湾校园动工。

秋

陈望道到复旦任教。

12 月

18 日，江湾校园举行奠基典礼。

1921 年

5 月

黄奕住捐款 1 万元，为复旦建造办公楼（建成后名为"奕
住堂"）。

7 月

5 日，中南银行在上海开幕。黄奕住任董事长。

11 月

蔡竞平任商科学长。

12 月

陈望道任中国共产党上海地方委员会书记,直至 1922 年 6 月。

1922 年

2 月

江湾校舍初步落成,有 3 幢建筑,分别是:办公楼(奕住堂)、教学楼(简公堂)和第一学生宿舍。

校外平阴桥(后为邯郸路桥)建成。

5 月

6 日,举行江湾新校园落成典礼。

1923 年

2 月

郭任远获美国加利福尼亚大学博士学位,受聘到复旦任教。

4 月

5 日,李大钊应邀到复旦,在简公堂演讲《史学与哲学》。

7 月

郭任远创办心理学系,隶属理科。

1924 年

4 月

郭任远担任校行政院代理主席。李登辉请长假一年，由郭任远代理校长职务。

8 月

郭子彬捐助心理学院建筑费 5 万银元。

1925 年

2 月

心理学院大楼兴建。次年大楼落成，被命名为子彬院。同时兴建的还有第四宿舍（后名为寒冰馆）。

4 月

23 日，李登辉休假期满，从南洋返沪。

5 月

30 日，五卅惨案爆发。复旦学生两人受重伤，一人被杀。

6 月

1 日，复旦师生罢课，声援五卅运动。

夏

心理学院附属实验中学（又称"复旦实验中学"，简称"实中"）正式成立，郭任远兼任主任。

9 月

刘大白到复旦任教，后兼任实中主任。

11 月

郭任远任副校长，不再代理校长职务。

12 月

在洪深指导下，马彦祥、吴发祥、卞凤年、袁伦仁等发起成立复旦新剧社。

1926 年

年初

复旦新剧社改名为复旦剧社。

1 月

丰子恺到实中兼课。

2 月

谢六逸到中国文学科任教（后任新创立的新闻系主任）。

刘大白任中国文学科主任。

3 月

"亚洲球王"李惠堂到校，任体育部主任。

4 月

18 日，《黎明》周刊刊登刘大白创作的复旦大学校歌歌词，徐蔚南作推介。

6 月

5 日，学校举行 20 周年校庆暨子彬院落成典礼。

7 月

实中校舍竣工。

12 月

《黎明》周刊社决定，刘大白、陈望道任编辑主任。

1927 年

3 月

28 日，实中学生发表"驱郭（任远）宣言"。

30 日，郭任远辞去实中主任一职，由刘大白继任。

6 月

费巩毕业。

8 月

章益赴美留学回国后，到母校任教。

9 月

复旦开始招收女生，并于次年兴建女生宿舍（落成后被称为"东宫"）。

11 月

2 日，鲁迅应陈望道邀请，到复旦作有关"革命文学"的演讲。演讲地点在简公堂二楼。

1928 年

2 月

赴美留学归国的林继庸、李炳焕、温崇信等到校任教。

岭南大学上海分校（又称"私立上海岭南中小学校"，简称"岭南分校"）正式成立，司徒卫任校长。

春

孙寒冰到校任教（一说于 1927 年 8 月到校任教），历任社会科学科主任、大学预科主任、高中部主任、法学院院长、政治学系主任、教务长等职。

3 月

23 日，复旦体育馆落成。

5 月

15 日，鲁迅先生应陈望道邀请，到复旦实中演讲。演讲地点在子彬院 101 教室，演讲题目为《老而不死论》。

10 月

15 日，国民政府教育部正式批准复旦为立案私立大学。

1929 年

2 月

刘大白辞去实中主任一职，由陈望道继任。

7 月

图书馆（奕住堂）开始扩建两翼。

9 月

吴颂皋任法学院院长兼政治学系主任。

秋

樊仲云到政治学系任教授。

12 月

28 日，林继庸作"国防化学"演讲。

1930 年

1 月

15 日，新图书馆（奕住堂）扩建完成，落成典礼与第二十次
毕业典礼同时举行。

2 月

邵梦兰入读实中。

6 月

新图书馆被命名为"仙舟图书馆"（简称"仙舟馆"），以纪念
薛仙舟教授。

1931 年

1 月

邵力子暂任实中主任。

6 月

邵梦兰从实中毕业。

杨庆鎏从实中毕业。

8 月

刘大杰到校任教。

9 月

邵梦兰入读法律系。

杨庆鎏入读社会学系。

18 日，九一八事变爆发。

21 日，复旦举行国难纪念周大会，李登辉发表抗日演说。会后成立军训委员会，林继庸任主任委员、温崇信任副主任委员。

24 日，杨庆鎏与从兄杨人伟、杨人偶、杨麟毓兄弟四人，致电国民政府主席蒋介石，请缨从军。

28 日，蒋介石在南京接见杨氏四兄弟。

1932 年

1 月

28 日，一·二八事变爆发。复旦学生义勇军跟随十九路军翁照垣旅，开往吴淞抗敌。

3 月

1 日，林继庸等实施对日军旗舰"出云号"的炸舰计划，未获成功。

4 月

29 日,"虹口公园爆炸案"发生。朝鲜义士尹奉吉炸毙日本
上海派遣军司令白川义则大将等多人。其所用炸弹,由林继庸和
他的学生制造。

1933 年

5 月

学校决定在简公堂南侧建一新校舍(后为相伯堂,即 100
号楼)。

9 月

1 日,发行筹建新校舍债券。债券由李登辉、钱新之签名。

12 月

8 日,林语堂在子彬院 101 教室演讲。

1934 年

9 月

刘大杰再次被聘为教授。

10 月

清华前校长吴南轩到校作题为《国际心理卫生运动》的
演讲。

12 月

由杨庆燊等组成的复旦越野队获第九届江南八大学越野赛冠军。

1935 年

1 月

孙寒冰、章益、樊仲云等十位教授联名发表《中国本位的文化宣言》。

2 月

岭南分校新校舍落成，迁往江湾高境庙。

3 月

10 日，上海举行市民长跑赛，全程 2 万米，起点设在翔殷路平阴桥。

9 月

复旦收购燕园土地 12.5 亩。

10 月

7 日，为庆祝复旦建校 30 周年，新闻系在简公堂举办首届世界报纸展览会。

12 月

9 日，北平一二·九运动爆发。

19 日，杨庆燊与刘志敏、何宏器等一起，自发召集全校学生大会，议决举行游行示威。会后，学生们即整队组成请愿团，向市政府请愿。

24 日，在复旦请愿团影响下，全市大中学校学生约 8000 人一起行动，再赴南京请愿。

1936 年

春

冼星海在高境庙岭南分校指挥演唱抗日救亡歌曲。

3 月

25 日，国民党当局出动军警包围复旦校园，抓捕抗日学生，酿成"三二五事件"。

6 月

邵梦兰毕业，到温州中学任教。

8 月

叶楚伧到上海，召开校董会，迫使李登辉"请假休养"，由钱新之代理复旦校长，吴南轩任副校长。

1937 年

1 月

1 日，孙寒冰主编的《文摘》杂志正式创刊。

3 月

2 日，燕园改名为登辉园。

7 月

7 日，卢沟桥事变爆发。

8 月

13 日，八一三事变爆发。复旦校园多处被炸。体育馆、第一宿舍、女生宿舍被毁。第四宿舍被毁一层，简公堂、相伯堂楼顶被掀。

9 月

复旦与大夏大学组成联合大学，准备西迁。

10 月

日军占领复旦校园。

1938 年

2 月

复旦大学上海补习部（简称"沪校"）在赫德路（今常德路）创办。李登辉任校长。

3 月

28 日，沪校举行开学典礼。

4 月

确定重庆北碚下坝为复旦新校址。陈望道建议将"下坝"改名为"夏坝"。

1939 年

3 月

吴南轩致电在香港的钱新之，并请领衔致电上海，就将复旦改为国立征求李登辉意见。

8 月

孙寒冰赴香港创办大时代书局，出版发行《文摘》。

11 月

4 日，复旦创办人马相伯在越南谅山逝世。

1940 年

2 月

孙寒冰由香港返回重庆。

5 月

27 日，日本飞机轰炸重庆复旦所在的黄桷镇。孙寒冰在空袭中罹难，年仅 37 岁。

1941 年

1 月

李正文到达重庆，在共产国际东方部工作。

7 月

李正文被派往上海，先后任工部局日文教员、申报馆日文翻译和震旦女子文理学院日文教员等，搜集日方情报、策反日伪人员。

9月

校内盛传复旦将与江苏医学院合并，易名"江苏大学"。师生们坚决反对，一致要求保留"复旦"校名。

12月

22日，教育部发出训令，"准将复旦大学改为国立"。

1942年

1月

1日，复旦挂牌"国立"，全称"国立复旦大学"，校名牌由于右任手书。

2月

5日，吴南轩宣誓就任国立复旦大学校长。

1943年

1月

1日，"国立复旦大学"关防启用。

2月

23日，章益任校长，吴南轩调任英士大学校长（后因故未到任）。

1944 年

1 月

夏坝复旦公共食堂建成，定名为"南轩"，以吴南轩名字命名。

5 月

5 日，夏坝"寒冰科学馆"建成，以纪念孙寒冰。

1945 年

1 月

24 日，费巩从遵义浙大抵达重庆，准备赴北碚复旦讲学。

3 月

复旦新闻馆建成。

5 日，费巩在重庆千厮门码头被国民党特务绑架，后被秘密杀害。

29 日，邵全声作为费巩失踪案的嫌疑人被捕。

6 月

5 日，黄奕住在上海病逝，享年 77 岁。

8 月

8 日，复旦新闻系创办人之一谢六逸在贵阳去世。

15 日，日本宣布无条件投降，消息传到北碚夏坝，师生狂欢三日方休。

9 月

姚云入读沪校中文系。

毛泽东在重庆两次会见周谷城。

4日，张雪中和郑洞国等率国民党军抵达江湾机场，黄仁宇随行。

12月

盟军中国战区参谋长魏德迈到访上海，专机降落在江湾机场。

31日，钱崇澍作题为《略谈战后之中国科学发展》的演讲。

1946年

1月

21日，复旦呈请教育部，要求聘李登辉为复旦名誉校长。

31日，梅汝璈向章益请假，拟赴日本东京，担任远东国际法庭法官。

3月

梅汝璈前往日本东京。

4月

5日，南轩（燕园小红楼，以吴南轩名字命名）修缮完成，被辟为新闻馆。

6月

11日，于右任、邵力子在子彬院101教室演讲。

8月

周予同等任专任教授。

9 月

原沪校签发的"国立复旦大学学程证"被沪、渝两校合并后的"国立复旦大学上课证"替代。

10 月

沪、渝两校合并后的国立复旦大学正式开学。

11 月

3 日，茅盾、李健吾、叶圣陶、郑振铎、巴金等到校参观，茅盾、李健吾和叶圣陶在子彬院 101 教室演讲。

12 月

25 日，一架中央航空公司 C-47 飞机在江湾机场附近失事，机上乘员全部遇难。

1947 年

2 月

在第一宿舍原址，开始建造登辉堂。

3 月

复旦同学会在南京路大新公司（今市百一店）开会。李登辉在会上提出，应重新确定白玉兰为校花，获得一致通过。

7 月

5 日，李登辉在新落成的登辉堂前演讲，这是他的最后一次演讲。

8 月

16 日，邵全声接到重庆地方法院不起诉的处分书，脱险出狱。

11 月

19 日，李登辉逝世，享年 75 岁。

12 月

21 日，李登辉追悼大会在登辉堂举行，于右任主祭，出席者逾千人。

1948 年

5 月

5 日，上海同学会捐款 1900 万元法币，购置白玉兰两株，种植于仙舟馆前空地，以纪念李登辉校长指定白玉兰为复旦校花。

1949 年

年初

经于右任、邵力子、金通尹和陈传德等提议，将实中校舍命名为"景莱堂"，以纪念叶仲裕（叶景莱）。

4 月

5 日，为庆祝复旦新闻馆成立四周年、陈望道教授执教三十周年暨五十晋九大庆，复旦师生举行庆祝盛会。章益、徐蔚南等出席致辞。

26日，国民党军警包围复旦，搜捕爱国师生。周谷城等被捕，后被章益校长保释。

5月

27日，上海解放。

6月

20日，李正文作为上海军事管制委员会军事代表，到复旦实行接管，并在登辉堂举行接管典礼。

7月

15日，姚云到复旦开出肄业证书。证书签署者为校长章益、军事代表李正文。

29日，上海市军管会发出"高教学字第一号"命令，成立复旦大学校务委员会，任命张志让为主任委员、陈望道为副主任委员。

10月

1日，举行全校师生员工大会，庆祝中华人民共和国中央人民政府成立。

（注：由于史料记述各异，个别日期略有出入）

人名索引

后　记

　　《复旦记》是继《相辉：一个人的复旦叙事》《卿云：复旦人文历史笔记》之后，我写的第三部"复旦"小册子。

　　我写复旦，始于 2015 年春，迄今正好十年。十年来，我心无旁骛、乐此不疲地打捞复旦记忆，不知不觉，已写了六七十万字！对此，我自己也感到惊讶。感谢上海人民出版社将我部分最新文字结集出版，正好凑齐了我的"复旦三部曲"。

　　本书名为《复旦记》，实为"复旦散记"。其写作风格，与《相辉》《卿云》一样，依然不成体例：既有旧闻，也有新事；既有散文，也有评论；既有历史钩沉，也有人物传记……琐琐碎碎、拉拉杂杂。但我的写作初衷却始终如一：不写宏大叙事，只写碎片细节；不求面面俱到，只求独立视角；不在意约定俗成，只在意人无我有。

　　当然，与《相辉》《卿云》相比，《复旦记》也略有不同——

　　第一，今年是复旦建校 120 周年，为了致敬母校，本书从"复旦源""地理志"出发，对百廿复旦作了综述。其中，《从"公立起家"到"院系调整"》《20 世纪 30 年代的江湾校园》等，根据现有史料和老校友的回忆，梳理了复旦的发展历程，驳斥了网上某些关于复旦的不实之词；《简公堂的前世今生》《"孤傲"的子彬院》等，试图以个人观察角度，解读复旦老建筑背后的人文故事；《"清华人"与"复旦人"》《武大的门房和复旦的门房》《复旦之北是"岭南"》等，则将复旦与其他名校作对比，以表现在救亡图存的危难时刻，各校的时代风采与细节差异。

第二，今年也是复旦历史系创办100周年，作为历史系友，本书有意发掘了不少系史选题。其中，既有介绍本系史学大家的"人物谱"（如《陈仁炳的"课堂礼物"》《金冲及与"老何"》等），也有介绍本系师生的"师友记"（如《还有多少人记得邓廷爵老师》《曹景行的"影子"》《他叫我"姐夫"》等）。这些人物，时代不同，个性迥异：有的闻名遐迩，有的默默无闻；有的英年早逝，有的依然活跃在学术一线……正是他们，串起了本系文脉，铸就了百年系魂。

第三，本书在叙事纪年方面，比《相辉》《卿云》又进了一步。《相辉》和《卿云》主要侧重于1949年前的复旦叙事；本书的初心，是将读者视线延展到1949年后。对于历史学者来说，要写好当代史，一直面临诸多困难，但这并不妨碍我们搜集史料、考订史实、积累经验。书中的《巴金〈随想录〉中的"复旦"》《夏志清到访复旦前后》《昨天，我在复旦当"导游"》等，对于反映1949年后的复旦，虽如蜻蜓点水，不着边际，但也未尝不是一种探索和努力。

基于以上特点，本书特邀金光耀教授撰写序言。关于光耀兄，我在《那个"摇蒲扇"的金光耀教授》一文中已有介绍。他是继张广智、李天纲教授之后，又一位为拙著写序的合适人选。尽管光耀兄很谦虚，说他的序是"被激活的复旦记忆"，但在我看来，那是一篇相当精彩的校史笔记，细节生动，读之回甘无穷——能抛拙著之"砖"，引光耀兄记忆之"玉"，真是让我欣喜。

此时此刻，我要感谢广大读者，感谢复旦的师生和校友，特别感谢复旦档案馆的领导和同事，没有他们的鼓励、支持、接纳和包容，我就不可能坚持写复旦，也不会有《复旦记》。需要说明的是，帮助过我的人实在太多，恕我在此不一一列举。他们的名字，有的出现在书中，读者可从"人名索引"中搜寻；有的虽未被记载，却早已刻在我的心里。

感谢上海人民出版社编辑张晓玲、张晓婷。三年前，我们在《卿云》一书的编辑出版过程中有过愉快的合作。这一次再续前缘，让我再次感受了她们认真、高效的敬业精神和专业能力。感谢资深书籍装帧设计师姜明设计封面；感谢青年书画篆刻家姚善恩篆刻书名。

最后，我要感谢我的家人。我写复旦，内子司徒琪蕙一直是我的第一读者；女儿张韵帆一直在用她的复旦插画默默支持……

对此，我很珍惜。

谨以本书，向复旦大学 120 周年校庆及复旦历史系 100 周年系庆献礼！

读史老张

2025 年 2 月 22 日，写于上海文化佳园

图书在版编目(CIP)数据

复旦记 / 读史老张著. -- 上海：上海人民出版社，
2025. -- ISBN 978-7-208-19328-4

Ⅰ. G649.285.1-53

中国国家版本馆 CIP 数据核字第 2025EJ7094 号

责任编辑 张晓玲　张晓婷
封面设计 姜　明
书名题签 读史老张
封面绘图 张韵帆
书名篆刻 姚善恩

复旦记

读史老张　著

出	版	上海人民出版社
		（201101　上海市闵行区号景路 159 弄 C 座）
发	行	上海人民出版社发行中心
印	刷	苏州工业园区美柯乐制版印务有限责任公司
开	本	890×1240　1/32
印	张	14.75
插	页	5
字	数	273,000
版	次	2025 年 3 月第 1 版
印	次	2025 年 3 月第 1 次印刷

ISBN 978 - 7 - 208 - 19328 - 4/K·3453

定	价	98.00 元